MADE IN USA

Cómo entender a los Estados Unidos

Diseño de tapa: Isabel Rodrigué

GUY SORMAN

MADE IN USA

Cómo entender a los Estados Unidos

Traducción de
SERGIO DI NUCCI

EDITORIAL SUDAMERICANA
BUENOS AIRES

Sorman, Guy
    Made in USA. - 1ª ed. - Buenos Aires : Sudamericana, 2005.
    272 p. ; 23x16 cm. (Ensayo)

    Traducido por: Sergio Di Nucci

    ISBN 950-07-2611-4

    1. Ensayo Francés I. Di Nucci, Sergio, trad. II. Título
    CDD 844.

IMPRESO U.S.A.

ISBN 950-07-2611-4

© Librairie Arthème Fayard, 2004

Título del original en francés:
Made in USA. Regards sur la civilisation américaine

PRÓLOGO

¿Que los norteamericanos ya no son europeos? ¿Pero lo fueron alguna vez? Desde sus orígenes nunca dejaron de disociarse de Europa. Inicialmente fue por la religión. Eran puritanos y de otras sectas, exiliados voluntarios que buscaron un espacio libre. La disidencia persiste aun hoy, puesto que todos los norteamericanos, o casi todos, creen en Dios o por lo menos lo aseguran; entre los europeos esa fe se ha vuelto algo raro.

Con la independencia de los Estados Unidos, el distanciamiento se ha vuelto filosófico: los norteamericanos, con una audacia que no tiene precedentes, osaron inventar una nación fundada sobre el contrato social. En 1776 la Declaración de la Independencia otorgó a sus ciudadanos el derecho a la "prosecución de la felicidad", nada menos. Esta definición de la república refutaba las identidades europeas edificadas a partir de los recuerdos de sufrimientos compartidos.

A partir de 1830, el poder pasó de las élites a las masas, el espíritu aristocrático cedió al igualitarismo, la democracia norteamericana se tornó popular. En Europa, las élites nunca se acomodaron a la nueva situación y gustan calificar de populista a una democracia indiferente al prestigio de los intelectuales; pero Alexis de Tocqueville, que había asistido *in situ* a esta revolución democrática, anticipó en ella —sin que esta evolución lo entusiasmara— el destino de Occidente.

La separación con Europa se profundizó aun más en la década de 1880, cuando un capitalismo que no reconocía límites hizo de Estados Unidos la primera potencia económica mundial. Desde entonces, se ha vuelto inalcanzable e inimitable. El capitalismo norteamericano es demasiado vulgar, demasiado

7

áspero para Europa; preferimos nuestro Estado social a su Estado mínimo, aun a riesgo de que ello frene un poco nuestra economía.

En 1918, el presidente Wilson asignó a Estados Unidos el deber de difundir la democracia y el libre comercio: un "imperialismo democrático" que los conduciría hasta Irak. El abismo que separa al idealismo wilsoniano de la preferencia europea por la diplomacia se ha vuelto casi infranqueable.

En la década de 1960, les llegó el turno a las norteamericanas de declarar la independencia. Se liberaron de las coacciones impuestas a su sexo y algunas de ellas fundaron el feminismo; el resultado fue la ruptura radical de los *sixties*. Europa se unió a la corriente sesentista; en el resto del mundo, sin embargo, el fundamentalismo antinorteamericano fue, en buena medida, la respuesta contra esta liberación de las costumbres *made in USA*.

La última disidencia, que inauguró la década de 1980, es étnica: una inmigración considerable, de origen planetario, transforma el rostro de los Estados Unidos, que de blanca y negra mayoritariamente, pasó a ser una nación multicolor. Estados Unidos sigue siendo una civilización occidental, pero ya no es europea.

¿Estados Unidos es una civilización? Los europeos raramente lo reconocen, y prefieren ver a los norteamericanos como primos. Primos retardados o adelantados según las preferencias ideológicas de cada uno; pero todos concuerdan en que se trata de unos primos muy invasivos. Donde sea que nos encontremos, Estados Unidos está presente; todos los días consumimos algo de los norteamericanos.

Esta presencia obsesiva alimenta las pasiones más que la reflexión: amamos o detestamos todo lo que es *made in USA*.

Recordemos el 11 de septiembre de 2001: apenas ocurridos los atentados en Nueva York y Washington, todo europeo se sintió un poco o muy norteamericano, pues uno se solidariza más fácilmente con los débiles. Un año más tarde, luego de que las víctimas pasaron al bando de los atacantes, los mismos que en su momento fueron solidarios se hicieron, con razón o sin ella —pero con el mismo entusiasmo—, antinorteamericanos.

La obra que sigue intentará escapar a este tipo de excesos, suponiendo que eso sea posible; no habrá aquí relaciones del tipo *ellos* y *nosotros*; no habrá propuestas de participar en las elecciones norteamericanas, de rechazar a Estados Unidos ni de imitarlo. Este ensayo no tratará más que sobre aquello que los hace diferentes.

Acerca de esta civilización *made in USA*, no se pretenderá exhaustividad, sino apenas un poco de objetividad. Nuestra mirada sería la del "viajero comprometido". Este compromiso ya tiene su duración: el itinerario aquí descrito culmina en 2004, pero se inició en 1962.

1. DESDE LA VENTANILLA

◆

L a primera imagen de Estados Unidos permanece como una marca imborrable en mi memoria. Es de una banalidad que nunca olvidaré. Instantes antes de tocar tierra, vi una alineación de pequeñas casas de madera, pintadas de color pastel, todas iguales, ordenadas bajo una trama regular, con jardincitos y calles en damero. Quedaba para más tarde el shock de Manhattan, ciudad en pie, vista de perfil. Pero, cuarenta años después de este primer aterrizaje sobre Nueva York, que desde entonces repetí a menudo, reconozco que en esa primera visión de los Estados Unidos estuvo todo, o casi todo, lo que aprendería más tarde. En aquella época, me hubiera sido suficiente saber mirar por la ventanilla el barrio de Queens para leer a Norteamérica como un libro abierto. A los dieciocho años, hay que admitirlo, ése no era mi propósito. ¿Pero qué iba uno a buscar verdaderamente en los Estados Unidos de 1962?

Toda una época

Un *charter* a Nueva York: la palabra, que entonces era nueva, aparece en los afiches de los sesenta, por los pasillos de las universidades. En esa época, *charter* invitaba a soñar; no designaba aún la prueba de un vuelo aleatorio. Para toda una generación de estudiantes, posibilitó los viajes. Todos los viajes: allá lejos, todo será más fácil en una sociedad más libre; los *clichés* sobre el Nuevo Mundo son tan antiguos como todos los periplos. Con la fe en algunas lecturas y films, los iniciados aseguran a los novicios que las norteamericanas se llaman todas Lolita o Marilyn; las novelas de Henry Miller, prohibidas en Francia por la censura, fueron, antes de la partida, las guías indispensables para descubrir las costumbres norteamericanas. No era en la Francia almidonada del general De Gaulle donde las mujeres nos esperaban, sino en Estados Unidos.

¿De dónde provenían nuestros fantasmas? El cine norteamericano nos inducía al error; no habíamos entendido que Kim Novak, la estrella de esa época, era deseable porque era inaccesible, lo mismo para nosotros que para Cary Grant. Sin duda partí un año antes de lo que debía: fue al año siguiente, en 1963, cuando Mary McCarthy publicó *El Grupo*, la primera novela de la intimidad femenina, y cuando la socióloga Betty Friedan publicó *La mística femenina* —dos obras fundacionales de un movimiento feminista que transformaría las relaciones entre los sexos en Estados Unidos y luego en el resto del mundo—.

El charter que debía arrancarnos de la vieja Europa, ¿llegaría alguna vez a alcanzar ese Nuevo Mundo de los placeres? Los organizadores debían convencer a un número suficiente de candidatos al viaje; si no se llegaba y las cuentas no cerraban, el charter no partía. Se viajaba poco, el avión era carísimo, y nosotros teníamos miedo: se había estrellado hacía poco un vuelo de Air France a Nueva York, uno de los primeros en realizar en un Boeing 707 la travesía sin escalas. En aquella época, los pasajeros aplaudían al comandante de a bordo que los iba a llevar a buen puerto. El boleto del charter costaba seiscientos francos; yo daba clases particulares a veinte francos la hora. En enero, la tarifa aumentó a ochocientos francos; los organizadores, que pertenecían a una asociación de alumnos de Ciencias Políticas, fueron insultados públicamente en los corredores de la facultad. No pensábamos más que en el charter, que se había convertido en algo mucho más importante que los cursos de economía de Raymond Barre y que los de historia de René Rémond. Luego de aumentar el precio, empezaron a cambiar la fecha. Cuando la fecha cierta de la partida se acercaba, empezamos a preguntarnos cómo sobreviviríamos allá durante diez semanas, una estadía imposible de acortar, en ese país tan rico cuando nosotros éramos tan pobres.

La realidad se nos revelaría peor que nuestras creencias: con cinco dólares por día, en 1962, el viaje a Estados Unidos sería una cura de adelgazamiento e involuntarias noches blancas.

Como todos mis compañeros, contaba con dos talismanes que se llamaban YMCA y Greyhound. La Asociación Cristiana de Jóvenes, que en sus inicios fue una liga moral, ofrecía alojamiento nocturno por uno o dos dólares según la ciudad; en cuanto a la compañía de buses Greyhound, con un galgo como emblema, proponía una cabalgata ilimitada, de una punta a otra de los Estados Unidos, en 99 días (el itinerario quedaba a cargo de uno mismo) a 99 dólares.

Al dormir de noche en los ómnibus nos ahorrábamos la tarifa del YMCA y los avances de los homosexuales —todavía no se usaba la palabra "gay"— que habían transformado esos albergues de la juventud en santuarios donde consumar sus citas. El sexo en los Estados Unidos se revelaba, en efecto, como más libre, pero para la mayoría de nosotros esto no era nada bueno. Los pensionistas de los YMCA, raramente jóvenes y generalmente poco cristianos, merodeaban por las duchas colectivas en busca de muchachos recién desembarcados en los Estados Unidos. Los baños no se cerraban nunca, y muchas veces carecían de puertas. Pero lo mismo ocurría en todos los lugares públicos; en la punta de la fila había un cubículo cuya puerta podía cerrarse con llave, pero para que funcionara la cerradura había que insertar monedas. Norteamérica ha cambiado un poco en este aspecto: los baños públicos para hombres o mujeres vienen ahora con semipuertas que disimulan lo esencial, y casi nada más. Los europeos se asombran y se sienten incómodos. A diferencia de lo que ocurre en Europa, en Estados Unidos la comodidad no requiere del encierro.

Esta exhibición del cuerpo nos deja perplejos; en los estudios sobre Estados Unidos o en las comparaciones entre el viejo y el nuevo continente, el tema no se menciona. Se entrevé alguna divergencia cultural entre los mundos católico y puritano: mostrar el cuerpo en todas las circunstancias, e incluso en las más íntimas, ¿no sería lo mismo que no ocultar nada? Antiguamente, en Nueva Inglaterra, las cortinas estaban prohibidas por el mismo motivo. Otra explicación esbozó Alexis de Tocqueville en *La Democracia en América*. En la sociedad democrática, observa, donde cada uno debe constituirse en una individualidad, el cuerpo y las vestimentas contribuyen a ello. Pero Tocqueville, queriendo explicarlo todo a través de la democracia, resulta por momentos cansador. A veces Tocqueville se agota.

¿Y las norteamericanas? Menos hurañas que sus contemporáneas francesas, practicaban el *flirt*; la palabra era nueva —más nueva acaso que el hecho de *flirtear*. En el *flirt*, todo lo que se situaba por arriba de la cintura parecía permitido, por cierto indiferente; por debajo, todo estaba prohibido, circunscrito por interdictos sociales y religiosos. Es lo que confirmó más tarde Bill Clinton, que proviene de esa generación. Interrogado en 1998 acerca de su relación con Monica Lewinsky, declaró: "No tuve relaciones sexuales con esa mujer". Y estaba convencido en su sinceridad.

Cuarenta años más tarde, ¿qué queda de esa Norteamérica?

Del crisol de razas a la ensaladera

En 1962, el Queens que habíamos sobrevolado era un barrio de norteamericanos de origen italiano; ese mismo barrio, visitado nuevamente en 2004, está habitado por las nuevas clases medias afronorteamericanas. ¿Y los italianos? Progresaron en la escala social, migraron hacia los suburbios más verdes, y se han fundido en el *melting-pot* europeo; de Italia no conservan más que el apellido.

En el siglo XIX, no se consideraba la posibilidad de que ingleses, irlandeses y judíos se casaran entre ellos; pero, ya en 1900, el escritor neoyorquino Israel Zangwill, presintiendo que esos matrimonios ocurrirían algún día, creó la expresión "crisol de razas" [*melting-pot*]. Desde entonces, las etnias que inmigraron a los Estados Unidos se han fusionado, y de la noción de comunidad, pasadas dos o tres generaciones, frecuentemente no queda más que un recuerdo conservado por el folklore. Las fronteras entre los pueblos venidos de Europa se han desdibujado, y la mitad de los norteamericanos, cuando se les pregunta por sus raíces, hacen referencia a varios orígenes a los cuales deben añadir los de sus cónyuges. En 1962, este mestizaje intraeuropeo ya no suscitaba controversias; parecía evidente que se constituía entonces una única y misma raza europea. ¿Sigue siendo esto verdad?

En 1965, las puertas de la inmigración, que apenas se habían entreabierto desde 1920, se reabrieron de par en par, sin favorecer ya a los europeos; el resultado, después de treinta años, ha sido el de incesantes oleadas de asiáticos, nordafricanos, latinoamericanos. Surgió el temor de unos Estados Unidos balcanizados. Fue un tema de moda en la década de 1980: ¿Era el nacimiento de una Norteamérica comunitarista, fragmentada por la difícil coexistencia entre etnias europeas y no europeas cerradas las unas a las otras, cada una recluida en su territorio y sus costumbres?

Los pesimistas anunciaron el hundimiento del principio republicano; los optimistas, la formación de una nueva forma de sociedad, la ensaladera [salad bowl], que iría a reemplazar el crisol de razas: en esta ensalada, todo se mezcla sin que los ingredientes pierdan su identidad primaria. Aquellos temores se han revelado excesivos: desde sus orígenes, Estados Unidos ha sido siempre una ensaladera que se convierte en crisol de razas luego de dos o tres generaciones.

¿Llegarán los inmigrantes no europeos a modificar este modelo norteamericano? En realidad, y al contrario de lo anunciado en los años ochenta, los africanos, los chinos, los vietnamitas, los indios, no se han replegado sobre su pasado ni refugiado en su lengua. En la década de 1980, se consideraba que Estados Unidos sería bilingüe; en 2004, millones de inmigrantes mexicanos hablan español, pero todos sus hijos hablan inglés.

La evolución es todavía más rápida para los asiáticos; es de destacar que según el último censo nacional efectuado en 2000, la mitad de los vietnamitas contrae matrimonio con europeos. El ritmo del mestizaje es menos sostenido entre los hispanos —un tercio se casa con no hispanos—, pero la tendencia a fundirse en una raza universal es comparable.

Sólo la comunidad afronorteamericana, por su propia voluntad antes que por razones de racismo blanco, escapa a la fusión: en 1962, el noventa y seis por ciento de los blancos se declaraban hostiles al matrimonio con un negro; en 2002, el setenta y siete por ciento de los blancos no tiene ninguna objeción.

Haciendo a un lado la excepción afronorteamericana (el comportamiento de inmigrantes africanos recientes es diferente, más cercano al de los asiáticos que al de los afronorteamericanos), el comunitarismo, deseado por unos, temido por otros, en Estados Unidos como en Europa —y desacreditado en Francia— se ha vuelto difícil de localizar. Algunos barrios en las ciudades pueden parecer enclaves comunitarios; esta segregación se ve favorecida por el régimen de propiedad horizontal, donde los copropietarios del inmueble deben aprobar a los candidatos a residentes; pero las más de las veces esta distribución social y étnica es una transición antes que un destino definitivo.

Era demasiado pronto en 1962 como para anticipar la balcanización de Estados Unidos, y es demasiado tarde en 2004 como para espantarse. ¿Qué queda del comunitarismo? Fiestas familiares y el sentimiento de una identidad plural, patriota sin ser nacionalista. Pero todo norteamericano fue siempre norteamericano y a la vez otra cosa (judío, italiano, chino...). La memoria de los orígenes se mantiene, y es más perdurable que en Europa, sin por ello traicionar la ciudadanía norteamericana. Para sorpresa de los mismos norteamericanos, la máquina de fabricar nuevos ciudadanos no ha resultado dañada por el millón de inmigrantes, muy poco europeos, que llega cada año: el crisol de razas resiste. La Constitución que protege las creencias religiosas y políticas, el capitalismo que produce empleos, el mercado que engendra sueños, estos tres principios no dejan de constituir el contrato social de una nación que continúa siendo deseada; la bandera y la lengua inglesa envuelven todo.

¿La bandera? No voy a inventar que la vi desde el avión en 1962. Pero estaba bien presente, y fue necesario volver a Queens en 2004 para constatar que estaba por todas partes; la guerra en Irak y el apoyo patriótico a las tropas la han multiplicado. Pero esta bandera es menos un signo bélico que una muestra de adhesión a las instituciones norteamericanas; desplegar la bandera no es tanto un acto patriótico como una firma al pie del contrato social. La democracia, el capitalismo y Dios para todos, firmados y aprobados.

Una sociedad de propietarios

En 1962, las casas de Queens me parecían todas iguales; cuarenta años más tarde, siguen estando estandarizadas.

Pero si hubiera mirado más de cerca, podría haber visto, ayer y hoy, que se trata de una estandarización sólo aparente; que las vestimentas, los automóviles, eran y son a las vez parecidos pero diferentes, y revelaban diferencias bien reales en las rentas mínimas. Quienes, por muy ricos o por muy pobres, transgredan demasiado visiblemente esta igualdad de principio, deberán abandonar Queens por barrios más altos o más bajos. Según qué quiera demostrar, el observador privilegiará esta uniformidad democrática o esta diferencia hipócrita; Estados Unidos se presta con docilidad a estos dos ejercicios contradictorios.

Semejantes o muy semejantes entre sí, las casas de Queens pertenecen a sus ocupantes; no es que no existan inmuebles colectivos o alquileres sociales, pero unos y otros son la excepción. La casa individual como propiedad privada es a la vez la regla y el anhelo.

¿Un sueño americano? Si los europeos tuviesen la opción, ¿no preferirían la casa individual? En Europa, el gran edificio de propiedad horizontal y la locación proceden de estrategias políticas que fueron impuestas desde arriba, después de la Segunda Guerra Mundial, en nombre de la socialización y de una cierta concepción de la ciudad, concentrada sobre sí misma para gozar así de los servicios colectivos. En Estados Unidos, cuando se elige la sociedad siempre es a la inversa, porque se entiende que la democracia está fundada sobre una sociedad de propietarios. Así es que como tal es fortalecida a partir de créditos hipotecarios que otorgan acceso a la propiedad por un precio apenas más caro que el pago de un alquiler. También existe un mercado inmobiliario que permite a los norteamericanos alquilar y vender su casa tan fácilmente como en Europa se separa uno de su automóvil. Esta divergencia entre la preferencia norteamericana por la propiedad privada y la elección europea por el inmueble colectivo, entre la ciudad norteamericana sin centro y la ciudad europea estructurada, se explica a menudo por consideraciones geográficas: el ancho y libre espacio norteamericano frente a la escasez de espacio para los europeos. Pero la elección de la sociedad me parece aquí más determinante que la geografía: las ciudades europeas son administradas por autoridades que conceden libertad a los ciudadanos, mientras que las ciudades norteamericanas participan de un orden espontáneo donde los ciudadanos conceden poderes, en tanto que los necesitan, a las autoridades. En Europa, los Estados fundaron a las naciones. En Estados Unidos, la sociedad se funda sobre el principio de la autoorganización: se supone que, abandonada a su suerte, una comunidad se organiza espontáneamente sin esperar que las autoridades superiores lo hagan por ella. Esta ideología democrática, que la historia de Estados Unidos ha alimentado, puede conducir a los gobiernos norteamericanos, en sus intervenciones extranjeras, a esperar lo mismo de sociedades diferentes. Tantas veces en vano, sin embargo.

Treinta religiones y a cada uno su Dios

Hace cuarenta años, Queens estaba poblada de iglesias; sigue estándolo. Estados Unidos cuenta con un lugar de culto por cada ochocientos habitantes: densidad única a nivel mundial. Pero al utilizar el término iglesia, ¿se designa la misma institución a ambos lados del Atlántico? La infinita diversidad de los cultos norteamericanos, y su concurrencia, nos deja perplejos, especialmente a los franceses. Talleyrand, exiliado en Filadelfia, quien fuera unos de los primeros comentaristas de la jovencísima república, se asombraba, en una carta de 1794, de que el país tuviera "treinta religiones pero un solo plato, el rosbif con pa-

18

pas". ¿Un intelectual francés percibía a los norteamericanos tan santurrones como poco civilizados? Esto hizo de Talleyrand un pionero del antinorteamericanismo contemporáneo; desde aquella época, el discurso intelectual francés cambió bien poco. En otra correspondencia, luego de que Estados Unidos firmara un tratado de libre comercio con Gran Bretaña, el mismo Talleyrand deploró que Francia hubiera ayudado a los norteamericanos en su independencia: "Después de todo —observa— no son más que ingleses". El general De Gaulle, con similar amargura, dirá "anglosajones", pero, desde 1794, ya se había adoptado una posición.

¿Cómo es que tantos norteamericanos pueden tener fe y practicarla? El noventa y siete por ciento cree en Dios, el cuarenta por ciento asiste a un oficio religioso por semana, el sesenta por ciento declara que la religión tiene un lugar esencial en su vida. ¿Cómo es que la gran mayoría de ellos estima estar manteniendo una relación personal con Dios y, entre los cristianos, haberse reencontrado con Cristo y así haber nacido por segunda vez (*born again*)? Se dio todo tipo de explicaciones acerca de esta religiosidad norteamericana, desde las más místicas a las más reduccionistas. Desde un extremo, algunos consideran que Estados Unidos, esa nueva Tierra Prometida, es la nueva Israel de las naciones. En la otra punta, sociólogos laicos describen a las religiones como si fueran comunidades de intereses más comparables a las asociaciones de *bowling* que a cualquier tipo de revelación espiritual. De hecho, las iglesias reflejan la composición social del barrio en que están construidas. El domingo a la mañana, a la hora de la misa, los norteamericanos se distribuyen por raza y clase. Así es que en Queens todas las iglesias son afronorteamericanas, y de clase media. Pero, cualquiera sea su función social, étnica o religiosa, la vitalidad de estas "congregaciones" es incontestable; las iglesias están repletas y todo pastor entusiasta tiene vocación de inaugurar otras, modificar o inventar liturgias. En Europa, desconfiaríamos de esta improvisación religiosa, mientras que en Estados Unidos la innovación es siempre bienvenida; en esta sociedad de consumo material tanto como espiritual, la oferta suscita la demanda. Esto no implica ningún juicio de valor, puesto que no se puede excluir el hecho de que estos empresarios religiosos estén divinamente inspirados.

¿Se podrá descubrir un denominador común en todas estas religiones, y se podrá hablar en este caso de una "religión norteamericana"? Las iglesias y los templos —a excepción de los budistas e hindúes, de reciente inmigración— tienen en común la lectura de la Biblia; el Antiguo y el Nuevo Testamento, además de la Constitución, son un bien indiviso que comparten casi todos los norteamericanos.

Estas religiones se caracterizan todas, además, por una intensa participación de sus fieles, generalmente entusiastas, poseídos por Dios; en todos estos cultos, Dios se vuelve objeto de una experiencia personal, interior, viva. Si algunos católicos romanos, judíos y episcopales son la excepción, su influencia es modesta. Para el gran número de fieles, Dios no está por encima de ellos, está en ellos; con la ayuda de pastores, curas, rabinos y bonzos carismáticos, cada fiel ensaya reencontrarse con Dios personalmente, experimentar su presencia en él.

Nosotros, por otra parte, europeos escépticos o laicos, permanecemos desconcertados: ¿no era Estados Unidos una nación moderna?

Resulta forzoso admitir que la modernización de las sociedades y la erosión de las creencias tradicionales no avanzan necesariamente al mismo ritmo, como podríamos sentirnos tentados de creer a partir de nuestra propia experiencia. ¿No será nuestra propia trayectoria laica la que es más singular que universal?

El capitalismo estándar

Ya cerca del aeropuerto de Nueva York, que todavía no se llamaba Kennedy sino Idlewild, la primera imagen, habíamos dicho, fue aquella de hileras de casitas similares, con sus pequeños jardines, dispuestas en damero. Todo Estados Unidos podría ser descrito como una grilla colocada sobre el territorio, desde las calles de Nueva York hasta los geométricos campos del Midwest. Contrariamente a lo que ocurre en Europa, aquí los caminos y los límites no siguen a otros caminos y límites más antiguos; la conquista, planificada, dictó sus formas al paisaje, y son pocas las ciudades que no obedecen a esta lógica geométrica. Gracias a las calles en ángulo recto y numeradas, la integración del recién llegado es más simple, la lengua inglesa no es indispensable para que el viajero o el inmigrante encuentren su camino; sólo necesita contar las cuadras. Esta estandarización de Norteamérica, que le permite a uno ubicarse esté donde esté, es la clave de la movilidad sobre todo el territorio, el elemento que determina la unidad de este país gigante, y su eficacia económica. En los cincuenta estados, así como en el barrio de Queens, el trasplantado que viene aquí a rehacer su destino encontrará siempre el eje de Main Street, una calle doce y una calle trece, o una avenida A y una avenida B.

Paralelamente, en los estantes de los supermercados encontrará el mismo producto de la misma marca, y afuera, en el exterior, la misma cadena, el mismo hotel, el mismo servicio. La marca es una invención norteamericana: todo ya es marca o está por serlo, garantizando así un *way of life* igualitario o casi.

La búsqueda de la igualdad es el fundamento de la economía norteamericana. Si uno se pregunta acerca de los remotos orígenes de la prosperidad en los Estados Unidos —primera potencia mundial desde 1900, antes de que los europeos se dieran cuenta—, lo atribuiría al espíritu democrático; fue para satisfacer la demanda homogénea de una nación en busca de uniformidad que las industrias adoptaron la estandarización y la producción en masa, lo que permitió abaratar costos y precios. Por la misma época, Europa continental seguía siendo aristocrática, con un consumidor cuyo anhelo era la diferenciación.

En 1962, el viajero también podría haber constatado que en cada domicilio de Queens había un automóvil, algo que estaba aún muy lejos de ocurrir entre nosotros; en Francia particularmente, existía una corriente de pensamiento abiertamente hostil a que cada francés dispusiera de un automóvil y un televisor. Es lo que siempre nos enseñaron en la escuela; pero, desde entonces, nos hemos norteamericanizado, y ahora somos fordistas —por el nombre de Henry Ford, el constructor de Detroit que imaginó, en la década de 1920, que podía existir una clase de masas.

El fordismo es conocido en Europa, pero lo que no es tan conocido es que, en la época en que Ford producía sus uniformes modelos T, sufrió la competencia de General Motors, que profesaba una concepción diferente de la sociedad norteamericana: la posibilidad del ascenso de una clase social por sobre otra. General Motors producía así automóviles muy diferenciados entre ellos —cada uno correspondía a una clase distinta— pero nunca modelos tan alejados unos de otros como para impedir que todo ciudadano-consumidor pudiera elevarse (o disfrutar de la ilusión de que se estaba elevando) en la escala social. La sociedad norteamericana oscila siempre entre lo que representan Ford y General Motors: la igualdad y la búsqueda de la pequeña diferencia.

Google o el conformismo democrático

Una sociedad que borra las diferencias o que las tolera mientras sean minúsculas nos parece, desde Europa, algo muy próximo a caer en un insoportable conformismo: aquello que los norteamericanos estiman democrático se nos antoja a menudo como una claudicación autoritaria. En 1832, Alexis de Tocqueville se inquietaba ante esta tendencia hacia una dictadura blanda y a la mediocridad; ¿pero no parece un comentario típico de aristócrata atemorizado por los avances populares? Para su gran fastidio, Tocqueville descubrió pero aceptó que la masa hubiera sido promovida al rango de árbitro de gustos y costumbres. Una sorpresa que Georges Duhamel, a su manera, en otro libro clásico de viajes por Norteamérica, manifestó en 1934; el escritor se sublevaba contra las piernas de las norteamericanas, "demasiado bellas y como producidas en serie".

Esta observación burlona y envidiosa, ¿no revela el profundo malentendido que existe entre franceses y norteamericanos acerca de la naturaleza de la democracia? En Europa, la democracia es una regla de juego que distribuye los poderes existentes de un modo que promueve la tolerancia de las diferencias; en Estados Unidos, la democracia tiende a uniformar las condiciones, ocultando las pretensiones de las élites de disponer de veredictos sobre lo que es verdadero y bello. Consideramos que la democracia norteamericana cercena, que es como una guillotina que decapita el espíritu, uniformando tanto las piernas como las expresiones públicas.

De hecho, esta fusión norteamericana, que nos deja perplejos, entre democracia y conformismo, entre la calidad y la igualdad, impregna a la sociedad norteamericana hasta en sus menores detalles. Consideremos, por ejemplo, la gastronomía. En Europa, y en Francia particularmente, inspectores que se convierten en garantes de una ciencia infusa califican a los restaurantes con un rango de estrellas; entre nosotros, muy pocos discuten esa jerarquía establecida por los expertos. En Estados Unidos ocurre lo contrario: la guía gastronómica más difundida, la *Zagat*, clasifica a los restaurantes en función de las preferencias de los clientes. El consumidor-ciudadano sabe lo mismo que el experto; la popularidad del restaurante se conoce sin apelar al criterio europeo de calidad objetiva. La guía *Michelin* es aristocrática, la *Zagat* es democrática; la cocina norteamericana no es menos decente y decorosa, y el servicio es a menudo más esmerado que en Francia.

Se puede explicar de la misma manera el éxito de *Google*, el buscador de Internet. El verbo inglés *to google*, que nació de este buscador, significa bucear en la Web para descubrir, si es posible, informaciones ocultas por los interesados.

Ahora bien, el principio de *Google*, como el de *Zagat*, consiste en jerarquizar los sitios de Internet no en función de una pretendida cualidad objetiva, que en Europa estaría sopesada por expertos, sino por su popularidad; el sitio mejor ubicado en la clasificación que propone *Google* es simplemente el más consultado. La popularidad, el juicio de la gente: éstos son los criterios últimos del reconocimiento.

Las dos revoluciones culturales: 1960 y 1980

¿Inmutable, Estados Unidos? Desde los años sesenta, ha cambiado profundamente luego de atravesar por dos verdaderas revoluciones culturales y políticas, conmociones más brutales que las que conoció Europa más o menos en el mismo período. Hay que añadir una ruptura considerable, difícilmente comprensible para los que no son norteamericanos, la del 11 de septiembre de 2001, la fecha más oscura de toda la historia nacional.

El primer levantamiento, el de la década de 1960, barrió con los interdictos morales y religiosos, derribó los tabúes sexuales, y echó abajo las fronteras raciales. Los *sixties*, en palabras del cronista de los beatniks, Lawrence Lipton, autor de *The Holy Barbarians*, los bárbaros místicos, han "democratizado el amoralismo". Las drogas y la permisividad sexual, que eran privilegios que podían darse los ricos, pasaron al dominio público. En 1920, Gatsby, ese personaje magnífico descrito por Scott Fitzgerald, se emborrachaba con alcohol y mujeres en la alta sociedad; en 1957, Dean, el protagonista de *En el camino*, la novela de Jack Kerouac, populariza los mismos comportamientos, pero en los *drive-in* y en las estaciones de ómnibus. Todos los norteamericanos, en grados desiguales, son herederos de esta revolución en las costumbres.

Con consecuencias mucho más profundas que los acontecimientos parisinos de 1968, esta contra-cultura de los años sesenta suscitó en los ochenta una contrarrevolución *conservadora*: una tentativa por resucitar los valores tradicionales, el capitalismo y la misión universalista de Estados Unidos en favor de la democracia. Del mismo modo que ningún conservador norteamericano puede renegar de todo lo adquirido gracias a la primera revolución cultural, ningún progresista [*liberal*] puede ignorar la revolución conservadora.

Esto nos lleva a definir desde ya, y para toda esta obra, estas dos palabras claves, liberales y conservadores, que por cierto carecen de equivalentes en la vida política europea.

Los liberales ubican (preferentemente) la igualdad antes

24

que la libertad, y (a la inversa de los liberales europeos, a los que en Estados Unidos llaman "liberales clásicos") cuentan con el Estado para edificar una sociedad más justa. Votan (en general) por el Partido Demócrata, la izquierda norteamericana; los más extremos son anticlericales, y entre ellos se cuenta algún que otro marxista. Entre los conservadores, nada tiene precedencia sobre la libertad y el mérito individual; la intervención del Estado siempre es sospechosa; dejando de lado el mantenimiento de la seguridad interna y externa, los conservadores prefieren el mercado al Estado; votan en general por los republicanos, la derecha; una franja influyente es religiosamente fundamentalista. Los liberales invocan la sociedad, y los conservadores, los valores; esta distinción coincide con la derecha y la izquierda francesas, aunque de un modo imperfecto. Los conservadores defienden el capitalismo; los liberales también, pero insistiendo en reglamentar los excesos. Los conservadores invocan a Dios para sustentar sus convicciones; los liberales se dicen creyentes pero laicos, favorables a una estricta separación entre las religiones y la política. Unos y otros se empeñan en caricaturizarse: en las controversias electorales o intelectuales, que son feroces, los conservadores tienden a hacer pasar a los liberales por socialistas, etiqueta poco envidiable en Estados Unidos. Por su parte, los liberales asocian gustosamente conservadurismo con reacción social —incluso racial— y oscurantismo religioso. Las tintas están tan cargadas que muchos norteamericanos dudan antes de incluirse en estas categorías, y sobre todo hay dudas en la izquierda: el cuarenta por ciento de los norteamericanos se definió en 2004 como conservador, y sólo un veinte por ciento lo hizo como liberal. Sin embargo, entre los que votan, cuarenta por ciento lo hace siempre por los demócratas, y la misma proporción lo hace siempre por los republicanos. La riqueza personal no establece diferencias: encontramos ricos y pobres en los dos bandos; la división es ideológica, no económica.

Por qué el socialismo no existe

Si nos atenemos a criterios políticos, esta derecha y esta izquierda parecen menos opuestas en Estados Unidos de lo que lo son entre nosotros, en particular porque una y otra reconocen la validez de la economía de mercado. De hecho, el socialismo europeo no existe del otro lado del Atlántico, y jamás pudo imponerse: los movimientos obreros no lo quisieron. Los pocos intelectuales marxistas no han tenido prácticamente ninguna audiencia, y menos ayer que hoy; el marxismo en Norteamérica se limitó a algunos intelectuales excéntricos amparados en los campus universitarios. Este fracaso del socialismo en Norteamérica es sorprendente: ¿se debe al predominio del calvinismo fundado sobre la responsabilidad personal, a la movilidad social, que es real, a la Guerra Fría que lo volvía sinónimo de traición? ¿Se explica por la diversidad del pueblo norteamericano y el tamaño del territorio? Las naciones homogéneas de Europa aceptan más fácilmente la redistribución que los norteamericanos; ellos, nacidos de un conjunto de pueblos diferentes, a menudo desconfían los unos de los otros, no cuentan con una solidaridad nacional espontánea.

Aunque más probablemente, el socialismo se ha desarrollado en Europa gracias a los roles tradicionales que han jugado el Estado y la aristocracia. Del poderío del Estado en Europa se espera todo, y en los Estados Unidos muy poco. En Europa, por tradición, las castas aristocráticas de la nobleza, el alto clero, los funcionarios y la *intelligentzia* desean generar la felicidad del pueblo; a este efecto, crean ideologías totales, prometedoras de un mañana organizado y próspero.

En Estados Unidos, estas castas iluminadas no existen, o no tienen influencia más que como castas; éstas no conciben utopías alternativas a la democracia liberal. La falta de éxito del socialismo en Norteamérica me parece menos explicable por consideraciones objetivas de orden económico y social que en razón de la ausencia de las tradiciones aristocráticas y clericales del despotismo ilustrado.

Una nación pero dos ideologías

La ausencia de ideologías europeas en Estados Unidos no apacigua sin embargo las hostilidades políticas; el tema es apenas desplazado del campo económico y social hacia el de la cultura y las costumbres. En las páginas de opinión de los diarios, en los debates de televisión o en la radio, los *pundits*, como se los llama, portavoces de sus campos respectivos, se enfrentan con intensidad y muchísima emoción. Para dar un espectáculo, ciertamente, pero también porque cada uno está persuadido de encarnar una visión tan revelada como razonada del futuro norteamericano, en la cual el otro resulta la mayor amenaza para su realización.

En realidad, desde los primeros instantes de la independencia norteamericana, los píos calvinistas se opusieron a los deístas racionalistas: y desde entonces no han cesado de hacerlo. Según los primeros, que fueron originariamente representados por el presidente de la Universidad de Yale, Timothy Dwight, la fundación de la república tenía por objeto llevar a cabo en la tierra la utopía protestante. Pero según los progresistas, conducidos por Thomas Jefferson, la república era una experiencia sin precedentes para realizar concretamente el ideal de la Ilustración. "Si Jefferson llega a presidente de Estados Unidos —dijo fulminante Dwight en 1798— destruirá el cristianismo". Esta guerra de dos culturas norteamericanas no deja nunca de resurgir, y toda campaña electoral se hace eco de ella.

Entre estas dos visiones normativas de la sociedad, ningún compromiso ha sido posible, y el centro ha sido siempre aplastado. Es lo que permite comprender por qué los debates públicos gravitan sin duda alrededor de la guerra y de la economía, pero también alrededor del aborto, de la abstinencia, del matrimonio homosexual, de la educación de los niños, de la familia: tantas controversias poco laicas, marginales en Europa, y esenciales en Estados Unidos.

Si en política es posible una componenda acerca de los impuestos o sobre el rol en las Naciones Unidas, el compromiso se vuelve impensable cuando se trata de temas como el aborto o el matrimonio gay; no hay posibilidad de síntesis entre el Bien y el Mal, entre los ortodoxos de todos los credos y los progresistas de todas las causas. Las campañas electorales, las controversias entre los medios de comunicación, en particular entre Fox, la televisión conservadora, y CBS, la cadena liberal, se vuelven guerras de religión, cuando desde un principio un muro constitucional las separa de la política. Siendo ambas místicas, las dos tempestades ideológicas —la de los años sesenta, y luego la revolución conservadora— participaron de esta intensidad emocional antes de traducirse en códigos políticos.

Un clima de guerra civil

En 1962, ¿debería yo haber presentido los levantamientos de los años 1967 y 1968? Las señales eran todavía imperceptibles. Los beatniks atravesaban Norteamérica en moto; en la ruta se cruzaban los hippies, los rebeldes, los mochileros. Todos parecían pertenecer a una Norteamérica eterna, la de la rebelión personal que nunca había derivado en revolución social. La revista *Playboy* se publica desde 1954, pero su mensaje de liberación sexual y antirracista parecía destinado como vía de escape para los adolescentes más que a alterar las costumbres de una nación inmersa en la devoción a la familia tradicional; las juergas de John Kennedy eran todavía secretas y desconocidas, y, si los norteamericanos se hubieran enterado, el presidente habría debido reconocerlo en la Casa Blanca. El rock and roll competía con la música *country*, pero eran pocos quienes presentían que los insinuantes movimientos de pelvis de Elvis Presley irían a promover una revolución sexual y a aproximar a blancos y negros en un mismo deseo de liberación de los cuerpos y de los derechos. En los inicios de la revolución de los *sixties*, las feministas, los defensores de los derechos civiles, los pacifistas, no movilizaron más que a modestas muchedumbres en los campus universitarios, y permanecieron aislados unos de otros; será necesario el repudio a la guerra de

28

Vietnam para federar a todos estos movimientos y embarcar en la tormenta a toda una nación.

Menos previsible aun era en 1962 el carácter violento de esta revolución cultural por venir. Recordemos que los *Weathermen* o los *Black Panthers* estaban resueltos a destruir el gobierno por la violencia armada, al igual que la Fracción del Ejército Rojo (RAF) en Alemania o las Brigadas Rojas italianas de la misma época. No se trataba más que de grupúsculos, pero gozaron de una gran simpatía en los ambientes intelectuales, los medios de comunicación y la burguesía elegante, tal como cuenta Tom Wolfe en su novela de no-ficción *La izquierda divina de Park Avenue*. En esta época, sobre el fondo de la guerra de Vietnam, el antinorteamericanismo alcanzó cumbres que hoy le costaría alcanzar al más vehemente enemigo de Estados Unidos.

La revolución conservadora fue también inesperada; nadie hubiera predicho que el discurso de un tal Ronald Reagan, pronunciado en apoyo a la candidatura a la presidencia del senador Barry Goldwater en 1964, sería considerado desde entonces el alfa y el omega de esta "contrarrevolución", dieciséis años antes de que el mismo Reagan ingresara en la Casa Blanca. Todo estaba, sin embargo, anunciado allí: la gloria del capitalismo, la derrota programada de la Unión Soviética, la resurrección de valores morales y religiosos, la celebración del individuo en oposición a la sociedad.

Norteamérica es la suma de estas dos herencias, la liberación de los *sixties* y el moralismo de los años ochenta, de sus contradicciones y sus enfrentamientos; una "nación que alberga dos culturas", en palabras de la historiadora Gertrud Himmelfarb. Los norteamericanos que parecen todos iguales, vistos desde el exterior, vistos de cerca están ocupados en un conflicto ideológico permanente atizado por los extremos. No existe un consenso nacional acerca de la definición última del Bien y del Mal, lo cual es una situación desconocida en Europa occidental. Pero el culto a las reglas democráticas evita que ese desacuerdo místico e ideológico degenere en guerra civil: gracias a la democracia, religión laica tanto como institución, los enfrentamientos permanecen en niveles no violentos. Cada elección en los Estados Unidos puede entonces interpretarse como un referéndum cultural entre la liberación de los *sixties* y el retorno a los valores tradicionales, entre las ortodoxias de todas las creencias y los adeptos de la Ilustración. Los resultados de este referéndum no conmocionan tanto a la sociedad porque ella es autónoma del Estado. Los hombres políticos que, en tiempos de un mandato de dos o cuatro años, se adueñan de las instituciones públicas, permanecen cercados por la economía de mercado, por las instituciones laicas y religiosas de la sociedad civil, por los jueces y por los medios de comunicación. La política cambia en muy poco a la sociedad norteamericana, una sociedad que evoluciona, pero según ciclos más largos que los de las elecciones. Esto explica las tasas de abstención: un ciudadano de cada dos estima inútil participar en estos procedimientos, a sus ojos carentes de sentido. Así es que prefiere emplear su energía en instituciones religiosas, escolares, deportivas, caritativas, que le parecen más decisivas que el Estado, excesivamente lejano.

Lo que ha cambiado el 11 de septiembre

El 9/11, como se lo nombra en Estados Unidos, el día de los atentados, coincide curiosamente con el número telefónico de las emergencias. Está todavía muy cerca, demasiado inexplicable para suscitar en la nación una respuesta unánime. Nadie duda de su importancia histórica, pero la nación está partida en dos campos: los que lo ven como un acto aislado y los que en él presienten el comienzo de una tercera guerra mundial. Si se tratara de simples atentados, correspondería a la policía, al FBI, acorralar a los terroristas; si es una guerra, el ejército norteamericano debe responder con la guerra, según hizo en Afganistán e Irak. Como la ideología se mezcla en la cuestión, los liberales se inclinan por la acción de la policía, y los conservadores, por la guerra. La tesis del acto aislado no resiste ningún examen histórico: el 9/11 se inscribe perfectamente en una serie continua de ataques terroristas contra los norteamericanos que comenzó en Beirut en 1983, siguió en Kenya y Tanzania en 1998, en Yemen en 2000 y contra el World Trade Center en 1993.

Como la teoría de la conspiración es una perturbación mental que no conoce fronteras, tanto en Estados Unidos como en Europa hay adeptos a esta teoría que imaginan que la CIA se asoció a los servicios secretos israelíes para destruir el World Trade Center, hacerle la guerra al mundo entero y suprimir las libertades en Estados Unidos; en este tema, todas las tonterías que se escucharon fuera de Estados Unidos ya habían sido pronunciadas en el interior del país. Del mismo modo que no existen fuera de Estados Unidos variaciones del antinorteamericanismo que no sean tan alucinógenas como las especies que se cultivan localmente.

Más allá de estas divergencias de interpretación, el 9/11 sigue siendo un acontecimiento que quienes no son estadounidenses nunca alcanzaron a comprender como los estadounidenses; un shock similar, semejante dolor, tanto miedo inmediato y prolongado, no se comparte. Los europeos analizan el 9/11, no lo sienten. Esta distancia inevitable no les permite comprender las reacciones norteamericanas a los acontecimientos, que les parecen generalmente desproporcionadas. ¿Pero por qué deberían ser proporcionadas? Si se observa Nueva York, la mirada se encuentra con la ausencia de las torres, el vacío es visible; todo visitante que llega por avión encuentra ese vacío desde la ventanilla. El monumento conmemorativo que ha sido elegido, luego de dos años de deliberaciones, será, por otra parte, un vacío, dos espacios en cruz aferrados a la huella de las torres, no significará otra cosa que la ausencia. Un avión roza Manhattan de cerca y millones de miradas se elevan, la inquietud triunfa. En esta ciudad donde se podía circular sin documentos, ya no es posible ingresar a un edificio sin un documento de identidad; policías armados patrullan la ciudad: hay perros que vigilan, helicópteros que sobrevuelan, cámaras que filman, sirenas que aúllan. Esto, que es habitual en Europa, no se conocía en Estados Unidos. La ansiedad es tal que casi todos los norteamericanos están muy dispuestos a renunciar a una parte de su libertad individual a cambio de un poco más de seguridad. Son pocos los intelectuales libertarios que denuncian la intrusión de la policía en la vida cotidiana, el fichaje de toda una nación; a algunos les inquieta la amenaza fascista, pero son intelectuales que viven, generalmente, en California o en Oregon más que en la costa Este. Un ex líder izquierdista de los años sesenta, Todd Gitlin, que encabezó durante mucho tiempo todas las batallas en contra de la policía, contemporizó luego de ver el fuego en las torres. "Estamos siendo vigilados —reconoció— pero hemos conservado nuestra libertad de expresión, y esto comprende la denuncia de la vigilancia". Así es que Estados Unidos no está retornando al maccarthismo de los años cincuenta, cuando la expresión de una mínima simpatía por el comunismo estaba prohibida o conducía al desempleo.

¿El 11 de septiembre modificó todo, como se lo interpreta localmente, o no cambió nada, como también se escucha decir? Los atentados no han modificado fundamentalmente la civilización norteamericana: días después de ocurridos los atentados, el presidente George W. Bush invitó a la nación a "resistir al terrorismo asistiendo a los partidos de béisbol, viajando y cantando"; la búsqueda de la felicidad, garantizada por la Constitución, no tiene por qué ser interrumpida por sus enemigos. Pero en 1942 Franklin Roosevelt, cinco semanas después de Pearl Harbor, mencionó también esa búsqueda de la felicidad (unas catorce veces) en un discurso a la nación, comprometiéndose a respetar el calendario habitual de la temporada de béisbol. La sociedad norteamericana ha estado y continúa estando centrada sobre sí misma, demasiado ocupada en fundar una nación única como para prestar atención a culturas lejanas. No se venden muchos libros sobre el Islam, no se difunden más films importados que antes de los atentados; los estudiantes no se precipitan hacia la enseñanza de lenguas extranjeras. Sólo algunos pensadores heréticos, como el lingüista Noam Chomsky, consideran que los norteamericanos son moralmente culpables de haber desatado la cólera de los condenados de la tierra. En las artes plásticas, que son un justo reflejo de la sociedad norteamericana y de su crítica, uno buscará en vano a los nuevos artistas a quienes podría haber conmovido el 11 de septiembre. Los museos de arte contemporáneo valorizan toda expresión que trasunte un humor sombrío o que se interese por el diálogo entre las civilizaciones. Pero los artistas que podrían ser calificados de post-11 de septiembre son escasos, y en general se trata de inmigrantes jóvenes, recién llegados a Nueva York. En los tres años que siguieron a los atentados, no es posible rastrear una nueva corriente ni en música ni en las artes plásticas o en cine; en términos generales, los norteamericanos, igual que antes, se interesan más en su propio yo interior que en el resto del mundo.

Con la aplicación de la seguridad reforzada, la tesis de la continuidad más que de la ruptura puede ser entonces defendida. La vigilancia generalizada del territorio y de los extranjeros se desarrollaba eficazmente desde hacía varios años; un primer atentado había tenido lugar contra el World Trade Center en 1993, el segundo no iría más que a acelerar el "blindaje de seguridad" de Estados Unidos.

Si bien es cierto que las intervenciones preventivas en Afganistán y en Irak han cobrado una amplitud inédita, no es la primera vez que el ejército norteamericano se encomienda la tarea, con o son autorización de la ONU, de reemplazar un régimen político por otro de su conveniencia. En el curso de su historia, en nombre de los intereses y de la seguridad de Estados Unidos, o de la defensa de la democracia, el ejército norteamericano jamás dejó de intervenir por medio de guerras preventivas, sea para conquistar territorios, sea para cambiar regímenes en Centroamérica, en las Antillas, en Filipinas, en Vietnam, en Yugoslavia. Este activismo fue moderado por la Guerra Fría, ante el temor a una reacción soviética. El 11 de septiembre permitió amplificar estas políticas antes bosquejadas; se puede discutir hasta el infinito acerca de las motivaciones profundas, de la pureza de las intenciones, de la eficacia, de la ruptura cuantitativa o cualitativa que éstas generan, de la amenaza que ellas representan para las libertades de los propios norteamericanos y las de quienes no lo son, del equilibrio justo o injusto que éstas expresan entre libertad y seguridad. No se puede decidir, porque es imposible: el tiempo dirá si el 11 de septiembre fue un momento de la historia antigua o el inicio de una nueva historia.

El show más grande del mundo

Quienquiera que rememore los atentados del 11 de septiembre de 2001 recordará la calidad cinematográfica de su puesta en escena; los televisores no se cansaron de redifundir las imágenes de los aviones impactando contra las torres del World Trade Center. Todo se produjo como si Osama ben Laden hubiera incorporado a su plan las técnicas propias de los grandes espectáculos norteamericanos. ¿Puede haber sido el caso? ¿Será que los norteamericanos son un pueblo de espectadores natos en una Norteamérica que es ella misma una vasta puesta en escena? Por otra parte, cuando en abril de 2003 el ejército norteamericano respondió al terrorismo con la invasión de Irak, la guerra fue una puesta en escena tal y como había sido el atentado inicial; los televisores norteamericanos estuvieron encendidos porque pertenecen a la misma cultura visual, heroica y acrítica. Es lo que el televidente norteamericano deseaba ver: gloria, heroísmo y nada de sangre. Las imágenes tenían dos caras, la teatralización como contraataque a los islamistas y a los pacifistas. En 2004, la decapitación filmada de un ciudadano norteamericano de paso por Irak, las fotografías "posadas" de las sevicias infligidas a los prisioneros iraquíes por soldados norteamericanos, participaron de ese mismo universo en el cual las imágenes de la guerra se vuelven más significativas que la guerra misma. Los combates fueron menos combates que imágenes de combates; esas imágenes sin reportajes fueron una gran puesta en escena, lo real cancelado por su teatralización. La guerra de Vietnam, decían en los años setenta, no se perdió en el campo de batalla sino en los livings del Midwest, cuando el televidente decidió que convenía parar la masacre; la guerra en Irak se juega en la Web, que mundializa la distribución de fotografías digitalizadas.

Si uno tuviera que retratar de una sola pincelada, una que fuera esencial, a la civilización norteamericana, ¿no sería este rasgo la teatralización permanente de la existencia? Todo en Estados Unidos es una puesta en escena, comenzando por los propios norteamericanos: casi todos son un personaje o eligen serlo. Una permanente improvisación, ya sea por el vestuario, los adornos o el comportamiento, distingue al individuo de la muchedumbre. Las calles de Nueva York, en particular, parecen estar hechas para la exhibición como escenarios o podios donde el financista se viste de financista, se cruza con el rapero en atuendo de rapero, la secretaria en galas de secretaria, el burgués-bohemio disfrazado como tal. El individuo norteamericano no se esconde, más bien ostenta, juega; las calles de Nueva York son un teatro permanente que la convierten en una ciudad tan alegre que jamás uno se aburre. Abra los ojos, ¡usted está ante un espectáculo!

Sin embargo, Norteamérica toda está dispuesta de este modo, sin debérselo a la espontaneidad ni a su naturaleza. ¡Comenzando por la naturaleza misma, que está tan teatralizada como quienes la habitan! Los paisajes norteamericanos, muchos de ellos espectaculares, se prestan, pero lo que hay de norteamericano en ellos no es tanto la propia naturaleza como el modo en que ésta resulta estructurada y contemplada. Desde hace un siglo, los norteamericanos tomaron la iniciativa de proteger los espacios inmensos y transformarlos en espectáculos; en sus parques, el visitante sigue los itinerarios señalados que lo conducen a miradores donde se extasiará frente a paisajes que parecieran estar casi enmarcados. Allí aplaudirá el espectáculo de una naturaleza que no está abandonada ni es salvaje, sino que se ha domesticado para una contemplación orquestada.

Ese mismo principio de teatralización se adapta a cada uno de los aspectos esenciales de la civilización norteamericana. El *mall*, ese emblema de la sociedad de consumo —el primero fue creado en Mineápolis en 1954 por el arquitecto vienés Victor Gruen—, es una pseudociudad escenificada, bajo un falso cielo y con clima artificial. En el *mall* uno circula como en una ciudad, pero sin la intemperie y sin la inseguridad. Se ha vuelto el destino predilecto de todo norteamericano, de cualquier edad y clase: una experiencia democrática, aunque coreográfica.

La escenificación culmina en los parques temáticos: Disneylandia, en Anaheim, que fue el primero que se abrió (en 1955), resume en algunas hectáreas la naturaleza y la historia, la literatura y los fantasmas. Cuando el Capitán Garfio cruza allí las tribus indias, ¿en qué momento se traspasa la frontera entre naturaleza y cultura, entre lo verídico y la ficción? Ahí no hay fronteras, todo está dominado, enmarcado; lo importante es que todo se deslice sin obstáculos, que no haya una falsa nota que se deje ver u oír. Las Vegas, esa Disneylandia para los grandes, es tan artificial y aséptica como Disneylandia.

Al igual que con la naturaleza, el comercio y el ocio, la historia está también escenificada. En Williamsburg, cerca de Washington, ha sido reconstruida una auténtica-falsa ciudad de Norteamérica colonial: es una teatralización del pasado tal como están acostumbrados a considerarlo los norteamericanos contemporáneos.

Esta confusión permanente entre la bijouterie y lo auténtico, lo verdadero y lo kitsch, no escapa a la crítica norteamericana. Cuando un barrio como Times Square en Nueva York o el puerto de San Francisco fueron arrancados a su pasado y transformados en parques temáticos, esta "disneyficación" de Norteamérica fue denunciada por los medios de comunicación culturales. También por Hollywood: en un célebre film de 1998 titulado *The Truman Show*, dirigido por Peter Weir, el héroe descubre que su vida entera es una puesta en escena, una escenificación, que su ciudad, su oficio, sus vecinos, el clima, eran artificiales; ¡hasta su querida mujer era una actriz paga interpretando el papel de la esposa perfecta! Desde su nacimiento, Truman fue el actor involuntario de un gigantesco *reality-show*.

La sociedad norteamericana entera, como en este film, puede que no sea más que un *reality-show*, pero hay que considerar que cada norteamericano es su propio director, y que la mayoría ama ese simulacro en el que actúan como héroes, alienados o por propia voluntad.

Por pertinentes que sean los clamores críticos, siempre quedan aislados, desoídos, porque Disney es Norteamérica, y Estados Unidos tiende a convertirse en un pelotero a escala nacional; es lo que lo hace un país más bien alegre que se esfuerza en evacuar la tragedia y lo inesperado.

¿Es necesario explicar este gusto norteamericano por su propia escenificación y la de los demás? El historiador observará que esos hechos que nosotros ligamos entre sí pertenecen en realidad a fechas de épocas y circunstancias diferentes. Los parques naturales fueron creados por el presidente Theodore Roosevelt, que tenía una pasión por los grandes espacios; sin Walt Disney, Disneylandia y la disneyficación de Norteamérica no hubieran sido posibles. El primer *mall* fue edificado en Minesota: ¿fue sólo porque el comercio local era pobre y el clima ingrato? Más allá de estas circunstancias, una misma pasión por la escenificación reúne todas las experiencias y todos los lugares. Uno está tentado de establecer una continuidad entre esta escenificación de lo cotidiano y la experiencia religiosa que fundó la sociedad norteamericana: las dos participan de una misma voluntad. Las religiones norteamericanas tienden a descartar lo trágico de la existencia, a preferir el paraíso sobre esta tierra antes que aguardar al del más allá; lo atestiguan las liturgias entusiastas, pero también Disneylandia y los *malls*. Las iglesias y los *malls* otorgan el acceso a la felicidad inmediata; a veces unas y otros se confunden en una sola entidad, como en Grand Forks, en Dakota del Norte, y en Mineápolis, donde existen iglesias instaladas en los *malls*. Los atentados del 11 de septiembre de 2001 estuvieron dirigidos contra esta tentación de edificar un paraíso sobre la tierra, sin trascendencia ni tragedia; los agresores han enlutado ese paraíso, pero no pueden impedirlo: el espectáculo continúa, y continúa aun en tiempos de guerra.

¿Mañana seremos todos norteamericanos?

Desde hace dos siglos, los viajeros que parten a Estados Unidos para adivinar el futuro del planeta son profetas que aciertan. En los comienzos del siglo XX, el mundo, efectivamente, comenzó a parecerse a Norteamérica; la democracia, el individualismo, el maquinismo, el mercado, la búsqueda de la felicidad personal, estos fundamentos de la sociedad norteamericana triunfaron en todas las naciones, modificaron todas las civilizaciones. Las ideologías contrarias han sido todas barridas por implosión o por conquista; incluida la resistencia francesa. ¿Quién lo ha presentido mejor que Jacques Tati? Fue hace medio siglo, bajo la forma de una fábula: *Día de fiesta*.

En este film emblemático de una sociedad francesa bruscamente invadida por los norteamericanos, sus soldados y sus costumbres, Jacques Tati, director, actor, cartero y farsante, contrapone una Francia eternamente lenta a la eficacia norteamericana.

Al comienzo del film, el cartero emprende la distribución de la correspondencia, en bicicleta, con un ritmo que es el del propio pueblo, interrumpiéndola con copiosos aperitivos. Su retraso se vuelve tal que los habitantes le reprochan su tarea, incitándolo a imitar a los norteamericanos, a quienes han visto en un documental distribuir el correo por medio de helicópteros.

Nuestro cartero responde al "desafío norteamericano", se sube a la bicicleta, pedalea furiosamente y multiplica las astucias que le permiten distribuir el correo "siempre más rápido, a la norteamericana". A pesar de una última imagen donde uno entrevé que la guardiana de gansos y el guarda campestre vuelven a tomar posesión de la calle principal de Saint-Sévère-sur-Indre, uno adivina que el ritmo de vida quedará definitivamente modificado por esta intrusión de los métodos norteamericanos. Pero Jacques Tati no manifiesta ninguna hostilidad particular hacia los norteamericanos; la Liberación estaba sin duda muy próxima en el recuerdo como para destilar antinorteamericanismo. De todos modos, los franceses envidian a los norteamericanos el agua corriente, los automóviles o el teléfono; algunos están dispuestos a cambiar algo de sus tradiciones culturales por un poco de confort a la norteamericana.

Desde ese día de fiesta filmado en 1947, la norteamericanización triunfó en Francia de un modo más intenso de lo que temían algunos y ansiaban otros: ¿No es que todo lo moderno que se halla entre nosotros proviene de Estados Unidos —el jean, la bikini, el jogging, la computadora, la píldora anticonceptiva y el Viagra, el management de las empresas, la prohibición de fumar, los alimentos genéticamente modificados, la música pop, la posibilidad de elección entre varias compañías telefónicas y cientos de canales de televisión? La anterior enumeración mezcla deliberadamente innovaciones técnicas, prácticas sociales y rasgos culturales, pues la norteamericanización del mundo acarrea todos esos elementos de manera indistinta. Será siempre más expeditivo constatar que aquello que es contemporáneo es norteamericano, y que aquello que no, es francés. Una constatación que no implica ningún juicio. Es un hecho que aquello que se revela eficaz terminará siendo aceptado entre nosotros, no sin renuencia, hasta encontrar una resistencia real. ¿Pero existe un solo caso donde esta resistencia haya provocado un completo rechazo? La misma Disneylandia, que no podía prosperar en Francia, según coincidían los comentarios en los años ochenta, superó al parque Astérix, y se ha vuelto un destino principal para el entretenimiento de los jóvenes franceses.

Imaginemos que en el momento en que Jacques Tati realizó *Día de fiesta* un observador atento de Estados Unidos hubiera hecho un inventario de los objetos y las modas dominantes. Le hubiera resultado muy fácil trazar los rasgos de la fisonomía de Francia veinte años más tarde. Ejercicio al que se dedicó Jean-Jacques Servan-Schreiber cuando, a partir de 1964, transformó su revista *L'Express* en un vector de la modernización/norteamericanización de Francia. Y, en otro registro, Edgar Morin, cuando desde California importó el espíritu del '68. En fin, cuando en 1980 Ronald Reagan barajó de nuevo las cartas al combinar liberalismo económico y conservadurismo moral, era posible anticipar que esta ideología atravesaría el Océano Atlántico y ganaría el mundo: lo que efectivamente ocurrió.

¿Debemos concluir que la norteamericanización del mundo es ineluctable? ¿O asistimos a la emergencia de una nueva civilización mundialista, anclada en los principios que habían sido experimentados previamente en Estados Unidos, esa especie de laboratorio de un futuro posible, que produjo, antes de testearlo, el futuro cierto? Toda resistencia al modelo norteamericano sería vana, y aquél determinaría nuestro propio porvenir. Es necesario considerar que mañana estaremos más norteamericanizados que ayer. Y si la norteamericanización/mundialización (las dos tendencias convergen) es un porvenir probable, hoy es tan necesario descubrir las tendencias universales entre los rasgos singulares como lo era en los tiempos de Tocqueville en 1831 (*La Democracia en América*), de André Siegfried en 1927 (*Los Estados Unidos hoy*), de Bertrand de Jouvenel en 1930 (*La crisis del capitalismo norteamericano*), de Louis-Ferdinand Céline en 1932 (*Viaje al fin de la noche*), de Jean-Jacques Servan-Schreiber en 1967 (*El desafío americano*), de Edgar Morin en 1969 (*Diario de California*), de Jean-François Revel en 1970 (*Ni Marx ni Jesús*), de Michel Crozier en 1981 (*El Mal norteamericano*), de Philippe Sollers en 1987 (*Visión de Nueva York*), por citar sólo algunos de los numerosos exploradores franceses que buscan entrever el futuro en Estados Unidos (la lista de los que no viajaron es más larga), descubrir allí evoluciones particulares que podrían volverse universales.

40

2. LA GUERRA ENTRE DOS CULTURAS

◆

En 1925, un tal John Scopes, profesor de biología de veinticuatro años, originario de Nueva York, ingresó en la historia de Estados Unidos por un camino discreto. Al dar una clase, en Dayton, Tennessee, sobre la evolución desde el punto de vista darwiniano, reveló a los niños que la teoría de la evolución de las especies contradecía la creación del universo tal y como resulta de una interpretación literal de la Biblia. La clase de Scopes encendió una guerra entre dos culturas que no deja de enfrentar a los norteamericanos entre sí: liberales contra conservadores, religiosos contra laicos, fundamentalistas contra reformistas, norteños contra sureños, metrópolis contra pequeñas ciudades. Tennessee era en 1925 uno de los veinte estados, todos ellos situados en el centro y sur del país, donde la enseñanza del darwinismo estaba prohibida por ley porque atentaba contra la verdad religiosa; sólo el creacionismo bíblico podía enseñarse en las escuelas. Scopes lo sabía; era un provocador, designado por la ACLU (Asociación Americana por los Derechos Civiles), la asociación de abogados anticlericales resueltos a demostrar el arcaísmo de la Norteamérica calvinista y afincar en ella, si esto fuera posible, las luces de la ciencia. Scopes fue acusado; siguió un juicio espectacular que fascinó a Norteamérica. Se enfrentaron creacionistas y darwinistas, se esgrimió la Biblia contra la Ciencia, la revelación contra la experimentación, la Verdad eterna contra las verdades del momento. Scopes fue condenado a pagar cien dólares de multa y a abandonar Tennessee; pero dado que se ridiculizó a los creacionistas durante todo el proceso, ambos contrincantes se declararon victoriosos. En la actualidad, muchos norteamericanos liberales y progresistas creen injustificadamente que Scopes ganó el juicio, y muchos norteamericanos conservadores continúan hostiles a la enseñanza del darwinismo.

Darwin, el diablo y los creacionistas

Fue necesario esperar hasta los años sesenta para que el Tribunal Supremo de Estados Unidos decidiera que era inconstitucional prohibir la enseñanza de la evolución. En el sur de Estados Unidos, la mayoría de las escuelas, religiosas o no, enseñan hoy las dos teorías. En las regiones más progresistas, por prudencia, el darwinismo se permite atemperado por términos asépticos: no se habla de evolución sino de bruscos cambios biológicos. Por todas partes hay padres vigilantes, que denuncian a los profesores por ser demasiado cientificistas. Pero la prudencia no basta. En 2004, en Ohio, en Montana, en Georgia, en Alabama, diputados y senadores locales redactaron proyectos de ley para que la enseñanza de la ciencia creacionista se volviese obligatoria: ¡la creencia promovida al rango de ciencia! Este mismo año, en Pensacola, Florida, un nuevo parque de diversiones consagrado a los dinosaurios hubo de presentar la historia del universo en versión bíblica, es decir, no evolucionista. Intentando encontrar una síntesis, unos cristianos relativamente iluminados, con apoyo de una fundación conservadora en Seattle, el Instituto del Descubrimiento, propusieron la teoría de la evolución inteligente: Darwin tendría razón al concebir la evolución, pero ésta habría sido guiada por Dios. El Instituto provee a las escuelas públicas todo el material pedagógico necesario para enseñar esta teoría intermedia. Los medios de comunicación desbordan con esta controversia.

¿Cómo es posible que una nación moderna llegue a dividirse a partir de una teoría biológica? En Europa, el darwinismo no causa la menor guerra cultural. Pero no estamos en Europa. En Estados Unidos, Darwin es, de hecho, una especie de equivalente político de lo que representa para nosotros Karl Marx. El marxismo y el darwinismo ejercen funciones simétricas de indicadores ideológicos; la evolución es para la conciencia norteamericana lo que la revolución es para la europea. El sentido de la historia divide a los europeos; Dios y el sentido de la vida dividen a los norteamericanos. Toda controversia política es en Europa histórica y social; en Estados Unidos, por detrás de las actitudes políticas se cuela constantemente la religión. Según los conservadores, Estados Unidos participa de un proyecto inspirado por la divinidad; el destino de Estados Unidos se les antoja "manifiesto" (una expresión de la década de 1840 que legitimó la conquista del Oeste). Pero para los liberales, Estados Unidos procede de la propia historia humana. Por más violentos que sean los debates europeos en torno a la revolución y al sentido de la historia, el entendimiento siempre parece posible. Pero en Estados Unidos, entre dos visiones, una trascendente, otra inmanente, entre Dios y la historia, ¿hay transacción posible?

Más allá de las etiquetas partidarias —demócratas contra republicanos, liberales contra conservadores—, ¿a cuándo se remonta esta guerra de culturas que divide a una mitad de los norteamericanos contra otra? ¿A 1798, cuando Dwight, en nombre de los Evangelios, arreciaba en contra del deísmo encarnado por Jefferson? ¿O, más cerca, a 1967, cuando los estudiantes de Berkeley exaltaron un nuevo paganismo? ¿O a 1925, en el juicio a Scopes? Todos estos orígenes son válidos, pues se generan unos de los otros. En época electoral, son sobre todo los años sesenta a los que se hace más referencia y los que más dividen los campos, pero porque sus protagonistas están hoy presentes y alcanzaron la mayoría de edad. Adoptando una perspectiva más amplia y menos partidaria, el juicio de Scopes es más esclarecedor: define las fronteras invariables de las guerras culturales en términos contemporáneos. Permite comprender por qué en Europa el debate político se remite a la organización de la sociedad, y en Estados Unidos a las costumbres, el cuerpo, las prohibiciones, el matrimonio. La sexualidad de Bill Clinton, el desnudo de la cantante Janet Jackson, el matrimonio homosexual, el lugar de la religión en la vida pública, el derecho a la diferencia: ¡esto preocupa y divide, más que la reforma de la Seguridad Social! Lo que es natural, lo que no lo es, lo que es norteamericano y lo que no lo es, en esto radica la trama de un conflicto cuyo sentido y estridencia escapan, a menudo, al europeo. Los norteamericanos no son como nosotros; en resumen, ellos ya no son europeos. O bien otra es la hipótesis: los norteamericanos continuaron siendo europeos de antes de la Ilustración, ocupados, como estábamos nosotros entonces, por combates teológicos. Muchos norteamericanos consideran que ellos son los verdaderos continuadores de una civilización en marcha abandonada por una Europa ya demasiado vieja. Esta pretensión a la herencia se ve en la arquitectura de las universidades norteamericanas, que son copias de la Antigüedad, y están adornadas de citas griegas y latinas cuyos estudiantes, más numerosos que los nuestros, saben leer. ¿Quién es europeo?, ¿quién ya no lo es? Seguramente Molière se encontraría cómodo hoy en Norteamérica, más vigente que en Francia, como lo demuestra el gran tema a continuación.

¡Oculte ese seno, Janet!

A principios de 2004, cuando la elección presidencial estaba cerca, un seno dividió a Norteamérica, y desencadenó una batalla entre conservadores y liberales. Un seno, apenas entrevisto por televisión, un momento fugaz y nocturno, en la cadena CBS cerca de las 21 hs. Pero esa noche no era como todas las otras: Norteamérica entera observaba el Superbowl. Una vez el año, toda la nación norteamericana comulga en torno a un espectáculo televisado que no es la misa de Navidad sino la clausura de la temporada de fútbol americano, transmitida en enero de 2004 desde el estadio de Houston, Texas. Se trata de un espectáculo considerado nacional y familiar.

El fútbol americano es un deporte brutal practicado sólo en Estados Unidos, una agresividad coreografiada considerada aquí una lección de virtud viril. Tradicionalmente en el entretiempo aparecen cantantes que en general se dedican a un repertorio patriótico, a melodías almibaradas y a la música *country*. Pero, este año, oh sorpresa, unos raperos y Janet Jackson desembarcaron en los livings, pues CBS juzgó oportuno renovar el espectáculo. ¿No constituyen el rap y el hip-hop la dieta básica de un televidente? No de un televidente común, ya que existen en realidad dos categorías de televidentes, y dos tipos de televisión. Se supone que la primera categoría mira en familia las cadenas nacionales de aire y gratuitas, ABC, NBC, CBS, Fox; la otra está abonada a redes de cable, especializadas, pagas. Los primeros tienen derecho a una suerte de "servicio público privado", que la publicidad financia; los segundos son abonados. Este servicio público privado es gerenciado por una administración (la Federal Communication Commission, FCC) presidida en 2004 por Michael Powell, hijo de Colin Powell e igual de conservador que el secretario de Estado de George W. Bush. Esta comisión garantiza que las cadenas nacionales respetarán los valores familiares, en particular desde las seis de la mañana hasta las diez de la noche, que los programas no ofenderán a ningún niño o a la idea que los padres se hacen de la inocencia de los niños. La FCC exige especialmente que las malas palabras sean tapadas por una señal sonora; y teniendo en cuenta el modo de expresión de actores y cantantes, sus declaraciones están plagadas de bips. Las cadenas de cable, como revancha, ya que escapan al control de la FCC, no se privan de ofender los valores familiares, de explotar la desnudez y la sexualidad, pero sin llegar nunca a lo *hard*, pues constituye un delito.

El seno de Janet conmovió poco a los liberales, pero, si había que escuchar a los conservadores, ese seno entrevisto anunció, por lo menos, la decadencia del Imperio Americano. ¿Un nuevo *affaire* Lewinsky? Seis años atrás, las travesuras de Bill Clinton en su oficina de la Casa Blanca habían dividido a la nación. ¿Conviene, como en tiempos de la bonita Monica, divertirse, enrostrarles a los norteamericanos su puritanismo e hipocresía sexual? No es tan simple: Janet Jackson escandalizó verdaderamente a la Norteamérica familiar. Al traspasar la órbita del cable a la de la libre difusión, cruzó la línea que separa a las dos naciones norteamericanas, la de los valores familiares y la de todas las libertades. Al pasar de un campo a otro, voluntaria o involuntariamente, agredió a la Norteamérica conservadora exhibiendo ese seno que, por otra parte, era más que un seno:

era negro y estaba adornado con un *piercing*. La familia blanca en su living de Kansas sufrió todas las agresiones a la vez: por la desnudez, la sexualidad negra, la obsesión del mestizaje, la cultura joven.

El seno levantó una tormenta; movilizó editoriales y debates políticos. Janet Jackson se disculpó ante la nación. Y perjura que el incidente no fue organizado para el lanzamiento de su próximo disco, sino que todo consistió en una "disfunción de su vestuario"; el cantante que la acompañaba debía arrancar sólo la capa superior no para revelar el seno, sino para que se viera el rojo de su corpiño. Janet Jackson quedó fuera de la entrega de los premios que coronan a los mejores discos del año; pero Justin Timberlake, que había arrancado la pieza de vestuario, resultó curiosamente exonerado por la jauría. ¿Porque era blanco? Los parlamentarios conservadores pidieron una investigación y previeron extender los poderes de control de la FCC a las propias cadenas de cable; éstas protestaron porque ello supone un ataque a la libertad de prensa que protege la Constitución. Directivos de redes de televisión y radio fueron convocados por una comisión en el Congreso; se pudo ver a una representante de Kansas llorando ante las cámaras. Su hijo de nueve años, decía entre sollozos y mordiéndose los labios, había visto *el* seno. Como los burgueses de Calais, los actores más epónimos de la sociedad norteamericana salieron a confesar la falta: se comprometieron a corregir su comportamiento; se suprimieron programas juzgados licenciosos; la compañía de radio ClearChannel ofreció sacrificar la emisión diaria de Howard Stern, reconocida por su escatología. Los parlamentarios se mostraron aliviados; elevaron a quinientos mil dólares la multa por transgresión en radio y televisión. Todo por un seno...

La guerra del seno es real pero no realista: un 85% de los hogares americanos están abonados a cadenas de cable además de a las redes gratuitas, y las encuestas realizadas manifiestan que la mayoría ignora, en el momento del zapping, que están pasando de un ámbito a otro. Muchos padres utilizan filtros con los que se equipan obligatoriamente los televisores desde 1999 para bloquear el acceso infantil a la programación adulta. Pero sólo un veinte por ciento recurre a él; seguramente son los mismos que instalan filtros en sus computadoras para prohibir el acceso a los sitios Web para adultos. ¿Pero colocan anteojeras a sus hijos para que no vean publicidad erótica en la calle, les tapan las orejas para que no oigan las declaraciones obscenas de sus compañeritos de clase? La noche del Superbowl, se podía ver sobre el césped a los futbolistas desenfrenarse como machos en celo mientras que las porristas desde las tribunas emprendían danzas eróticas. Los padres no se ofuscaron ni por la violencia de los jugadores, ni por la coreografía de las *pom-pom girls*, casi desnudas, alentando en el Superbowl a sus respectivos equipos. ¿Les explicaron a sus hijos por qué el seno de Janet era pornográfico y por qué no lo era su corpiño? ¿No son pornográficas las porristas? Seguramente ellas, como se trata de fútbol americano, están participando de una auténtica tradición norteamericana, con la que Janet Jackson no tiene nada que ver.

En este combate, se adivina la confrontación de mitos que triunfan sobre la realidad desde hace mucho; la guerra del seno opone menos a dos Norteaméricas que a una que existe realmente por sobre otra que ya no existe: la Norteamérica supuestamente inocente de los años cincuenta. Para los conservadores, el futuro reside en ese pasado restaurado, en un tiempo recobrado: aquel en que las porristas eran castas y los futbolistas no usaban esteroides. Pero para los liberales el futuro es el presente, con todo lo que ello arrastra. Los conservadores son optimistas e idealistas; en términos de combate ideológico, los Estados Unidos serán restaurados. Los liberales son unos escépticos que se adaptan a la evolución de la sociedad. Para ellos el seno de Janet es como el de Helena, el pretexto de una epopeya tan absurda como la de Troya.

Luego intervinieron los gays, y agravaron la guerra cultural. A comienzos de 2004, además del seno de Janet, las dos naciones norteamericanas se precipitaron una contra otra por una sentencia sin precedentes del Tribunal Supremo del Estado de Massachusetts: se les reconoció a las parejas homosexuales el derecho al matrimonio. El matrimonio gay sustituyó a la guerra en Irak como preocupación; Irak queda lejos, mientras que el

47

derrumbe de la civilización occidental, o de su futuro radiante, llamaba a las puertas de Estados Unidos.

Gays, casémonos

Estados Unidos es un estado de derecho, ¿pero quién dice qué es derecho? El Congreso vota las leyes, pero los jueces las interpretan. Mientras que el electorado concede poca autonomía a unos parlamentarios designados para cumplir mandatos por períodos muy breves, una aristocracia judicial se arroga el poder de modificar la sociedad. La Corte Suprema —y no el Congreso— autorizó la enseñanza de la evolución, prohibió la segregación racial en las escuelas (1954), legalizó el aborto (1973), restauró la pena de muerte (1976), organizó la discriminación positiva —*affirmative action*— (1974 y 2003). Según los estados, el nombramiento de estos magistrados inamovibles por los gobernadores y el presidente, o su elección para un mandato que durará mucho más que la mayoría política del momento, constituyen una apuesta importante.

Recordemos cómo, en 1992, la designación por el presidente George Bush padre de un magistrado negro y conservador, un espécimen poco común, dio lugar a un espectáculo televisivo que la nación siguió durante varios meses. Se acusaba a ese candidato, Clarence Thomas, de acoso sexual a una antigua colaboradora, también negra pero liberal. ¿Qué crimen de lesa femineidad cometió Clarence Thomas? Habría declarado delante de Anita Hill, sin que la observación estuviera destinada a ella directamente, que en su vaso de Coca-Cola había un pelo de pubis. Sexo y Coca-Cola: ¡eso no se inventa! Se convocaron testigos al Senado, quienes debían ratificar ese nombramiento. Clarence Thomas, además, estaba casado con una mujer blanca, circunstancia lo suficientemente rara como para espesar una intriga político-sexual. El Senado terminó admitiendo a Clarence Thomas luego de que compareciera ante un interrogatorio en el que se lo sometió a un linchamiento mediático; los senadores —blancos, liberales—, cedieron ante

48

este último argumento. La raza, el sexo, el linchamiento, la confrontación de los conservadores y liberales reunidos: ¡Esto es Norteamérica! ¡O las Norteaméricas!

¿Cómo comprender la emoción que suscita la legalización del matrimonio gay promovida por el Tribunal Supremo de Massachusetts? También en Europa el matrimonio homosexual divide a la opinión pública, sin que esto se convierta en una preocupación central, a pesar de los esfuerzos mediáticos de tal o cual funcionario de registro civil; se arribó antes a una suerte de transacción con los contratos de unión civil. La medición de la divergencia entre las controversias norteamericanas y los pequeños alborotos europeos sobre este mismo tema permite observar todo lo que, además del Atlántico, nos separa. Los considerandos de ese Tribunal, en primer lugar, no pueden ser entendidos más que a la luz del debate norteamericano sobre la evolución. ¿Qué dijeron, en efecto, los jueces? La mayoría del Tribunal considera que el matrimonio es una "institución evolutiva"; la verdad del matrimonio no está entonces revelada por las religiones sino dictada por circunstancias sociales. Se trata de un nuevo *affaire* Scopes: puesto que la sociedad ha cambiado, debe cambiar el matrimonio. Un razonamiento liberal inaceptable para los conservadores. Los magistrados no pueden pronunciarse más que refiriéndose al texto de la Constitución de Massachusetts, considerado intangible. Pero consideran que éste no precisa explícitamente si se trata de matrimonio heterosexual; así que, por defecto, puede hablarse también de matrimonio homosexual. El Congreso de Massachusetts estaba obligado a obedecer al Tribunal; como adivinaban la hostilidad de la mayor parte de la opinión pública, sus miembros buscaron un compromiso sobre la base de un contrato de unión civil. Esto fue rechazado por el Tribunal y por los movimientos homosexuales: es el matrimonio lo que reclamaban, la palabra y la cosa, sin distinciones con el de los heterosexuales. La distinción hubiera sido equivalente a la discriminación.

Entre la discriminación y la igualdad, explica Evan Wolfson, el abogado neoyorquino que fundó el movimiento pro matrimonio gay (*Freedom to marry*), "no puede haber medias tintas".

¿La intransigencia del movimiento homosexual no es contraproducente? Al rechazar la unión civil que les confería todas las ventajas jurídicas y fiscales del matrimonio, los activistas gays provocaron una reacción nacional de hostilidad. Los conservadores, con apoyo de George W. Bush, solicitan una enmienda en la Constitución federal para prohibir el matrimonio homosexual. Teniendo en cuenta los precedentes —en particular, un proyecto de enmienda más anodino acerca de la igualdad de los sexos que, en los años ochenta, movilizó a las feministas y fue abortado—, es necesario prever que este debate en torno al matrimonio gay será agitado, que durará años, y que su éxito es dudoso: los conservadores son siempre mayoría en este tema, ¿pero por cuánto tiempo?

¿Cómo llegarán a un acuerdo los dos partidos? Los conservadores no pueden aceptar que el derecho, tal como ha sido revelado por los padres fundadores, inspirados por Dios, evolucione. Para los liberales, especialmente entre los homosexuales, no se trata solamente de promover la evolución del derecho, sino de ponerle freno a todo tipo de discriminación. En esta sociedad obsesionada, debido a su propia historia, por el fantasma de la discriminación, los activistas homosexuales consideran que su batalla prolonga la de los negros e indios. En la pared de su oficina en Nueva York, Wolfson colgó un solo retrato: el de Martin Luther King. Este homenaje de los gays a "King" desagrada profundamente a los pastores negros. Abrazados a la singularidad de sus batallas y guardianes de la moral cristiana, no aceptan la analogía entre matrimonio gay y derechos civiles. Encima, el combate gay moviliza sobre todo a activistas blancos que pertenecen a las clases más favorecidas, en las grandes ciudades, aquellos que se denominan "metrosexuales" —gays o no—, que comparten la estética y la política gay. Lo que también es importante en esta lucha es que se reconozca a la homosexualidad como un estado de naturaleza, genéticamente determinada, y no como una elección de vida deliberada; lo que explica el entusiasmo de los movimientos gays cuando, en 2003, dos pingüinos masculinos del zoológico de Nueva York se revelaron homosexuales, llegando al punto de empollar una piedra con la inútil esperanza de tener un hijo. Esta tesis de un destino homosexual *natural* aproxima a los gays a la situación de los negros, quienes tampoco eligieron serlo.

¿Son los gays los negros contemporáneos, o al menos su equivalente ideológico? Esta pasión nacional por descubrir un esclavista en el otro, y, para toda minoría, aunque ésta se reduzca a un solo individuo, de presentarse como víctima, es el justo retorno de una historia racial que no termina, o que los liberales están decididos a que no termine. Evan Wolfson gusta recordar que hasta 1949 los negros de California carecían del derecho a casarse con mujeres blancas; la decisión de la Corte Suprema de Massachusetts en favor de los gays le parece "paralela" al fin de la discriminación racial, que entonces pronunció la Corte de California. Para Wolfson, en ninguno de los dos casos corresponde que el Estado se entrometa en las opciones personales y privadas. Si los conservadores no ceden acerca del matrimonio gay, demostrarían que en el fondo de sí mismos siguen siendo esclavistas. Wolfson añade que son "los mismos que se oponen a los derechos civiles de los negros, a la igualdad de los sexos, al divorcio y al aborto".

Estima Wolfson que el tiempo juega a favor de los gays, pues considera que la historia norteamericana se resume en una batalla por la igualdad. A largo plazo, se ganará la batalla; el pueblo, asegura Wolfson, termina siempre por apoyar la "prosecución de la felicidad" inscrita en la Declaración de la Independencia. ¿Cómo podrían los norteamericanos oponerse eternamente a esta prosecución de la felicidad si, para los gays, ésta pasa precisamente por el matrimonio? En la sociedad norteamericana, el matrimonio permanece como un ideal, ya que entre los heterosexuales la mitad de ellos termina en divorcio.

¿Quién decidirá? Liberales y conservadores concuerdan sobre esto: el pueblo debe pronunciarse, la verdad última se conforma en el sufragio de la mayoría. Este estado del derecho dictado por el sufragio, y no por los expertos, evita que los conflictos de los norteamericanos deriven en guerra civil. Su Constitución canaliza las pasiones; veremos cómo también se aplica al Sur, donde son más intensas, en lo que se llama *Bible Belt*.

Una Guerra de Secesión inconclusa

En la primera página del *Alabama News*, el 12 de abril de 1955, los habitantes de Montgomery pudieron leer: "Una negra no respeta la segregación en el autobús: 10 dólares de multa".

Rosa Parks, obrera textil, estaba sentada en la parte posterior de un ómnibus, reservada a los negros, y se negó a cederle el lugar a un blanco; como el sector reservado a los blancos estaba lleno, el hombre tuvo que viajar de pie. Interpelada por dos policías, fue condenada al día siguiente. Pero Rosa Parks era militante de los derechos civiles y pertenecía a una congregación de bautistas cuyo pastor, de apenas veintisiete años, se llamaba Martin Luther King junior.

Predicador talentoso, se convertiría en el líder de una revuelta en contra de la segregación en los transportes de Montgomery.

Durante dieciocho meses, los negros boicotearon el servicio de colectivos, lo cual condujo a la quiebra de la compañía de transportes. Por una ironía del destino, los blancos pasaron a ser los choferes de los negros, los patrones se vieron obligados a transportar a sus criados y a sus obreros hasta sus propios domicilios o su propia empresa. En el largo plazo, la Corte Suprema de Estados Unidos le dio la razón a Rosa Parks; nacido en Montgomery, el movimiento de derechos civiles en contra de la segregación racial llegó a lograr, en diez años, todos los objetivos legales que se había propuesto.

¿Pero por qué sucedió esto en Montgomery? Aunque la frontera entre las dos culturas norteamericanas es en general invisible, puesto que opone convicciones, existen también estados, ciudades, localidades, situadas claramente en uno u otro campo. En Nueva York, en el Upper West Side de Manhattan, barrio de los burgueses y bohemios, es imposible encontrar a un conservador confeso; pero ningún militante liberal iría a vivir a Orange County, al sur de California. Teniendo en cuenta estas credenciales ideológicas, Montgomery es una fortaleza conservadora. En 1862, la ciudad fue la capital de la Confederación Sureña; la "Casa Blanca del Sur", tal como se la denominó, continúa siendo un venerado monumento, donde sigue izada la bandera de la Confederación. ¿Perdió el Sur, de verdad, la guerra? ¿La de 1865 contra el Norte, y luego la de 1955 contra Martin Luther King? Los memoriales y la praxis se contradicen. En el centro de la ciudad, la biblioteca de la Universidad de Montgomery lleva el nombre de Rosa Parks; se ha convertido en museo la casa donde vivió Martin Luther King; la iglesia bautista donde él fue pastor todavía funciona. Pero los feligreses son únicamente negros. Aunque blancos y negros de Montgomery pertenecen a la misma denominación bautista (salvo una considerable comunidad judía), no rezan juntos, ni viven en los mismos barrios. Si se les pregunta, el racismo está prohibido en el discurso en tanto comportamiento exterior; el Ku Klux Klan, todavía activo en Alabama hasta los años setenta, desapareció. No queda en 2004 más que un último vestigio, un sitio Web.

Si blancos y negros no viven en los mismos barrios de Montgomery, la razón, se nos dice, no es sino económica: los negros viven en otra parte porque continúan siendo relativamente pobres. Y sin embargo, cincuenta años después del fin legal de la segregación escolar, las escuelas públicas de Montgomery siguen siendo frecuentadas por negros, y las privadas por blancos. Con todo, a medida que las generaciones pasan, las mentalidades cambian. Desde que fabricantes de automóviles japoneses y coreanos emplean en Alabama a más asalariados de los que emplea la agricultura, los destinos económicos se acercan, y las relaciones sociales ganan desenvoltura. Para los más jóvenes, que no vivieron la lucha por los derechos civiles, el memorial que triunfa por sobre la casa de Luther King o Casa Blanca del Sur está en el centro de la ciudad: es el museo dedicado a Hank Williams, el legendario cantante que fusionó la música *country* de los blancos con el *blues* de los negros, que nació en Montgomery y murió en 1953, a los veintinueve años, de una sobredosis; es el único museo que realmente recibe visitantes. ¿Debemos concluir que Montgomery no es ya emblema de conflicto entre razas y culturas? El conflicto perdura, pero bajo nuevas formas.

53

El juicio de los Diez Mandamientos

A partir de 2001, Montgomery reapareció en la actualidad nacional, dividida en dos por un conflicto ideológico sobre el lugar que debía ocupar Dios en la vida pública: la guerra entre razas se vio sustituida por una guerra de religión. ¿Será que perdura la misma batalla? En 1862, Alabama invocó los derechos de secesión para preservar su concepción singular de la libertad de los estados en oposición al gobierno central en Washington. En 1955, fue para preservar el principio racial de "iguales pero separados". En 2001, para restaurar a Dios en la vida pública como garante del derecho. En agosto de 2001, el presidente de la Corte Suprema del estado, Roy Moore, el magistrado más importante de Alabama, hizo instalar en la rotonda de la Corte Suprema un bloque de granito de varias toneladas que representa a los diez mandamientos.

De ese modo respetó una promesa electoral (pues la Corte Suprema de Alabama es electiva): restaurar aquello que es considerado como fundamento del derecho norteamericano. ¿Acaso no escribió Jefferson, el autor de la Declaración de Independencia, que la libertad proviene de Dios? Moore llegó a la conclusión de que sin Dios, desaparece la libertad, y de que los derechos únicos de los que dispondrían los ciudadanos serían concedidos por el Estado; y el mismo Estado podría convenir en quitárselos.

Estos fueron los razonamientos del juez Roy Moore, famoso en Alabama, y más allá, por su enfática e inusual propensión a adormecer a sus interlocutores y adversarios bajo un alud de citas que toma prestadas, indiferentemente, de la historia de Estados Unidos y de la Biblia; se trata de un rasgo que comparten todos los predicadores del Sur, los que ofician en los templos o los que ocupan una banca en el Congreso. En Alabama, la teología se confunde con la política, lo cual no debería ser así, pues la primera enmienda de la Constitución prohíbe a los estados apoyar a cualquier tipo de religión. ¿No escribió Jefferson que "un muro debe separar el Estado y las religiones"? ¿No es esto, a su modo de ver, "la condición de la libertad de conciencia"?

Roy Moore concuerda, pero introduce en este debate una distinción esencial entre "Dios" y "religión". Arguye no apoyar ninguna religión en particular, pues son las "religiones" y no "Dios" a lo que se refería Jefferson, ¡y a las que excluyó de la esfera pública! En prueba de ello, según Moore, tanto el presidente de Estados Unidos como los funcionarios públicos que dieron su juramento, o el propio dinero, el dólar, hacen referencia a Dios: *In God we trust* como divisa de los Estados Unidos. Una divisa por cierto muy reciente, adoptada por el Congreso recién en 1954, cuando el clímax de la Guerra Fría contra el comunismo ateo.

¿Los Diez Mandamientos tallados en granito dependen de Dios o de alguna religión? "Los ha dictado Dios —expresó Moore— y cuando Jefferson o Benjamin Franklin evocan al Creador, es obvio que se refieren al Dios de los Diez Mandamientos". Aquí tenemos una controversia que en Europa ocuparía sólo a los teólogos, o con mucho a los historiadores; en Estados Unidos, atiza pasiones de corte nacional. Asociaciones de defensa del laicismo exigieron a la justicia que retirara aquellos Diez Mandamientos; por supuesto, los ciudadanos de Montgomery se vieron inmersos en una nueva división; unos y otros la emprendieron con eslóganes pegados en sus coches o en sus casas.

En 2003, la Corte Federal de Alabama, en nombre del gobierno de Estados Unidos, exigió que el monumento fuese retirado; Roy Moore se negó y fue depuesto de sus funciones. En 2004 llegó el contraataque de sus partidarios, que alegaron que el vacío dejado en la rotonda del tribunal de justicia es, de hecho, un manifiesto ateo, por lo tanto un ataque a la libertad religiosa; la apelación fue rechazada. De allí en adelante, el juez Moore se convirtió en héroe nacional. ¿Pero exactamente de qué causa es mártir?

El culto de la Constitución y sus ambigüedades

Desde que fue excluido de la Corte Suprema del estado, Roy Moore comenzó a recibir a sus interlocutores en una enorme mansión patricia, sede de una muy reciente Fundación pro Diez Mandamientos. No le faltan medios. A su alrededor revolotean secretarias, agregados de prensa, agentes de seguridad y candidatos a las elecciones locales en busca de patrocinios. Sobre Moore preside el retrato de George Washington; y pululan por doquier banderas e insignias patrióticas que demuestran la ambición nacional de este magistrado alicaído. "Era tiempo —comenta Moore hablando de sí mismo— de que una voz se elevara para formular: ¡Basta, no toquen más a nuestra Constitución!". Se trata de un argumento contundente para muchos norteamericanos, porque la Constitución precedió históricamente a la formación de la nación, al contrario de lo que sucedió en Europa; así que en Estados Unidos reviste un carácter casi sagrado, impensable de este lado del Atlántico.

Norteamérica, insiste Roy Moore, perdió el rumbo porque ha perdido de vista el carácter excepcional de su Constitución; si desde hace dos siglos resiste todas las tormentas de la historia, esto demuestra que es algo fuera de serie. Intentar interpretarla en nombre de no se sabe qué "evolución", intentar leer en el texto otra cosa de lo que dice, querer adaptarla a una sociedad que ha cambiado, terminará por destruir el fundamento divino —y no sólo religioso— de la democracia norteamericana. Desgraciadamente, añade Moore, desde los años veinte, juristas humanistas y laicos acapararon las universidades de derecho y de las carreras judiciales, e impusieron el revisionismo.

¿El resultado? Que en contra de la opinión mayoritaria de los norteamericanos, se han legalizado el aborto y el divorcio, lo cual condujo a la degradación de las costumbres y de la familia. La Constitución, concluye Moore, al igual que la Biblia, no puede ni tiene por qué evolucionar.

¿Es el juez Moore —es una pregunta que él se formula a sí mismo— el soldado de una causa perdida? ¿Y no se han producido las grandes convulsiones de la historia norteamericana a partir de revivals religiosos? Enormes convulsiones místicas, los *awakenings*, sacudieron a la nación entera en vísperas de la independencia y antes de la guerra civil. Se vio entonces, bajo la guía de pastores improvisados, a muchedumbres en trance que volvían a Jesús. Al igual que tantos otros observadores, Moore está convencido de que se viene un nuevo *awakening*: el atentado apocalíptico del 11 de septiembre contribuyó a unir a los norteamericanos, recordándoles el destino excepcional que poseen dentro del concierto de las naciones. El éxito comercial del film de Mel Gibson, *La pasión de Cristo*, vendría a demostrar este despertar religioso. Moore se sintió transportado por una exaltación compartida con varios millones de norteamericanos.

Esta controversia entre Dios y las religiones, entre una Constitución intangible y una Constitución evolutiva, podría parecer algo muy abstracto, pero no lo es: en Estados Unidos, el derecho determina el destino personal, sea que actúe sobre el aborto, la discriminación racial o las libertades individuales. Entre la interpretación literal de la Constitución y su interpretación evolutiva se juega el poder del patriarcado blanco por sobre las mujeres y las minorías étnicas o religiosas. El juicio a Moore movió a la opinión pública, y fue seguido *in situ* por miles de partidarios de ambos campos que vinieron desde todas partes de Norteamérica, como ocurrió en 1955 cuando los militantes de los derechos civiles se unieron en Alabama para apoyar a Martin Luther King. El juicio de los Diez Mandamientos se convirtió, previsiblemente, en un asunto de interés nacional, investido, tanto en el campo conservador como en el liberal, de una segura ambigüedad.

Para los conservadores, el tema de los Diez Mandamientos, al igual que la controversia sobre el matrimonio gay, permite movilizar militantes y sumar fondos. Ocurre lo mismo en las filas liberales. Todo indica que el juicio contra Roy Moore ha sido promovido y sostenido por una fundación de Montgomery, el Centro Sureño de Lucha contra la Pobreza; ahora bien, esta fundación, que no es sureña ni lucha directamente contra la pobreza, mantiene en realidad a un ejército de juristas liberales al acecho ante cualquier violación de los derechos civiles. Su presidente, Richard Cohen, es un abogado judío neoyorquino que descendió al Sur para luchar en contra del antisemitismo del Klan; en los años setenta, la fundación estuvo especialmente activa y luchó en contra de la segregación racial y del Ku Klux Klan. Pero el Klan desapareció: ¿y hoy no sería Richard Cohen un abogado sin causa si el juez Moore no le hubiera permitido renovar su lucha? Al explotar el juicio de los Diez Mandamientos, al insistir con la amenaza que promueve la derecha fundamentalista en el Sur, la fundación movilizó gente y sumó considerables fondos provenientes del liberal noreste norteamericano. Estas sumas permiten a la vez apoyar buenas causas y financiar el Centro de Lucha contra la Pobreza, que funciona en el edificio más suntuoso de Montgomery —ciudad, por otra parte, bastante modesta—.

Liberar al Sur enriqueciéndose al mismo tiempo: ¿no era ése el objetivo de quienes, a partir de 1865, luego de la guerra civil, bajaron desde el Norte para animar a los negros a ejercer sus derechos? La historia conserva el recuerdo ambiguo de estos sujetos bajo el nombre de *carpet baggers*: llegaban al Sur cargando una miserable valija de tela, y retornaban a casa prósperos. La guerra de las dos culturas, sin repetir estrictamente la confrontación entre Norte y Sur, se recorta en los mismos términos. Hoy como ayer, detrás de los argumentos culturales, jurídicos, religiosos, se sitúa lo que está bajo el orden del poder, de la política y de las finanzas: las dos culturas norteamericanas avanzan gracias al oro.

¿Pero cuál es el género de Dios?

Este Dios por el que tanto pelean los norteamericanos, ¿es varón o mujer? Hasta los años ochenta, nadie en Estados Unidos, ni en otra parte, se había planteado la cuestión. Era masculino por convención, el masculino es neutro en inglés y en francés. Esto fue antes de que el movimiento de liberación del lenguaje interviniera y declarara la guerra al chauvinismo masculino que se disimula entre los recovecos de la gramática. El Dios de los norteamericanos se convirtió a la vez en masculino y femenino, puesto que es lo que se convino y además resulta políticamente correcto que en una misma frase Dios se revele sucesivamente masculino y femenino.

Es cómodo ironizar sobre este aluvión de saneamiento del lenguaje, que se ha apoderado de las universidades norteamericanas; la primera fue la de Stanford, en California, en los años ochenta. Profesores, estudiantes y periodistas la emprendieron contra las palabras e hicieron carrera; condenan como racistas, chauvinistas, sexistas, despreciativos, a todos los textos y a todas las palabras susceptibles de herir a los débiles. Los negros pasaron a ser afroamericanos, los indios, americanos nativos, y los minusválidos, personas con capacidades diferentes; en los manuales escolares del estado de Nueva York, los "padres de la nación" pasaron a ser los "líderes de la nación", los "viejos", "adultos con diferencias", los "inmigrantes ilegales", "trabajadores sin documentos". Algunos términos han sido abolidos, tales como "ilegítimo" o "analfabeto"; un analfabeto experimenta apenas un "acceso diferente a la lectura", y un hijo ilegítimo, "una relación más original con el mundo parental".

Los editores de libros escolares adoptaron principios políticamente correctos; los libros pasan por un filtro antiséptico para evitar que sobreviva alguna partícula susceptible de ofender a un oprimido. Todas las escuelas públicas enseñan hoy el descubrimiento de América desde el punto de vista de los indígenas sometidos por Cristóbal Colón, y ya no desde una perspectiva eurocéntrica. Pero la censura va en una única dirección: nada se opone a que arrastremos por el fango a los machos de raza blanca, a los patriotas, a los burgueses y a los capitalistas. Por el contrario, todo lo que es diferente y minoritario es celebrado; algunas universidades han creado departamentos de literatura lesbiana y aun gay. En Yale o en Harvard se defienden tesis de doctorado sobre el transexualismo y la pornografía. Las memorias (apócrifas) de Rigoberta Menchú, campesina guatemalteca torturada por la policía de su país, Premio Nobel de la Paz, figuran en los programas de todos los departamentos de literatura de las principales universidades, aunque el texto sea sólo un montaje; pero Mark Twain, que habla demasiado de los negros, o Ernest Hemingway, que encarna al machismo, han sido desterrados.

Para un conservador, Dios, Moisés y Jesucristo son evidentemente machos, ¿cómo pasarlos al neutro o convertirlos en femeninos? Pero las feministas y otros autores políticamente correctos describen a Dios y a sus profetas como mujeres; hay artistas que representan a Cristo como a una señora negra. ¿Universalizan así el mensaje de Dios? Para los conservadores, son sólo blasfemias. Con el fin de ahorrar a sus hijos esta interpretación de la historia y de la religión, numerosas familias los retiran de las escuelas; en 2003, había diez millones de niños escolarizados en sus hogares. Este fenómeno, llamado *home schooling*, está en aumento y es autorizado por las leyes de los estados siempre que los padres se atengan a ciertas normas pedagógicas.

Detrás del respeto por las minorías, se adivina el deseo de una izquierda universitaria por dinamitar la sociedad burguesa. Los conservadores ironizan, o denuncian un intolerable atentado a la sociedad occidental, a la cultura, a la civilización. En esta cuestión de la policía de las palabras, no hay negociación posible a la vista entre conservadores y liberales; en las universidades y en los medios, se tratan de "policías" y de "reaccionarios". Las partes enfrentadas, ¿no tienen ambas razón?

Por más que los conservadores se burlen de los excesos políticamente correctos, no pueden negar que una persona de color preferirá ser tratado de afroamericano antes que de negro. A medida que la sociedad norteamericana se vuelve menos blanca, menos europea, menos calvinista, ¿no es natural que el vocabulario evolucione para representar a esta sociedad nueva? Por detrás de la policía de las palabras, y con la excusa del respeto, se constatan intenciones revolucionarias; pero detrás de la defensa de la civilización se adivina también, entre los conservadores, el rechazo a toda evolución de la sociedad norteamericana. En esta guerra de las palabras, cada campo avanza enmascarado: más allá de los desvíos y las ridiculeces, es el control de la sociedad lo que está en juego para las dos naciones, pulseada en la cual una desea la evolución y la otra la teme.

La batalla de los sitios históricos en Washington

Washington no es nada más que una capital administrativa; es también, para todos los norteamericanos, un territorio sagrado. La ciudad está organizada sobre el modelo antiguo, inspirado por Atenas y Roma: en el centro, un vasto ágora (el Mall), un capitolio rodeado de templos con columnatas de mármol donde se practica el culto a los ancestros y el homenaje a los muertos. Por su dimensión y por su pose, las estatuas de Lincoln y de Jefferson evocan a dioses antes que a presidentes democráticos. Los visitantes se aproximan en silencio, dan la vuelta a los monumentos, leen con veneración en el mármol las sentencias grabadas de los fundadores de la República, la de la libertad de 1776 —la Declaración de la Independencia—, y la de la igualdad —1863, el discurso de la batalla de Gettysburg. La procesión culmina ante el largo muro de granito negro que lleva los nombres de los dieciséis mil soldados caídos en Vietnam. Sobre los laterales de este vasto ágora se escalonan los museos que aportan su contribución a la sacralidad del lugar. Son el testimonio de la historia de Estados Unidos, su historia natural, su historia nacional (National Museum of History), su conquista del espacio (Space Museum), sus archivos, sus artes antiguas y contemporáneas, sus tragedias vividas en soledad o compartidas; en Washington se encuentra el mayor museo del mundo dedicado a la memoria del Holocausto.

¿Pero quién escribe la historia? Cada uno de esos espacios se convirtió, desde la década de 1960, en un enclave en la guerra de las dos culturas. Antes de esa fecha reinaba una cierta unanimidad: la historia norteamericana era gloriosa, recta, y se inspiraba en la divinidad. En el templo dedicado a Jefferson, edificado en 1939 en torno a su gigantesca estatua de bronce, pueden leerse citas que se refieren, todas ellas, a Dios o al Creador: "Dios nos ha dado la libertad", "¿Qué garantía hay para las libertades de una nación, si desaparece la convicción de que son un don de Dios?". El Jefferson honrado aquí es un conservador. Si los textos hubieran sido elegidos por los liberales, sin duda habrían citado la célebre carta de 1802 dirigida a una asociación

61

bautista, en la cual se pronuncia a favor de una separación estricta, "un muro", entre el Estado y la religión.

Para percibir la primera brecha que la guerra de las dos culturas abrió en el perímetro sagrado, es necesario acercarse a los monumentos a los caídos en Vietnam. Hay tres. El primer homenaje, un muro de granito negro de una simplicidad conmovedora, en parte hundido en una falla del Mall, es obra de la artista Maya Lin, evidentemente de inspiración liberal. Fue terminado en 1982, en tiempos del presidente Reagan, pero su erección había sido decidida por su antecesor, el presidente Carter: un cementerio sin gloria, la reunión de los nombres de las víctimas, sin más comentario que el año de su desaparición... Muertos por nada. Los conservadores no podían aceptar tal cual este monumento. En 1982, movimientos de ex combatientes exigieron y consiguieron de Ronald Reagan que se erigiera, cerca del muro, un monumento realista a la gloria de los combatientes: tres soldados de bronce (uno de ellos negro), viriles, con músculos y muchas armas. Tres centinelas de la Libertad al servicio de una interpretación revisionista, y en alza, de la guerra de Vietnam: ¿acaso estos hombres no habían detenido en Indochina la expansión mundial del comunismo? Los liberales contraatacaron: junto al trío excesivamente viril, por lo tanto políticamente incorrecto, fue agregado un segundo conjunto escultórico realista. Tres mujeres (una de ellas negra), enfermeras, militares pero no combatientes, que sostienen a un soldado en su agonía. Empate para Vietnam: a cada uno, su santuario y su historia.

El combate, sin embargo, continúa un poco más lejos. En 1995, el Museo de Historia Natural se convirtió en el teatro de un enfrentamiento entre un director liberal, Robert Sullivan, aficionado a las teorías de Michel Foucault sobre la "civilización occidental como opresión", y los naturalistas del museo, más tradicionalistas. La batalla estalló por un elefante, un trofeo que había pertenecido al ex presidente Theodore Roosevelt, apasionado por la caza en África. En el hall de entrada del museo, el animal embalsamado, atracción célebre desde hace medio siglo, parece cargar contra los visitantes. Pero este elefante, ¿no representa la "agresión capitalista blanca"? Sullivan quiere quitarlo. Los naturalistas resisten. En 2004, el elefante sigue ahí. Sullivan se tomó la revancha en otro sitio histórico, el Museo Nacional de Historia, un enclave todavía más decisivo.

En este museo, la cronología clásica que por mucho tiempo representó los progresos de la civilización norteamericana fue sustituida desde 2000 por exposiciones temáticas, sin cronología. Todas dan testimonio de la dificultad de convertirse en norteamericanos, y las minorías y las víctimas ocupan desde entonces, ellas solas, el precinto sagrado de la historiografía nacional. En 2004 se pudo ver allí una reconstrucción de la vida de los esclavos negros en las plantaciones de algodón, una exposición sobre la inmigración de los judíos en el siglo XIX, y una colección de retratos de latinos contemporáneos, con leyendas en español subtituladas en inglés. En el texto que acompaña una vitrina dedicada a la industrialización en el siglo XIX, podía leerse que "por cierto, el país se enriquecía, pero la verdadera cuestión, la de la redistribución, estaba lejos de quedar resuelta". Todo aquí es proporcionado: en el museo, la historia norteamericana no es ni blanca, ni gloriosa, ni progresista. Los conservadores se indignan: una periodista de *City Magazine*, Heather McDonald, escribió un libro sobre el tema, *El peso de las ideas falsas*. Pero la crítica sería más justa si ella recordara también que a fines del siglo XIX ese mismo museo presentaba una historia racial de Estados Unidos en la que los negros eran exhibidos como una raza inferior a los blancos.

La victoria de la evolución liberal, sin embargo, no es absoluta. Una sala del Museo de Historia está consagrada a la inmensa "bandera estrellada" que flotó sobre Baltimore en 1814, en ocasión de la resistencia victoriosa contra los británicos. Esta bandera, símbolo del patriotismo norteamericano y tema del himno nacional, está en curso de restauración. Se trata de un trabajo, según se lee, financiado por Ralph Lauren. Inmigrante judío, creador de una línea de ropa inspirada por Nueva Inglaterra, Ralph Lauren es la encarnación perfecta del éxito personal, del capitalismo y de la tradición reinventada. La bandera estrellada escapó a los liberales: ¡empate en el Museo de Historia Nacional!

La revancha de los indios

Justo en frente del Museo de Historia, la guerra de posiciones continúa. La prenda más disputada recientemente es el Museo Nacional de los Indios Norteamericanos. El 21 de septiembre de 2004, los indios reconquistaron simbólicamente Washington: una procesión de todas las naciones indias, llegadas de toda América, desde el Ártico a Tierra del Fuego, se apoderó del Mall e inauguró un inmenso palacio ubicado estratégicamente muy cerca del Capitolio. Ese día, los vencidos reescribieron la historia.

Todo, en este museo indio, empezando por su existencia misma, se inscribe en contradicción con el triunfalismo norteamericano. A la ordenación neoclásica de la capital, los indios oponen un palacio en curvas y en piedra ocre, semejante a una montaña de Nuevo México erosionada por el viento. ¿El arquitecto? No hay. La "morada de las naciones indias" habría sido diseñada colectivamente a partir de una consulta entre los Sabios Ancianos. En el lugar del gesto individual, característico de la ambición y el individualismo occidentales, los indios colocaron la sabiduría eterna y el consenso entre los pueblos.

También en el interior del museo todo niega la geometría occidental. Las exposiciones, consagradas a veinticuatro naciones indias, están organizadas según tres principios algo arbitrarios, que se suponen comunes a todos los indios de las Américas a lo largo de diez mil años de historia: el territorio, la historia y la identidad. Tal como explica Gerald McMaster, jefe indio de estos lugares, esos principios participan de una visión alternativa de la epopeya norteamericana. Atención, McMaster no es ni director de museo ni curador de la cultura india, sino sólo el "facilitador" que permite a las naciones indias expresarse por sí mismas. Sin embargo, después de todo es él quien declara: "Al individuo, el indio opone la tribu, a la cronología opone la eternidad, a la mundialización opone el territorio, al capitalismo opone la solidaridad, el *potlach*, y a la conquista opone la resistencia".

En todo este panorama el indio se revela solidario y ecologista, todo lo que se supone que el blanco no es; en los films de Hollywod, sin embargo, ya habíamos aprendido todo esto desde la década de 1970. El indio es también un pionero de la democracia: sin esperar a la llegada de los blancos, ¿no era la nación mohawk, celebrada en el museo, una república fundada sobre el debate y la decisión de la mayoría? Hay en los departamentos de Historia de las universidades norteamericanas quienes aseguran que los fundadores de Estados Unidos tomaron más de estas naciones —los mohawk del Canadá, los iroqueses en el nordeste norteamericano— que de los filósofos del Siglo de las Luces. Como siempre es difícil leer el fondo de las mentes de los muertos, aunque sean ilustres, no se puede decidir aquí cuál teoría es la mejor.

El museo, por último, no restaura solamente la larga historia de los indios; a toda presentación con carácter arqueológico o antropológico, Gerald McMaster opone los indios vivientes y vistos por sí mismos. No corresponde, precisa, que un Claude Lévi-Strauss defina a los indios tal como los percibe desde el exterior a partir de sus criterios occidentales, estéticos o morales, sino que los indios digan quiénes son, *with a native voice* (con voz india), para gritar que han estado siempre allí.

Gerald McMaster, un canadiense de origen indígena pero también un universitario formado por las universidades de Amsterdam y de Mineápolis, ¿habla con esta "voz india"? Si así fuera, se constatará que esta voz suena como la canción revisionista de las universidades liberales, tal como fue compuesta siguiendo el tono de las teorías occidentales llamadas "deconstruccionistas". Sean cuales fueren los interrogantes que el museo indio pueda suscitar, aportará a millones de visitantes, norteamericanos o no, un indispensable contrapunto a los prejuicios racistas, ¡y también a los torrentes de protestas que genera la última encarnación de los indios como gerentes de casinos!

En efecto, desde hace una decena de años, una conjura de abogados hábiles y de jefes indios más o menos legítimos exhuman tratados firmados en los siglos XVIII y XIX entre el gobierno de Estados Unidos y las naciones indias soberanas; los integrantes del complot se valen de ellos para evadirse de las leyes y de los impuestos federales e instalar casinos sobre las tierras retribalizadas. No habría indignación si las ganancias mejoraran la suerte generalmente miserable de los indios. Pero no es el caso; a menudo, se trata de tribus ficticias, reconstituidas para la situación. Mientras que los establecimientos son administrados por empresarios de Las Vegas, los indios no sirven más que como testaferros, y la mayoría quedan acantonados en sus reservas o en la periferia de las ciudades. Esto no impide que, entre los blancos, la nueva imagen del indio sea la de un gerente de casino que obtiene ganancias de sus orígenes dudosos. Ser indio en Estados Unidos, es cierto, nunca ha sido fácil. En el siglo XIX, los pioneros del Far West estimaban que "el mejor indio era el indio muerto"; en el museo de Washington, todo indio es el mejor. Esta revolución histórica no es más que justicia para los indios, aunque lo justo no siempre sea exacto: la guerra de las dos culturas es una confrontación de mitos. A menudo, como suele ocurrir, Hollywood se entromete.

Michael Moore contra Charlton Heston

En *Bowling for Columbine*, un film apreciado por la izquierda hollywoodense, recompensado con un Oscar políticamente correcto en 2003, y que tuvo más éxito en Europa que en Estados Unidos, el humorista Michael Moore —antes de que en 2004 obtuviera la Palma de Oro en Cannes por *Fahrenheit 9/11*, una sátira contra George Bush— se esforzó por incriminar a una Norteamérica blanca y reaccionaria encarnada por Charlton Heston. En la época en que el film fue realizado, el actor presidía una de las más poderosas organizaciones conservadoras norteamericanas, la National Rifle Association. La NRA milita en favor de la protección de la segunda enmienda constitucional que autoriza a los ciudadanos la tenencia de armas, una herencia histórica del combate de las milicias independentistas contra el ejército regular británico. Como por otra parte Estados Unidos registra cada año siete mil homicidios, los liberales concluyen que si se suspendiera la venta libre de armas, los crímenes serían menos numerosos. Los conservadores consideran, al contrario, que serían más frecuentes, y que la tenencia de armas contribuye a la seguridad de la nación: un punto de vista popular en Estados Unidos, y que Charlton Heston, interrogado por Moore, confirma en la pantalla. En su film y en sus libros, Moore acusa a la NRA y a Charlton Heston —actor fetiche de los conservadores— de ser indirectamente responsables de los tiroteos en las escuelas, en particular del que implicó la muerte de diez alumnos en Columbine, en el estado de Colorado, en 1999. ¿Cómo decidir entre Michael Moore y Charlton Heston? Michael Moore presentó su film como un reportaje equilibrado; sin embargo, no investigó en la única ciudad de Estados Unidos donde la posesión de armas no es autorizada, sino obligatoria: en Kennesaw, Georgia. Es de alguna manera una ciudad testigo en la cual testear las hipótesis de Moore y de Charlton Heston. El resultado es que el conflicto sobre la tenencia de armas participa en la guerra de las dos culturas, pero carece de relaciones concretas con la criminalidad.

En la ruta que conduce de Atlanta a Kennesaw, los monumentos y los cementerios dan testimonio de la violencia de la Guerra de Secesión; los mercaderes de artesanías regionales ofrecen recuerdos de un pasado reescrito. Aquí, en 1864, los confederados tuvieron una de sus raras victorias contra el Norte. Después de la rendición de Lee, en 1865, el general Grant disolvió el ejército del Sur sin desarmarlo; éste concluyó que en realidad no había perdido. Los sureños siguieron armados; desde la salida de Atlanta hasta Kennesaw, unos veinte kilómetros, conté cinco armerías. Los norteamericanos aman las armas. En el Sur y en el Oeste un poco más que en el Norte, pero todos poseen armas: están en su derecho. Pero la segunda enmienda a la Constitución fue redactada en 1789 de manera suficientemente elíptica como para caldear las querellas contemporáneas. ¿Es posible poseer cualquier arma, en cualquier circunstancia? ¿Quién puede reglamentar la compra, la posesión, el uso? ¿Las autoridades federales, las autoridades locales? ¿O nadie?

En Kennesaw, la controversia quedó resuelta cuando en

1982 el concejo deliberante de la municipalidad exigió que en cada hogar hubiera al menos un arma, con las municiones correspondientes y en condiciones de ser usada. Se ven dispensados de esta obligación los enfermos mentales, los criminales con condena y los objetores de conciencia (uno solo se presentó en 1982, y ninguno desde entonces). Veintidós años más tarde, Kennesaw es la única ciudad de Estados Unidos donde la posesión de armas es obligatoria. ¿Cuál es el balance de esta iniciativa? Totalmente positivo, afirma sin matices y sin vacilaciones internas el jefe de la policía, Timothy Callaghan.

En 1982, Kennesaw era una pequeña ciudad apacible de cinco mil habitantes, en su mayoría blancos. Todos se conocían, se encontraban en el templo bautista y en los dos cafés de Main Street, frente al cementerio de los confederados. El crecimiento de Atlanta, tan cercana, era amenazador: el éxito económico de la capital del Sur atraía una población nueva, no necesariamente tradicionalista, ni bautista, ni siquiera blanca. El concejo deliberante de Kennesaw no tenía ninguna urgencia por considerar que podían instalarse los hispanos, los negros, ni tampoco los del Norte. La obligación de poseer un arma de fuego fue una manera de exhibir la propia identidad, de desalentar a los recién llegados, y a los delincuentes.

Esta declaración de independencia no pudo interrumpir el desarrollo; en veinte años, impulsada por la expansión de Atlanta, Kennesaw llegó a veinte mil habitantes. La reputación de la ciudad, ¿desalentó a los indeseables? "La demografía sigue siendo favorable", se explica Timothy Callaghan pesando cada palabra. Queda claro que no hay demasiados negros, ni hispanos, ni blancos pobres. ¿La delincuencia? Desde la decisión de 1982, no dejó de disminuir: con respecto a la población, el número de robos se redujo a la mitad en veinte años. Los que todavía ocurren tienen como objeto las obras en construcción, y, en un país donde todos se movilizan en camioneta, Timothy Callaghan admite que es imposible controlar a los merodeadores y rateros. Crímenes serios, en Kennesaw, no se cometen. Ah, ¡sí! Hubo ese marido que asesinó a su mujer, pero, comenta el shérif, estaban separados y él era un poco raro. Si se com-

68

para Kennesaw con las ciudades vecinas, el número de robos y crímenes es el más bajo de toda la aglomeración de Atlanta. ¿Será gracias a las armas obligatorias? Callaghan matiza. No sabe si cada familia de Kennesaw respeta la ordenanza municipal; entre los viejos habitantes seguro que sí, pero con los nuevos todo es aleatorio. Como la policía local carece de medios y de derecho para verificar que cada uno posea un arma de fuego con sus municiones, se somete a una especie de consenso social. "¿Cómo es posible —dicen los Johns, que siempre vivieron en Kennesaw, a los Smith, que desembarcan de Nueva York— que ustedes no tengan ni revólver ni carabina?" Los Smith se precipitarán a la armería de Main Street, aunque más no sea para establecer relaciones de buena vecindad con estos sureños tan hospitalarios. Por lo demás, reconoce Callaghan, no existe ninguna manera de probar que las armas desalienten la delincuencia: habría que interrogar a rateros potenciales, lo cual es imposible. Pero hay algo cierto: los efectos de la ordenanza no pueden ser disociados del clima general de seguridad que se vive aquí. La policía local patrulla toda la noche y acude en cinco minutos si alguien la llama.

¿Timothy Callaghan vio el film de Michael Moore? Sí, pero le opone el mantra de los partidarios de las armas: la prohibición de las armas de fuego estaría en contra de la Constitución y no impediría que los criminales se las procuren. En apoyo de la prohibición, Michael Moore invoca un argumento que parece convincente: en Canadá, donde las armas de fuego son proporcionalmente más numerosas que en Estados Unidos, sólo se las usa para cazar. Concluye entonces que existe en la sociedad norteamericana una tradición de arreglos de cuentas heredada del western y de la guerra civil. La única manera de proteger a los norteamericanos contra sí mismos, ¿no sería prohibir las armas de fuego? ¿Y se produjo alguna vez en Kennesaw algún accidente que haya degenerado de ello, precisamente en razón de la disponibilidad de armas de fuego? Callaghan duda. Llama a un policía que está en el puesto desde hace veinte años, que responde en su lugar. No, nunca hubo accidentes, ni siquiera en entrenamiento o limpiando un arma. La experiencia de Kennesaw contradice la intuición de Michael Moore.

En campaña a través de Estados Unidos, ¿vino alguna vez a Kennesaw? Nunca. Pero tampoco los partidarios de las armas de fuego, ni Charlton Heston, ni ningún representante de la NRA jamás se ha presentado. En el debate nacional sobre las armas, todo ocurre como si partidarios y adversarios de las armas no se interesaran por esta experiencia de Kennesaw, porque es demasiado real. La controversia, a decir verdad, no es más que un pretexto para otro enfrentamiento de las dos Norteaméricas, sin relación con los crímenes realmente cometidos. Contrariamente a lo que dejan entender los partidarios liberales del control de armas, la mayoría de los homicidios no son perpetrados en un ambiente doméstico, sino entre bandas que trafican droga; pase lo que pase, nunca tendrán dificultad para procurarse armas. ¿El mercado de la droga como causa primera del crimen? Es una realidad sobre la que no debaten Michael Moore ni Charlton Heston: uno y otro prefieren confrontar mitos. ¿Quién puede creer todavía, en esta guerra de las dos culturas, que los norteamericanos son pragmáticos?

Las ideas que gobiernan Norteamérica

En 1978, un industrial británico que había hecho fortuna con la cría de pollos, Anthony Fisher, creó en Nueva York una fundación destinada a evitar que Estados Unidos caiga bajo la influencia de ideas socialistas, el Instituto Manhattan; completó la financiación un banquero de Wall Street, William Casey, que más adelante sería director de la CIA. Fisher había instalado antes en Londres, siguiendo el mismo modelo, el Instituto de Asuntos Económicos, inspirado en la doctrina del *laissez-faire* del economista Friedrich Hayek. De este instituto londinense surgiría el programa que desde 1979 Margaret Thatcher aplicó concienzudamente en toda Gran Bretaña. Su homólogo neoyorquino inspiró las políticas de dos presidentes norteamericanos, Ronald Reagan y George W. Bush, pero también del alcalde de Nueva York entre los años 1994 y 2002, Rudolf Giuliani.

A Fisher lo convenció la idea de Hayek de que los políticos no hacen la historia, sino que son las ideologías las que operan en los cambios; es al menos lo que quieren creer aquellos intelectuales que tienen ideas. Para argumentar lo que decía, Hayek citaba al marxismo, al darwinismo y al fascismo; consideraba que las ideologías nefastas sólo pueden ser combatidas por medio de ideologías alternativas, ya que el pueblo, así como los políticos, se muestran más atentos a las utopías que a la realidad. En esta batalla, Fisher, siguiendo a Hayek, consideraba a los intelectuales como vendedores, capaces de elaborar las ideas destinadas a los políticos. Se necesitaba entonces reclutar excelentes vendedores y pagarles para que hicieran su trabajo.

¿Por qué convenía financiar a los intelectuales conservadores más que a los liberales? En Estados Unidos como en Europa, los conservadores estiman que la izquierda se aprovecha del apoyo que le otorgan las universidades y los principales medios de comunicación. La contraofensiva no puede sino organizarse a partir de la acción de fundaciones privadas con vocación intelectual, los denominados *think-tanks*, la industria de las ideas.

El Manhattan es un instituto representativo de esta nueva generación de fundaciones. Durante mucho tiempo, éstas fueron filantrópicas, sin ninguna orientación política. Pero a partir de los años sesenta, las más importantes, como la Ford o la Carnegie, pasaron a ser controladas por administradores progresistas que querían modificar la sociedad; en 1977 la anécdota era todavía famosa: Henry Ford II, heredero de la dinastía, dimitió del consejo que administraba la fundación que lleva su nombre a modo de protesta en contra de las orientaciones anticapitalistas que había tomado ese consejo. Como reacción, se ha visto proliferar a partir de los años ochenta un conjunto de nuevas fundaciones abiertamente ideológicas y conservadoras como la Manhattan en Nueva York, el Heritage Institute y el American

71

Enterprise Institute en Washington, bastiones, todos ellos, de la revolución conservadora.

Si tenemos en cuenta la escala de los Estados Unidos, el Instituto Manhattan es modesto: una docena de colaboradores conviven en un pequeño espacio; sin embargo su éxito e influencia se lo deben más al *marketing* que al poderío financiero. El Instituto considera que tiene representatividad e incide en el mercado de las justas ideologías; el término "ideología" no está cuestionado en Estados Unidos como lo está en Francia. En las fundaciones conservadoras, autores e investigadores se definen con gusto como ideólogos y patriotas, con un vocabulario y actitudes que, desde Europa, suenan caducos. Conviene sin embargo tomar las fundaciones por lo que son; a menudo se esconden detrás de pomposas denominaciones, nobilísimas intenciones, y con colaboradores que se confieren ellos mismos títulos estridentes de profesores e investigadores. Sin embargo, casi nunca son verdaderos centros de investigación: estos últimos se hallan en las universidades. Las fundaciones liberales y conservadoras son, ante todo, máquinas ideológicas cuyo objetivo es influir en las opciones políticas y, si es posible, transformar la sociedad.

El modo de intervención original del Instituto Manhattan fue adoptado en 1982 cuando su director, que provenía del mundo publicitario, reparó en un artículo escrito por un politólogo ignoto de treinta y nueve años en una revista marginal: con ayuda de un estilo claro y cuerpo estadístico, Charles Murray demostraba que la asistencia pública destinada a los pobres, en vez de alejarlos del problema, los encerraba en una eterna dependencia. Entre las ayudas más perniciosas se contaban, según Murray, las asignaciones a madres solteras, que impulsaban así a las mujeres jóvenes a tener hijos por fuera del matrimonio, y a no trabajar. Como se trataba de las mujeres más pobres de Estados Unidos, muchas de ellas eran negras. El artículo, provocador aunque razonado y razonable, le proporcionó al Instituto la dinamita ideológica que andaba buscando. Murray recibió treinta mil dólares para desarrollar sus ideas en un volumen, que no publicó el Instituto Manhattan sino una editorial de gran público, para reforzar su propia legitimidad. El Instituto llevó a cabo la promoción de *Losing Ground*, que vendió quinientos mil ejemplares con un éxito tal que obligó a que todos los medios de comunicación lo reseñaran. Ronald Reagan fue fotografiado leyendo el libro de Murray. Esto llevaría a Bill Clinton, en 1996, a apropiarse de las conclusiones de Murray y a intentar aplicar sus recomendaciones; la asistencia incondicional a madres solteras fue suprimida, y la ayuda pública a los pobres, supeditada a la búsqueda de empleo. En 1983, Murray era según los liberales un peón racista del capitalismo; en 1996, la visión crítica que había desplegado de la asistencia pública pasó a considerarse centrista.

¿Se trató apenas de un triunfo del marketing? Henry Kissinger, muy próximo al Instituto Manhattan, reconoció la eficacia de sus métodos, pero añade: "Eso no niega que nuestras ideas sean las correctas".

Sobre el mismo modelo propuesto por Murray, el Instituto lanzó con éxito, en el curso de los últimos veinte años, verdaderos misiles ideológicos que lograron dar con su objetivo. Junto con la de Murray, el Instituto apoyó otra obra resonante en Estados Unidos y en el exterior: *Riqueza y pobreza*, de George Gilder; su autor defendía la teoría económica llamada "de la oferta", que supedita el crecimiento a la libertad de acción del empresariado. Ronald Reagan leyó a Gilder: la baja de impuestos y la desregulación, que se volverían normas universales, estuvieron fuertemente influidas por los ejemplos y el animado tono de este libro. En 1992, con apoyo del Instituto, el criminólogo George Kelling popularizó la llamada teoría del "cristal roto", inicialmente formulada por el sociólogo James Q. Wilson. El alcalde de Nueva York, Rudolf Giuliani, la llevaría a la práctica, e iría a convertirse en "tolerancia cero". Wilson y Kelling explicaron que no era la sociedad la responsable de los crímenes y delitos, sino los propios criminales; que era conveniente tratarlos de modo severo, incluso si éstos provenían de medios desfavorecidos o pertenecían a minorías étnicas; que ningún delito, aunque fuese uno tan ínfimo como el de romper un vidrio o el del lavado por la fuerza de un parabrisas, debía tolerase, porque si no sería pensar que el desorden es aceptable; que la vida en las grandes ciudades no debía quedar fatalmente abandonada a los delincuentes. Kelling retrucó la acusación de racismo al recordar que la mayoría de las víctimas en los crímenes eran negros.

Otro misil que hizo época en la guerra de las culturas: el libro de Myron Magnet, de 1994, *El sueño y la pesadilla*, sobre la contracultura en los años sesenta. Su autor mostraba cómo los comportamientos de los intelectuales *chic* y de la burguesía-bohemia habían destruido las normas sociales y morales de los norteamericanos; Magnet añadía que la liberalización de la sexualidad, la trivialización del divorcio, las drogas ilícitas, que no son más que distracciones burguesas, y que carecen de consecuencias materiales graves para ellos mismos, destruyeron la familia y la ética de los más pobres. Para ilustrar esa observación, Myron Magnet observaba que los burgueses-bohemios podían pagarse una cura de desintoxicación luego de varios años de aspirar cocaína, mientras que los negros pobres carecían de esos medios, y debían dedicarse a continuar siendo *dealers* y toxicómanos. También destacó que el divorcio, glamoroso en los círculos adinerados y de las estrellas, degeneraba en mimetismo entre los pobres y se traducía, en definitiva, en el abandono sistemático, por parte de padres transitorios, de madres solteras. La obra de Myron Magnet contribuyó a popularizar en Estados Unidos la idea de que la pobreza es consecuencia de la claudicación de los valores familiares; no es el desempleo lo que conduce a la pobreza, sino la falta de ética y la pérdida del sentido del matrimonio lo que incita a caer en el desempleo. Una teoría similar, que se retrotrae con deliberación hasta el calvinismo y el pensamiento victoriano anterior al marxismo, es compartida por los conservadores; sin embargo, muchos liberales admiten ahora su validez relativa. ¿La claudicación de los valores individuales es la causa primera de la pobreza? George W. Bush salió fotografiado leyendo a Myron Magnet.

Hay que citar también la influyente obra de Linda Chavez, *Salir del barrio*, que trata acerca de cómo los inmigrantes mexicanos se convierten en ciudadanos norteamericanos siempre y cuando no se encierren en los programas asistencialistas dirigidos a las supuestas "minorías hispánicas". O la denuncia que efectuó Abigail Thernstrom acerca de que la ideología "políticamente correcta" convierte a los alumnos en ignorantes. O Peter Huber, que intentó demostrar cómo algunos abogados reclutan a supuestas víctimas del capitalismo para iniciar acciones judiciales contra empresas y obtener compensaciones de las que ellos también sacan provecho; los juicios en contra de las compañías tabacaleras o de amianto reportaron sumas considerables a individuos que no habían sufrido directamente sus daños. Estos juicios, basados sobre la sospecha infundada, llevaron a la bancarrota a empresas legítimas; fue el caso de las fábricas de implantes mamarios de silicona antes de que en 2003 la justicia declarase que era en verdad nulo el riesgo para las mujeres.

A la carga contra el Estado de Bienestar

Las invectivas del Instituto Manhattan en contra del Estado benefactor y de la liberalización de las costumbres se enmarcan en una reacción en contra de la sociedad que los liberales han definido en los treinta como del *New Deal* de Franklin Roosevelt, y en 1965, como la Gran Sociedad de Lyndon Johnson. ¿Pero qué proponen los conservadores? Su sociedad ideal se cimienta sobre principios simples, aquellos que fundaron a los Estados Unidos: el capitalismo es eficaz, la moral cristiana es justa, el individuo conoce mucho mejor que el Estado lo que es bueno para él mismo, Norteamérica encarna valores universales que merecen ser propagados en contra de los antinorteamericanos internos y externos. Esta conjunción de elementos fue definida por Myron Magnet como "conservadurismo compasivo" (*compassionate conservatism*), fórmula que George W. Bush adoptó en 2000 como eslogan electoral. Al egoísmo, o incluso al racismo del que los acusan los liberales, los conservadores compasivos oponen el principio de realidad: puede ser que las intenciones de los liberales sean nobles, pero siempre se vuelven en contra de los pobres y de los negros. Por el contrario, las intenciones del capitalismo quizás no sean nada nobles en sí mismas, pero conducen efectivamente a resultados que sí lo son. Los principios conservadores, puesto que son realistas, aparecen ilustrados a menudo en numerosas investigaciones; los autores conservadores no teorizan mucho, pero se ocupan *in situ* de demostrar las contradicciones entre el discurso "progre" y los desastres concretos que éste genera entre los más pobres.

Ante el aluvión de publicaciones comprometidas, el campo liberal se muestra poco activo; en Estados Unidos los pensadores liberales están menos dotados para la propaganda, son menos brillantes que los conservadores. Es también muy posible que el *statu quo* les convenga más —eso que Milton Friedman, economista emblemático del conservadurismo, denominó "la tiranía del *statu quo*". Las intervenciones públicas de los liberales se orientan, efectivamente, a preservar el Estado de Bienestar existente, y a denunciar como extremistas a todos aquellos intentos, por parte de los conservadores, destinados a desmontarlo.

La relación de fuerzas y la divergencia en los enfoques y métodos es comparable con lo que sucede en Europa, donde la izquierda también tiende a definirse en oposición al ultraliberalismo de sus adversarios (que en Estados Unidos sería ultraconservadurismo, pues el sentido de estas palabras se invierte cruzando el Atlántico) más que por sus propias innovaciones. Por último, ¿no es una paradoja que en la más próspera de todas las naciones la batalla ideológica entre las dos culturas se libre por causa de la pobreza? ¿Y que, en esta sociedad que no es famosa por su cultura, los libros determinen las opciones de los políticos?

3. MUCHO MÁS QUE EN FORMA

—————————— ◆ ——————————

L os domingos, la playa de Venice en California se ve invadida por una muchedumbre tan variada como sólo podría ser la población mestiza de Los Ángeles: surfistas rubios, *gangstas* negros, *body-builders* de ambos sexos, mexicanos en familia, jubilados riquísimos, comerciantes en fuga, tatuadores y tatuados, hippies desaliñados, gurús de la *new age*. La polución urbana filtra el sol: una luz amarilla y perturbadora flota en el aire. Sobre el bulevar que bordea el Pacífico, un improvisado gerente de empresa ofrece al paseante una manera original de reducir el estrés: "Insúlteme, un dólar el minuto". Los espectáculos se suceden. En frente, un contestatario que se resiste a la sociedad capitalista ofrece abrazos gratuitos a curiosos que no los desean.

En la historia de la civilización norteamericana, que se ha vuelto un poco la nuestra, Venice es un laboratorio de la improvisación. En los años cincuenta fue el refugio de los *beatniks*, esos precursores del movimiento hippie y de los *sixties*. Aquí nacieron las modas que conquistaron a Estados Unidos y después al mundo: la bikini, las rubias oxigenadas, los tatuajes, el *piercing*, el *skate*, el surf. La popular práctica del *body-building*, que se inició en Venice en los años sesenta, produjo a Arnold Schwarzenegger, que en 2003 pasó de la playa a la gobernación de California. Este culto del cuerpo inauguró una nueva era, eclipsando los deportes en equipo, que ceden progresivamente su lugar al culto físico de uno mismo.

77

El fin de los campeonatos: del béisbol al jogging

El *body-building* y sus derivaciones banalizadas, el *jogging* y el *fitness*, son la puesta en práctica de una larga historia de amor entre los norteamericanos y sus cuerpos. Inicialmente, los deportes dominantes, tanto en Estados Unidos como en Europa, eran colectivos; emblemáticos del siglo XX, el béisbol, el fútbol americano y el básquet contribuyeron a unificar una nación de múltiples orígenes.

Los deportes dominantes son puramente norteamericanos; el béisbol y el fútbol americano se practican sólo en Estados Unidos, o casi, y el básquet fue inventado en 1891 en una YMCA de Massachusetts; los campeonatos se limitan al territorio nacional, a excepción de Canadá. Seguramente estos deportes son del todo norteamericanos en razón de un espíritu de competencia que no se adapta al empate; por el contrario, el fútbol (*soccer*) como se lo practica en Europa aburre a los norteamericanos (salvo a las élites europeizadas), porque les parece muy lento y porque hay pocos goles.

El béisbol, el fútbol americano y el básquet reúnen siempre a un vastísimo público, en los estadios y por televisión, pero su época de oro ya parece perimida. Michael Mandelbaum, profesor de Relaciones Internacionales en la Universidad Johns Hopkins, y un aficionado a los deportes muy erudito, explica la decadencia de los campeonatos siguiendo la teoría de la evolución. El béisbol correspondía a una Norteamérica todavía rural; en una temporada ilimitada en el tiempo, se juega con un bate de madera y un guante de cuero, sobre el pasto, y apelando a la astucia campesina del jugador. En su apogeo, el fútbol coincidiría con el pasaje al universo industrial, brutal, uniforme, jerarquizado, de trabajo en equipo. Después de la Segunda Guerra Mundial se decía que los norteamericanos habían repetido el Desembarco de 1944 sobre sus estadios de fútbol. El básquet, por último, individualista y rápido, sería representativo de la sociedad posindustrial. Más allá se inicia la era actual, de la economía de la información, donde el deporte cede su lugar a las prácticas autónomas. ¿Qué tanto sorprendía a los fanáticos esta parábola? La nostalgia se apodera de los deportes colectivos. El béisbol, que era objeto de comunión nacional, se ha vuelto un fenómeno literario. Objeto de novelas de Bernard Malamud y Don DeLillo, repletas de recuerdos infantiles y héroes de leyenda como el célebre Babe Ruth, Lou Gehrig y Joe Di Maggio. Durante estos últimos diez años, el número de televidentes amantes del béisbol se redujo a la mitad. El fútbol resiste mejor, pero cada vez impugnan más su violencia, especialmente las mujeres. ¿Y el básquet? Se ve a su vez ensombrecido por el comportamiento de sus jugadores, a quienes se acusa de violadores y adictos a los anabólicos. Los deportes en equipo no desaparecen, pero se los ve cada vez más partícipes de la industria del entretenimiento televisivo y del *show-business* que de la comunión colectiva; lo que hoy apasiona a los norteamericanos es su propio cuerpo, antes que el de los atletas de alta competición.

Desde los años setenta, el *jogging* y el gimnasio se han convertido en una obligación matinal. Hace una generación, un profesor universitario que practicara deporte era algo raro, el ejercicio era para los estudiantes; sólo la plebe se entusiasmaba con el fútbol o el béisbol. En la actualidad, de forma transversal a todas las capas de la sociedad, el hecho de no salir a correr se ha vuelto algo sospechoso, además de un tanto antidemocrático; la coacción llegó hasta las mujeres, lo cual es nuevo, y ha obligado a los colegios y las universidades a elevar la carga horaria deportiva.

En torno a la escultura del cuerpo se ha creado una industria: centros de *fitness*, instrumentos de tortura voluntaria, prendas deportivas, regímenes adaptables, píldoras de todos los colores, cadenas de tiendas para su despacho, revistas especializadas y redes de canales de televisión. Pero la teoría de Mandelbaum explica la tendencia, no el momento; la aparición del *body-building* y del *jogging* ha precedido por algunos años el inicio de la era de la información.

El culto al cuerpo corresponde también a una reacción post

1968; luego del descontrol, la droga y el desaliño, el *fitness* es higiénico, un antihippismo, el retorno a una naturaleza controlada. Los años setenta han sido los de la revolución feminista y sus ambigüedades; a su vez las mujeres obtuvieron su derecho al cuidado de la figura, y sus obligaciones; Marilyn Monroe, el ícono opulento de los años cincuenta, ha sido reemplazada por Julia Roberts, flaca, atlética, y Madonna, una *body-builder*. La coacción cambió de rostro, pero sigue siendo una coacción.

Este culto al cuerpo pertenece a nuestra época, pero se inscribe, por eso mismo, en la larga historia de la civilización norteamericana. Tocqueville —sí, todavía él— observó que los norteamericanos no se "presentaban" (en sociedad) como lo hacen los europeos; soslayaban hablar de su identidad y, más que los europeos, escribió, "están atentos a su vestimenta". ¿Será esto, se pregunta, debido al carácter democrático de esta sociedad?

Yo y mi cuerpo, una celebración obligatoria

En Europa, que es una sociedad tradicionalmente aristocrática, cada uno conoce su lugar —que es inmutable—, y cada uno sabe quién es el otro; se vuelve inútil, o incluso indecente, justificarse o pretender ser alguien que uno no es. En Estados Unidos es al revés: cada uno se inventa un personaje social.

Tocqueville menciona la ropa, pero, prosiguiendo con su análisis, observa que la atención que se concede a la ropa se extiende al cuerpo; el cuerpo posiciona al individuo democrático, que, esculpiendo su aspecto físico y seleccionando su comportamiento, se crea a sí mismo. Y así se presenta. En los Estados Unidos, todos dicen su nombre y ofrecen su tarjeta, por más conocidos que sean. En Europa, nada indica que haya una necesidad sistemática, pero éste es un comportamiento que se está imponiendo, especialmente en el mundo de los gerentes, que es el más próximo, más expuesto a las costumbres norteamericanas. La misma preocupación igualitaria conduce a los norteamericanos a privilegiar en el contacto humano el nombre más que el apellido, lo cual crea una inmediata intimidad y relega la connotación social o étnica del patronímico. Esta presentación a veces se desliza hacia la exposición de uno mismo.

Los norteamericanos son en general más ruidosos que los europeos, ocupan el espacio con su cuerpo y con su voz. Al contrario de lo que ocurre en Europa, se les enseña a los niños a evitar la discreción, a imponerse y expresarse, a explotar su temperamento; lo que en estos jovencitos norteamericanos turbulentos se nos antoja mala educación, o incluso comportamiento asocial, es considerado en Estados Unidos como señal de una personalidad interesante. En los adultos, este tipo de personalidad puede desembocar en exhibicionismo; ni los cuerpos ni las palabras caen entonces bajo las normas de discreción y pudor a las que están acostumbrados los europeos.

¿Este culto del cuerpo forma parte de la búsqueda de la felicidad dentro de la civilización norteamericana? El *jogger*, esa figura emblemática del norteamericano en forma, ¿es realmente libre y feliz corriendo? La democracia, escribió Tocqueville, parece liberar al individuo, pero para obligarlo a un conformismo más cómodo, bajo un modo de suave despotismo. ¿El *jogger* corre por placer personal o es presa de la coacción que impone el medio?

Los domingos, en Nueva York, los rostros alterados de los *joggers* del Central Park me dejan a menudo perplejo por el nivel de consentimiento que prestan a lo que hacen; por uno que goza del aumento de su adrenalina, veo cientos que sufren como condenados. Ya no basta correr como los demás, es necesario hacerlo más rápido: al conformismo "democrático" se añade la coacción "capitalista" de la competencia. El cuidado del cuerpo se convirtió en un elemento de lucha por la vida, económica, social, profesional, amorosa. Y ya que se ha vuelto necesario correr más rápido que los demás, ¿por qué no ayudar a la naturaleza?

Los norteamericanos nunca fueron renuentes a los estimulantes; el alcohol y el opio eran en el siglo XIX tan populares que hoy han dado paso a las anfetaminas y a otras drogas, legales e ilegales. El café, por supuesto, es legal, así como las gaseosas con cafeína, pero los norteamericanos hacen de ello un consumo tan masivo que sus efectos energéticos rozan el nivel de aquellos estimulantes prohibidos. Pero gracias a las innovaciones

81

médicas el cuerpo en competencia se convierte en una máquina cada vez más potente, en una máquina física, psíquica y social.

La escultura del cuerpo y el alma

En su *Escenas de la vida futura*, Georges Duhamel se asombraba, como se ha visto, de las piernas de las norteamericanas, tan perfectas que le parecían producidas en serie. ¿Pero qué diría, en nuestros tiempos, acerca de las narices y los párpados de las norteamericanas, que, por las calles de Nueva York o en Beverly Hills, son efectivamente producidos en serie? La cirugía estética, concebida en sus inicios con el objetivo de reparar las mutilaciones en el rostro que trajo la Primera Guerra Mundial, se convirtió en moda norteamericana durante la década de 1920; confinada en un principio a las élites, se democratizó, y luego ha derivado hacia la estandarización. No hay ninguna parte del cuerpo que escape a la confección, ni siquiera las más íntimas, ni en el hombre ni en la mujer; en los periódicos se anuncian clínicas que proponen intervenciones de vaginoplastia. ¿Cuál es su finalidad? Seguir siendo joven, por cierto, para uno mismo y para el otro, pero todavía más amoldarse a una demanda colectiva. La pasión de los norteamericanos de ambos sexos por el Botox ilustra esta prioridad social: la eliminación de las arrugas que posibilita una inyección subcutánea renueva la piel y borra aquellas expresiones consideradas poco amables.

Ante una reunión de trabajo decisiva o una en donde haya que preservar el contrato, se ha hecho común en ambos sexos, para parecer agradable, y mostrar un rostro vivaz, quitarse vía Botox las arrugas verticales; una inyección en las palmas permite eliminar además la humedad de las manos, ventaja decisiva en una sociedad competitiva donde el *shake-hand* es sinónimo de buenos negocios.

Con la ayuda de la cirugía, la democracia de masas nivela las carnes. Y con la ayuda química corrige los comportamientos; esto es lo que posibilita, desde la década de 1980, un tipo de medicamentos agrupados bajo la denominación genérica de "psicofarmacología cosmética". Son productos emblemáticos, la Ritalina, el Prozac y el Viagra, que son consumidos diariamente por varios millones de norteamericanos que no son enfermos a la manera clásica sino pacientes saludables que buscan resultados; no se impugnará que la necesidad de estas medicinas sea real, pero nos parece que esa necesidad real es delineada por la coacción social de la democracia y el mercado.

La Ritalina, que se destina al niño excitado —lo cual, más allá de casos excepcionales, no es considerado enfermedad—, es administrada todos los días en Estados Unidos a cuatro millones de alumnos. Quien solicita la píldora es en general el propio maestro, que se arroga así la autoridad de prescribir un diagnóstico que le viene genial, pues utiliza con los padres un argumento de probada eficacia social: la Ritalina permitiría a sus hijos concentrarse más y ser más productivos. Este argumento productivista gana aprobación; los médicos no resisten mucho, y son sitiados por padres, maestros y profesores, además del marketing que los laboratorios farmacéuticos orientan hacia la opinión pública. ¿No es natural que estos médicos, que también son parte del mercado de la salud, cedan ante la presión? Porque si resisten, las familias apelarían a vías paralelas: la Ritalina se compra en la calle, y por la Web.

El Prozac, del que se dispone desde el año 1988, y al que desde entonces se ha sumado toda una gama de sustancias similares, conoció un desarrollo aun más significativo. Tomó la posta de los viejos antidepresivos, pero también de las vitaminas, e incluso de las anfetaminas, que los norteamericanos han consumido desde siempre.

Son unos veinte millones de pacientes los que toman con regularidad Prozac u otros medicamentos psicotrópicos de esta categoría. ¿Pertenecen los norteamericanos a una nación de depresivos, dado que para eso dicen los folletos que sirve el Prozac? Entre los consumidores —término más apropiado que pacientes—, una minoría sufre, por cierto, de depresión, pero la mayoría espera del Prozac un suplemento de felicidad personal y de eficacia social.

¿Cómo es posible que un medicamento psicotrópico se haya convertido en producto de consumo masivo? Además de sus reales virtudes terapéuticas, el éxito del Prozac se debe a que es el primer psicótropico de bajo riesgo; puede ser prescrito por los médicos clínicos para una amplia gama de depresiones y afecciones del ánimo. Gracias al Prozac, la cura antidepresiva se ha banalizado, y hoy parece menos necesario asistir a una consulta psiquiátrica. Además, el Prozac no sólo elimina las depresiones ligeras, sino que orienta la personalidad del paciente-consumidor en el sentido deseado por la sociedad norteamericana: elimina las inhibiciones, produce un comportamiento más sociable. Es un "Botox del alma": de algún modo, el equivalente químico de la cirugía estética, que esculpe al yo y a la apariencia exterior. Normalmente, los norteamericanos se expresan en voz alta, pero bajo los efectos del Prozac son todavía más ruidosos, y el tono resalta la personalidad. Primer psicótropico de uso masivo, convertido en producto de consumo diario, vendido bajo las técnicas de marketing dirigidas al gran público, el Prozac participa de la civilización norteamericana: una sociedad del resultado donde no hay lugar para la melancolía, donde conviene sentirse más que bien —*better than well*— para uno mismo y para la mirada de los otros.

El rostro bien dispuesto gracias al Botox, el alma socializada gracias al Prozac, faltaba garantizarle al *Homo norteamericanus* el éxito sexual. Y así se hizo. Más aún, condenado a estar en forma, y, si es posible, en mejor forma que el vecino, ahora tiene opciones por delante: una hora de espera con un Viagra; para los impacientes, apenas quince minutos gracias al Levitra; por último, un fin de semana garantizado con Cialis. ¿Que se trata sólo de un triunfo del marketing? El Viagra fue lanzado inicialmente con la colaboración del senador Bob Dole, que había alcanzado con gallardía sus setenta y cinco años; la gracia consistió en medicalizar la impotencia modificando su denominación, "disfunción eréctil" (ED). Ahora bien, los tres productos disponibles se disputan el mercado norteamericano, y para ello se valen del patrocinio de deportistas y actores. La industria farmacéutica convenció entonces a los norteamericanos —antes de que los europeos los copien— de que la impotencia sexual no era un hecho indefectible que sobreviene con el paso de los años, sino un desperfecto que tiene solución. Al igual que con el Prozac, su demanda fue sostenida; sin el culto nacional al resultado, el Viagra hubiese sido invendible. El turno de las mujeres es inminente, los laboratorios sólo se preguntan de qué modo comercializar el producto, qué técnica de marketing utilizar, para garantizar el deseo y su realización...

Pero la felicidad, ¿no es para eso que ha sido fundado Estados Unidos, y lo que promete su Declaración de la Independencia? Cualquier espacio de publicidad televisiva da testimonio de ello: todas las escenas invitan a comer lo que uno quiere, a correr y a mantener relaciones sexuales por avanzada que sea nuestra edad gracias a una combinación de antiácidos, antiinflamatorios, Viagra y Cialis; sólo la timidez, la moderación parecen prohibidas. ¿Aguantará el corazón? Los medicamentos que bajan el colesterol deberían garantizarlo. La felicidad norteamericana no es sólo una forma de consumo material, es también una promesa de inmortalidad. En 2003, un comité nacional de la presidencia de Estados Unidos publicó un informe titulado "Biotecnología y juventud eterna"; ¡se viene la eternidad!

Droga y drogas: la prohibición inútil

¿Por dónde pasa la línea que divide estas drogas de felicidad legales y aquellas que no lo son? La química no nos permite distinguirla; es la ley más que la farmacopea quien divide unas de otras según fronteras trazadas por la historia más que por la medicina. Durante mucho tiempo, tanto opiáceos como cannabis se consumían cotidianamente, antes de que las drogas se clasificaran en duras y blandas; la prohibición, a principios del 1900 para el opio, desde 1920 para el cannabis, la heroína y la cocaína, fue consecuencia de un aluvión moralizador y xenófobo antes que de preocupaciones sanitarias.

El odio por el inmigrante chino acarreó el rechazo al opio; luego el cannabis adquirió la reputación de otorgarles a los trabajadores mexicanos una ventaja física desleal sobre los "blancos"; la cocaína fue acusada de volver incontrolables a los negros. Así que se prohibieron todas estas drogas debido a sus orígenes extranjeros, porque procedían de un más allá perturbador; luego de su prohibición —y no antes—, las autoridades políticas se desvelaron por determinar razones objetivas, químicas, que permitieran distinguir las drogas ilícitas de los medicamentos autorizados. Es una búsqueda de la diferencia que continúa siendo interminable y poco convincente hasta hoy, pues la prohibición de la droga jamás elimina el deseo de consumirla; la prohibición sólo aumenta los precios, enriquece a las mafias y hace que prospere la violencia.

Aunque es contraproducente, la prohibición sigue gozando de popularidad en la opinión pública, a excepción de un pequeño círculo de abolicionistas racionales cuyo portavoz más conspicuo es el economista Milton Friedman. Desde hace unos treinta años, no cesa de demostrar que los inconvenientes que acarrea la prohibición son superiores a los de su legalización, partiendo de la base de que es necesario admitir que no existe una sociedad que carezca de algún tipo de drogas. Si no es escuchado y si la prohibición sobrevive a pesar de sus propias contradicciones, es que en verdad ésta no es racional: nace del control social y no de la medicina, es instrumento de poder y no de salud. Se trata de una larga historia en el curso de la cual las autoridades religiosas y políticas no han dejado de disputarse el poder.

Procurarse autoridad sobre un pueblo intoxicado fue inicialmente el objeto de las Iglesias en Nueva Inglaterra; bajo su influencia, entre 1846 y 1854, trece estados adoptaron leyes que prohibían el alcohol y el tabaco. En 1920, luego de una larga batalla, asociaciones antialcohólicas cristianas lograron una enmienda a la Constitución que prohibía el alcohol; pero fue suprimida en 1933 luego de que quedaran probados sus efectos desastrosos. De igual modo, fue un cardenal católico quien, en primer lugar, reclamó en 1914 la prohibición del opio y la obtuvo gracias al Tratado de Versalles, internacionalizando de ese modo la guerra norteamericana en contra de la droga; desde entonces, Europa quedó en esto a la zaga de Estados Unidos.

Si el Estado norteamericano se compromete de este modo en *su* guerra contra las drogas, mucho más de lo que lo hacen los Estados europeos, ¿es porque la sociedad norteamericana es más cristiana y más represiva? Sin dudas. Pareciera también que ese Estado es más débil, en el interior, que sus homólogos europeos, que dispone de menos poder sobre la sociedad civil, y que esa guerra le otorga ese poder con todas las apariencias de la legitimidad, o incluso una garantía terapéutica. En Europa, los ciudadanos son controlados y mimados por un Estado benefactor que goza de autoridad social y económica; en los Estados Unidos, los vigila un Estado de Salud Pública. Desde el 11 de septiembre de 2001 se ha añadido un Estado de Seguridad, pero no se sabe si, como el otro, no acumulará fracasos.

Dentro de una sociedad que exalta los resultados, la prohibición de las drogas no puede sino llamar a la transgresión. El consumo de las drogas ilícitas, aunque no sea mensurable, es espectacular, ya que los norteamericanos ¡se fuman todo el cannabis de México y se toman toda la cocaína de Colombia! La gran mayoría toma sólo lo que necesita, para estar en forma y mejorar sus resultados sociales o del tipo que sea, mientras que los drogadictos "dependientes" no constituyen sino una minoría de consumidores. Así es que, desde todos los niveles de la sociedad, se espera que el cannabis facilite las relaciones humanas, y que la cocaína, supuestamente, aumente la productividad. Cada droga ilícita ejerce una función precisa, tan específica como la que ejercen las drogas legales como el Prozac, según sea que uno quiera fisurarse un sábado a la noche, lograr ser contratado en una entrevista o triunfar en un certamen deportivo.

Esta función tonificante de las drogas ilícitas está consentida implícitamente por las autoridades represivas, ya que los cocainómanos de Wall Street o Beverly Hills, o el fumón de Harvard, no van nunca presos; si los agarran, salen bajo una fianza y una cura de desintoxicación en un elegante establecimiento. Las clínicas de rehabilitación hacen fortuna: un mes en uno de estos establecimientos les cuesta a los padres el equivalente de un año académico en una buena universidad. Sólo los toxicómanos y los *dealers* pobres —*blacks* o latinos, preferentemente— van a la cárcel: ¿porque violaron la prohibición o porque son sospechosos de pertenecer a las "clases peligrosas"?

Lo que permanece del mito puritano

La pasión de los norteamericanos por su propio cuerpo sorprende frente a la definición clásica de Estados Unidos como nación puritana. Para seguir creyendo en ella, convendría no haber escuchado jamás las explicaciones del senador conservador Bob Dole, acerca de cómo logró vencer sus disfunciones eréctiles; sería necesario también evitar los afiches que exaltan la eficacia del Levitra. El Viagra, el Prozac, la cirugía estética, aunque cargados de significación, quedan por fuera de la guerra de las culturas; aquí parece reinar la unanimidad entre los norteamericanos de toda clase social. ¿Norteamérica dejó de ser puritana luego de la revolución de las costumbres en los años sesenta? ¿O nunca lo fue tanto?

En el curso de la historia norteamericana, el puritanismo y el ocultamiento del cuerpo no fueron nunca, en la cultura popular, más que algo marginal; por el contrario, la glorificación del cuerpo ocurrió tempranamente, y fue iniciada por las religiones. A principios del siglo XIX, cuando se constituyeron iglesias norteamericanas distintas de los cultos europeos, las nuevas denominaciones evangélicas, pentecostales o bautistas glorificaron, todas ellas, a los cuerpos como reacción en contra de los valores victorianos de los británicos, contra la Iglesia Católica romana, pero también contra toda forma de intelectualismo.

Estas religiones norteamericanas inmediatamente sacralizaron el trance, la histeria divina, el cuerpo conmovido por el espíritu. Y desde esa época los norteamericanos consideran que el cuerpo es más sano que el espíritu: la civilización norteamericana es órfica, es más pagana que cristiana. Siempre el atleta fue más que el intelectual, incluso en las universidades, lo que les ha hecho creer a los intelectuales europeos que esos norteamericanos mal vestidos carecían de cultura. La cultura existe, evidentemente, y es reconocida, pero no está puesta por encima de las otras cualidades humanas; y si algunos la privilegian, a la manera de sus pares europeos, no se vanaglorian tanto como ellos.

En esta bacanal permanente, la psicofarmacología cosmética sólo puede ser recibida con fervor, porque otorga la ilusión de la eterna juventud. A la espera de una metamorfosis biológica, los norteamericanos prevén, ya mismo, prolongar su existencia, un tipo de inmortalidad, no en el más allá, sino aquí y ahora, merced a la manipulación genética. Luego de la cirugía y los fármacos, el genoma es la nueva frontera para los cuerpos norteamericanos. Siempre y cuando la obesidad no los mate...

Una sociedad asediada por las calorías

¿Cómo reconciliar el culto del cuerpo escultórico con la epidemia de la obesidad que azota a Norteamérica? La epidemia es una metáfora, pero es justa: un 40 por ciento de los norteamericanos son muy gordos, y un 20 por ciento de los niños son obesos. ¿Se considerará que la obesidad es un modo alternativo de esculpir el cuerpo en una sociedad obsesionada por las apariencias? ¿O la obesidad es una reacción a las normas que imponen los medios de comunicación y la publicidad? La obesidad podría ser entonces una elección personal, un derecho ejercido a título personal. Esta explicación se escucha en Estados Unidos; existen asociaciones de obesos que exigen y obtienen de las compañías de transporte asientos aptos para su tamaño. Pero esta interpretación, aunque puede aclarar casos particulares, no tiene en cuenta la progresión geométrica de la obesidad en los niños, que no eligen ser obesos, sino que lo son a pesar de ellos. Sufren en carne propia, pues la obesidad conduce a la diabetes, a problemas cardíacos y a otros dramas sanitarios, a lo que hay que añadir el sufrimiento psicológico, ya que la sociedad norteamericana no es amable con los obesos. En los colegios son martirizados por sus compañeros de clase porque no se adecuan al modelo estético dominante que exige, cada vez más, una delgadez más estricta.

Resulta entonces necesario arriesgar una explicación de la obesidad masificada que no proceda de elecciones o decisiones personales, sino de una crítica de la sociedad norteamericana: si la mitad de los norteamericanos llega a administrar su cuerpo hasta alcanzar el modelo ideal, la otra mitad ¿no es víctima del contexto cultural y alimentario? ¿Se trata, entonces, de un contexto que promueve la obesidad involuntaria? En ambos casos, el individuo norteamericano vendría a ser menos libre de lo que cree: ante este contexto alimentario, unos responden excediéndose en los ejercicios físicos, mientras que otros se dejan estar, víctimas de la moda y víctimas de grandes comilonas.

La tesis de la obesidad como consecuencia de un contexto colectivo antes que de una situación personal —biológica, genética o psicológica— no goza de gran aceptación en Estados Unidos; contradice la supremacía individualista, y pasa por extremadamente *liberal*, al igual que cualquier tipo de interpretación que enfatice la sociedad por sobre la persona. ¿Pero cómo explicar entonces el carácter epidémico de la obesidad si no es por medio del contexto? Es una de las conclusiones a las que arribó, luego de un largo recorrido intelectual, Kelly Brownell, jefe del servicio de Psiquiatría en la Universidad de Yale, que se convirtió, en Estados Unidos, en el portavoz de esta explicación de la obesidad como consecuencia de un "entorno de alimentación tóxico".

Las peripecias científicas de Brownell se iniciaron en la década de 1980 en su propio consultorio psiquiátrico, especializado en desórdenes alimentarios: día a día veía crecer el número de niños obesos que pertenecían a todas las categorías sociales, a todas las razas, a todas las religiones. Y no se podía considerar a estos niños responsables de su estado; los contextos eran muy distintos como para imputar la obesidad a sus genes, a sus padres, a su cultura, a su educación. Podían variar por cierto los factores de riesgo personal, y a menudo eran mayores entre los chicos pobres y negros; pero las diferencias no eran nunca tan significativas como para que se pudiera establecer un vínculo determinante entre cultura y obesidad.

Sin embargo, muchos norteamericanos siguen convencidos de que la obesidad se da sobre todo entre los pobres y los negros; ¿será, para quienes no entran en ninguna de estas dos categorías, una manera de tranquilizarse? A los ojos de Brownell se volvió evidente que buscar una causa sociocultural, al igual que la mayoría de las explicaciones individualistas, era un desvío para no admitir el fenómeno colectivo. Lo que tenían en común los pacientes jóvenes triunfaba sobre aquello que los diferenciaba: horas y horas tirados frente al televisor, la pasión por determinadas marcas alimentarias, el consumo ininterrumpido de hamburguesas y gaseosas. Lo más grave, debió admitir Brownell, era que los niños resultaban incurables. En efecto, ¿cómo convencer a un niño de siete años de que modifique su régimen alimentario? ¿Cómo es posible, en el país del niño-rey y del *laissez-faire*, convencer a dos padres que trabajan de que hay que controlar todo el día a su niño, o de que hay que obligarlo a algo? ¿Cómo decirle a una madre, cuando vuelve de trabajar, que haga comida *light* mientras toda Norteamérica consume comida industrial? ¿Cómo se obliga a un niño a hacer deporte en vez de que vea televisión seis horas por día? ¿Y negarle el placer de las propagandas que lo adoctrinan en el culto de Pizza Hut o Mars? ¿Y de qué modo es posible convencer a un director de escuela de que Pepsi Cola o McDonald's ya no sean sponsors de eventos deportivos cuando los fondos públicos escasean? La mayor parte de los niños obesos continuarán siendo obesos y transportarán su peso hasta la edad adulta; su esperanza de vida será menor a la de sus padres, y esto implica una regresión que no tiene precedentes dentro de una sociedad desarrollada.

Su propio fracaso experimental en materia terapéutica convenció a Brownell de que la obesidad es una epidemia, y que es inútil tratar de detenerla o aun contenerla sin modificar el entorno tóxico. En 1990, inició su lucha por comunicar sus hallazgos y revertir la situación a través de libros, artículos e intervenciones públicas; el lobby alimentario y los comerciantes de regímenes dietéticos contraatacaron invocando la libertad del consumidor.

Pero, suponiendo que Brownell haya interpretado las cosas de modo exacto, y es de lo que está convencido un número creciente de expertos norteamericanos, ¿se puede actuar sobre el entorno tóxico, cultural y económico que genera la epidemia de obesidad? Brownell considera que Estados Unidos está en el umbral de la concientización, comparable a aquella que posibilitó la campaña antitabaco. Los enemigos se parecen: en favor del tabaco militaban los defensores de la libertad de elección y los intereses económicos de los productores. En favor de las calorías se encuentran los mismos argumentos: los adversarios de la reglamentación del tabaco invocaban también a la democracia, al individualismo norteamericano, al libre mercado. La comparación es sin embargo imperfecta, ya que la razón decisiva que desencadenó la guerra en contra del tabaquismo fue la defensa del fumador pasivo: el humo intoxicaba a los no fumadores que se convertían en fumadores involuntarios, y su salud corría riesgos que no habían elegido. Esto no se aplica en el caso de las calorías. En cambio, el argumento de salud pública se aplica tanto al tabaco como a las calorías: las consecuencias financieras del tabaquismo eran financiadas por toda la sociedad. Todo contribuyente norteamericano, obeso o no, paga por año 175 dólares al sistema de Salud Pública para financiar las consecuencias de la obesidad, en particular aquellas para combatir la diabetes.

La lucha contra el tabaquismo no impugna la libertad de fumar sino que más bien distribuye más equitativamente el costo de sus consecuencias, y protege a las víctimas inocentes. Es lo que propone Brownell en contra de la obesidad. Sugiere proteger sobre todo a los niños que son las víctimas. Las industrias de la alimentación chatarra deberían renunciar a todo tipo de marketing dirigido a los chicos; deberían etiquetar sus productos consignando las calorías; no tendrían ya el derecho de publicitar sus marcas en las escuelas o en los estadios. Algunas escuelas de California, que ha sido el estado pionero en la represión antitabaco, ya adoptaron las restricciones conformes con el modelo Brownell. El investigador también estima que es necesario gravar las industrias alimentarias en relación con el número de calorías que venden, a fin de incitarlas hacia la elaboración de productos menos tóxicos. Estas industrias sienten que las tenazas se van cerrando: en 2003, McDonald's ganó un juicio contra dos consumidores obesos que acusaron a la cadena de incitarlos a la obesidad. Pero, para enfrentar este tipo de juicios, la empresa, a partir de 2004, propone optar por porciones más pequeñas, menús dietéticos y manzanas.

¿Sería eficaz una campaña nacional en contra de las calorías? Ni más ni menos, estima Brownell, que la campaña contra el tabaco. Luego de veinte años de guerra antitabaco, los norteamericanos siguen fumando, pero dos veces menos; el número de tipos de cáncer relacionados con el tabaco bajó a la mitad; ahora los fumadores no intoxican a los no fumadores y aceptan salir del edificio o de su oficina para fumar un cigarrillo; se les informa mejor acerca de los riesgos que corren, así es que son más libres de suicidarse si ése es su deseo; las compañías tabacaleras sobrevivieron, el capitalismo norteamericano y las libertades públicas también. Si una campaña anticalorías se compromete a seguir los mismos principios y objetivos, Brownell anticipa resultados parecidos: seguirá habiendo obesos, pero podría contenerse la epidemia; las industrias de comida chatarra sobrevivirían adaptándose; los vendedores de regímenes dietéticos y demás curas personalizadas sobrevivirían también, ya que siempre va a haber obesos más o menos voluntariosos.

Los europeos espectadores

Cuando Estados Unidos emprendió su campaña contra el tabaquismo, recordemos cuántos europeos fueron en un comienzo hostiles a ella, tachando a los norteamericanos de puritanos, pseudoliberales, maníacos de la prohibición —que en parte lo son—. Luego Europa, con el retraso habitual, siguió sus pasos. Brownell estima que sucederá lo mismo con el tema de la obesidad; como el fenómeno no ha alcanzado aún proporciones epidémicas, los europeos apelan, todavía hoy, a interpretaciones individuales, a consideraciones de orden psicológico, a curas personalizadas y regímenes adaptados. Pero a medida que se universaliza el modo de vida norteamericano, y como los mismos factores producen los mismos efectos, el matrimonio de la televisión y la comida rápida producirá en Europa, en los chicos europeos, una epidemia incurable, comparable a la que sufre Estados Unidos. La toma de conciencia debería ser comparable, aun si viene con retraso.

¿Deberíamos dejarnos convencer por Brownell? El norteamericano hace hincapié en el retraso europeo con razón: el debate sobre la obesidad enfrenta a los norteamericanos entre ellos sin que los europeos se sientan obligados a participar. Todo pasa como si esperásemos a que la epidemia nos alcance, con retraso, para adherir después a la solución encontrada en Estados Unidos. Ahora bien, esta controversia sobre la obesidad no es solamente científica; no es tampoco exclusivamente económica, entre los que gozan del derecho a la obesidad, sostenidos por las industrias alimentarias, y los desinteresados enemigos de las calorías. El debate es de carácter filosófico: frente a una epidemia que nadie niega, existen dos respuestas posibles. La que preconiza Brownell, ya practicada en contra del tabaquismo, reposa sobre la intervención pública, y es parte de un pensamiento liberal. La otra respuesta, fundada sobre la libre elección, dice que debería arbitrar el mercado; los conservadores norteamericanos preconizan por ejemplo que las compañías de seguros indexen sus tarifas sobre los kilos que pesan sus clientes, ya que aumentan los riesgos sanitarios; tales clientes, o sus padres, sabrían entonces realmente cuánto cuesta ser obeso. Este proyecto, al igual que toda la ideología conservadora, supone que los individuos son racionales y responden de manera lógica a las señales que les dirige el mercado. Según esta hipótesis, la libertad de elección personal debería ser completa, y el

Estado no tendría por qué inmiscuirse en la vida privada de nadie. Esta opción individualista debería contener la obesidad con tanta eficacia como una normativa pública; evitaría la creación de una burocracia sanitaria, una inflación de documentos y de impuestos cuyos inconvenientes son bien conocidos y cuyos beneficios son aleatorios. Por último, esta solución conservadora impediría que el Estado se dedicara a la represión social, que la sociedad cayera en el puritanismo moral: los desvíos represivos que se podían constatar en Estados Unidos durante la época de la ley seca, y que, en la lucha contra el tabaquismo o en su nombre, triunfan de nuevo en la sociedad norteamericana y desbordan hasta Europa.

Como las dos familias de pensamiento, la liberal y la conservadora, están representadas en partes iguales en los Estados Unidos, la resolución de la controversia sobre la obesidad es incierta. Se emprenderá, por cierto, una campaña contra las calorías, aunque más no sea para proteger a los niños. Lo que nadie puede anticipar es si va a estar basada en el mercado o se apoyará en el Estado; pero es probable que los europeos sigan la opción norteamericana, cualquiera sea.

4. DIOS SOY YO

◆

Son las 11 de la mañana de un domingo en Los Ángeles; es la hora de la misa. En el barrio de Culver City, donde se sitúan los estudios de cine y televisión, las 4 x 4 de vidrios polarizados se disputan los lugares de estacionamiento; los oficios religiosos de Ágape, una "comunidad espiritual", se cuentan entre los más apreciados por el mundo del espectáculo y de la moda.

¿Es una liturgia, una religión, una Iglesia? En Europa, uno dudaría. Aquí es una religión que progresa, singular y representativa de la espiritualidad norteamericana contemporánea. Acomodadores, que tienen en sus remeras la sigla de Ágape, conducen a los millares de fieles hacia un vasto edificio industrial, dispuesto como si fuese un estudio de televisión; un coro de un centenar de voces nos recibe con cánticos a mitad de camino entre la comedia musical y el Ave María. El ambiente es alegre, el público es más bien joven, tan diverso entre sí como todas las etnias de California. El coro recibe aplausos.

El pastor asciende al púlpito, entra en escena; la sala se pone de pie, lo aclama. Michael Beckwith, el fundador de Ágape, cuida su apariencia: un contraste elegido entre un traje de un gris estricto, una camisa blanca, una corbata azul y *dreadlocks*. Este pastor negro reúne a un público más bien blanco y asiático. Este mestizaje, signo que prenuncia los tiempos por venir, es más o menos nuevo en una iglesia norteamericana. Nos invita a ponernos de pie, a que pronunciemos todos juntos la plegaria que inicia el oficio religioso: "Celebro con alegría mi propia divinidad. El templo de mi cuerpo es un instrumento de felicidad". ¡Amén!, concluye Beckwith.

97

¿Será éste un servicio religioso cristiano? No veo ningún crucifijo; en la mayoría de las iglesias cristianas de Estados Unidos, es cierto, la cruz ha desaparecido: es algo demasiado trágico para fieles que buscan una felicidad inmanente más que redención.

Pastores de Ágape llegados de otros Estados norteamericanos y de Nueva Zelanda se presentan; reciben aplausos. La neozelandesa nos asegura que somos "especiales", "únicos"; salpica su sermón con algunas citas, más aproximativas que textuales, de los Evangelios. Como en la mayoría de las iglesias de Estados Unidos, se blande la Biblia como si fuera un objeto, se refieren a ella como si fuese un fetiche. Un monje budista nos sonríe y no dice nada; lo aclaman. Un rabino pide disculpas, pero igual lo aplauden. A los nuevos conversos o a los curiosos se les ruega ponerse de pie; nos aplauden y nos dedican una plegaria: "Ustedes son únicos, hechos a la imagen de Dios". En ese instante, uno querría poder creerlo. El coro canta, la sala gana temperatura, entona el estribillo de Ágape: "Siento al espíritu ascender en mí". Los acomodadores reparten pañuelitos de papel para limpiar las lágrimas que arrastran rímel.

Sigue una lectura de textos sagrados, tomados, según subraya Beckwith, de todas las religiones de la humanidad. Ágape fusiona todos los mensajes espirituales conocidos, así como todas las humanidades. "Aquí —dice él—, el que está a su lado puede ser negro, blanco, judío, gay o sordo". Observo a quien está a mi lado: es negro y no parece sordo; nos abrazamos. Es el turno de la colecta, pero no se deja un dólar en un platito; los acomodadores distribuyen formularios de débito para las tarjetas de crédito. Todo templo norteamericano es una empresa, todo pastor, un empresario que tiene la obsesión de expandirla; el pastor que triunfa anhela crear una "megachurch", un imperio religioso con filiales en toda Norteamérica, y, si es posible, vender su espectáculo a una cadena de televisión.

En el templo de Ágape, hasta ahora fueron sólo preliminares antes del sermón de Beckwith. ¡Qué artista o qué inspiración divina! Con traducción simultánea para los sordos. El ritmo triunfa rápidamente sobre el contenido; al principio, escucho que hay que "controlar nuestros deseos para satisfacerlos de mejor modo gracias a la ayuda de Dios", luego que debo "recrear el universo junto a Dios", luego "participar de la dinámica de Dios para progresar personal y profesionalmente". Y luego es imposible seguirlo. Capto palabras al voleo: "cósmico" es una que aparece a menudo. La sala está hipnotizada, la gente llora, tiembla, entra en éxtasis, desparraman Kleenex. Beckwith juega con su voz con ritmos de rapero, a veces es inaudible, a veces brillante, y siempre es largo; el sermón dura una hora y más, el atleta de Dios es infatigable, los fieles están extenuados y felices. Volverán el próximo domingo. Hasta entonces, algunos deberán recurrir a plegarias individuales que ofrece un catálogo en la Web.

Si uno no es adepto de Ágape, sólo puede describir las formas sin comprender íntimamente qué suscita el entusiasmo de los fieles: ¿es la terapia colectiva, la celebración de la propia divinidad, la invitación al éxito personal y profesional, el sentimiento de pertenecer a una comunidad cósmica? Sin embargo Ágape no es una religión fuera de lo común; bajo distintas denominaciones —cristianas, judías, budistas, sufistas—, la mayoría de los cultos norteamericanos siguen a pastores carismáticos y practican liturgias comparables. Ágape es sólo la más notable por la celebración del yo y por la teatralidad del oficio religioso.

¿Las religiones son sólo clubes?

Domingo, 11 hs., horario de la misa en Estados Unidos: no hay una religión en todo el mundo que no esté aquí representada. Son muy numerosas las que existen sólo en Estados Unidos; ninguna ciudad, grande o pequeña, deja de ofrecer diferentes lugares de culto, que responden a denominaciones diferentes. Ya hemos citado a Talleyrand, que en 1794 escribía desde Filadelfia a una corresponsal parisina: "Este país cuenta con treinta religiones y con un solo plato". ¡Nuestro obispo, que se aburría duro y parejo en Estados Unidos, hubiera preferido lo contrario! Las religiones siguieron desde entonces omnipresentes, todas las religiones ya conocidas y las por venir, todas en competencia entre ellas con un entusiasmo tan antiguo como Estados Unidos mismo. Pero los orígenes piadosos no bastan para comprender por qué, al contrario de lo que ocurre en Europa, esta nación no ha cambiado.

Si atendemos a Tocqueville, la separación entre Estado e Iglesias habría salvado a estas últimas. Para retomar la célebre expresión de Jefferson, un "muro" separa a los cultos del Estado. Son compartimentos estancos más firmes que el laicismo francés: en Estados Unidos sería inconcebible que los lugares de culto fuesen financiados por colectividades públicas, como ocurre a menudo en Europa. Sería también inédito que el Estado prohibiera signos religiosos "ostentosos". Significaría un ataque a la separación de política y religión, y un golpe a los derechos humanos: se violaría dos veces la Constitución norteamericana.

Ese "muro" se ve continuamente reforzado por nuevas decisiones judiciales. Ya hemos visto que en 2003 un juez federal hizo retirar de los Tribunales de Montgomery una obra que representa a los Diez Mandamientos. Si es posible instalar pesebres de Navidad en espacios públicos, se debe a que la Navidad es considerada una manifestación tan pagana y comercial como cultual. Esto no detiene a los militantes del laicismo que año tras año exigen justicia ante los tribunales, y en nombre de la Constitución reclaman el inmediato desmantelamiento de los pesebres.

Esta separación entre las religiones y la república les habría permitido a los norteamericanos, contrariamente a lo que les ocurrió a los europeos, volverse democráticos sin derribar sus altares. Pero esta explicación histórica hace creer que las Iglesias de hoy son de algún modo herederas de los puritanos fundadores; lo cual casi nunca es el caso. La mayor parte de las Iglesias nacieron luego del advenimiento de la república y no antes; el entusiasmo de los fieles, manifiesto en todas las congregaciones, lejos de la severidad de los orígenes, debe más al ambiente democrático que a los tiempos que lo preceden. Las Iglesias contemporáneas no son las mismas que las que había en tiempos de Tocqueville; los fieles, además, se han desplazado junto con las denominaciones, aparecieron otras nuevas, y las viejas cambiaron sus liturgias.

Les cuesta a los sociólogos, tan racionalistas en Estados Unidos como en Europa, reconocer que un sesenta y siete por ciento de los norteamericanos pertenece a comunidades religiosas. Existen trescientos mil paganos declarados, pero se nuclean en comunidades y participan también de fiestas (el *Pagan Pride*). Estas religiones, nos asegura Daniel Bell, el padre de esta interpretación, no serían más que simulacros. Porque cada iglesia, cada templo o sinagoga equivaldría a un club social; es el conformismo democrático más que la espiritualidad el que exigiría a los ciudadanos afiliarse a uno de estos clubes. El mismo conformismo impone que todo candidato a las elecciones se declare creyente; todos los presidentes norteamericanos, hayan sido liberales o conservadores, confesaron siempre su fe. Para demostrar ese carácter más social que religioso, Daniel Bell señala la facilidad con que los fieles modifican su afiliación religiosa una vez que se mudan de barrio, cambian de cónyuge o de clase social; a lo largo de su vida, un tercio de los norteamericanos ha cambiado por lo menos una vez de comunidad religiosa. También llegan a fusionar distintos cultos; citemos, entre algunos híbridos de moda, a los *Jewboos*, judíos y budistas, al que perteneció el poeta *beatnik* Allen Ginsberg. Mejor todavía, el cronista del *New York Times* David Brooks, el periodista que inventó el término "bobos" (burgueses y bohemios) para definir a las élites posmodernas y liberales de la costa Este, asegura haber conocido a la hija de un pastor metodista que se definía como "¡metodista taoísta india cuáquera rusa ortodoxa budista judía!".

Pero la ironía sociológica no nos permite entender por qué las iglesias, los templos o las sinagogas, si no son realmente tales, se refieren a Dios. Son más bien los sociólogos quienes no aceptan que los fieles crean. Si un noventa y seis por ciento de los norteamericanos asegura que cree en Dios, noventa por ciento en el Paraíso, setenta y cinco por ciento dice rezar todos los días, y un tercio de los cristianos dice haber tenido un encuentro personal con Jesús: ¿por qué no creer que ellos creen? La verdad es que no importa saber qué presión social es causa de esta fe.

Parece más conveniente admitir que no existe una relación simple entre la modernización de Estados Unidos y el racionalismo ateo tal como se ha impuesto en Europa, y que nosotros los europeos no estamos en las mejores condiciones para admitir que exista la posibilidad de volverse moderno y más creyente. Porque la piedad religiosa no retrocede en los Estados Unidos, sino que por el contrario no deja de progresar; sin poder comprenderlo, nos preguntamos en qué creen los norteamericanos, mientras que los europeos prácticamente ya no creen en nada.

Más allá de las diferencias, una única "religión norteamericana"

Luego de asistir a varios servicios religiosos de los cultos de las más variadas denominaciones, y haber seguido los programas de tantas cadenas religiosas de televisión, las semejanzas acaban por imponerse; todas estas confesiones, en teoría diferentes, convergen. Su convergencia me parece todavía más significativa que la distinción clásica entre las dos vertientes de la religiosidad norteamericana, una moderada, la otra fundamentalista. Es verdad que los bautistas fundamentalistas son enemigos de los bautistas moderados, o que los judíos ultraortodoxos lo son de los judíos reformados. Pero estos conflictos, esenciales para los discípulos de cada uno de los cultos particulares, parecen menores vistos desde el exterior. La oposición entre fundamentalistas y moderados no puede ocultar la convergencia de todas estas religiones, dirigidas hacia el omega de la espiritualidad, el "Dios está en mí" de un culto tan personalizado como eficaz: con el crítico Harold Bloom, lo llamaremos la "nueva religión norteamericana". Constatamos también que cuanto más se aproximan las distintas denominaciones a este ideal norteamericano, más fieles reclutan; cuando guardan distancias —como es el caso de la Iglesia Católica romana y las episcopales—, sus comunidades terminan por dispersarse.

¿Cómo definir ese punto omega de la religión norteamericana hacia el cual convergen todos los cultos? Si Dios constituye el centro, un Dios creador, bíblico, más próximo al Antiguo Testamento que al Nuevo, este Dios se sitúa más *en* los mismos fieles que por encima de ellos. Pastores, sacerdotes, rabinos, los chamanes de la religión norteamericana invitan a encontrar a Dios en uno mismo, a observar hacia la interioridad más que hacia lo alto. La mayoría de los norteamericanos declaran impertérritos que Dios los ama, que los aconseja, y que ellos también le hablan, mientras que los cristianos de Europa dialogan más bien con Jesucristo. Unos tres cuartos de la población norteamericana asegura haber visto la luz interior por lo menos una vez, una epifanía que cambió su vida, una vida que desde entonces conduce Dios. Un Dios que ama, que es poco exigente en relación con las costumbres, si lo juzgamos por el número de divorcios: un matrimonio de cada dos, aunque celebrado religiosamente, termina en el colapso. El pastor es un mediador entre Dios y yo, y no el poseedor de la verdadera palabra de Dios; es muy raro que un pastor, un sacerdote, un rabino (salvo si éste es ortodoxo), formule un juicio en relación con el comportamiento de sus fieles. La moral se ha vuelto una cuestión personal de la que Dios no tiene por qué ocuparse. Los pastores ganan fieles por sus cualidades carismáticas tanto como por sus conocimientos teológicos. En la nueva religión norteamericana prosperan los autodidactas, los clérigos autoproclamados, y son bienvenidas todas sus improvisaciones teológico-culturales siempre que abrevien el camino entre Dios y yo. Para fortalecer esta comunicación, cualquier técnica es buena: el canto, el trance, la hipnosis y el pop cristiano; en 2003, el grupo Passion Experience, de gira en las iglesias, vendió doce millones de discos cuyo estribillo era: "Dios, te amo". Y el comentario de un teólogo fue: "El pop cristiano felicita a Dios por ser Dios".

De este Dios en mí mismo, ¿qué se espera? Los fieles de la nueva religión norteamericana prefieren resultados concretos aquí y ahora, sin tener que esperar hasta el más allá. ¿La vida eterna? La muerte no está muy presente en los oficios religiosos, como si todo norteamericano considerara vivir eternamente; los fieles no quieren saber nada de una religión trágica. Dejando de lado a las iglesias católicas, la muerte de Cristo no aparece muchas veces representada; en las protestantes, Cristo está vivo, y la cruz vacía. En las mormonas, hay cuadros y frescos que representan a Jesús y a sus apóstoles todos musculosos y bronceados, muy en forma, como si fueran surfistas californianos. En las pentecostales, la cruz está sustituida por una paloma, que representa al Espíritu Santo; el Espíritu Santo, que es la más inmanente de las tres figuras de la Trinidad, tiene además la ventaja por sobre Dios y Cristo de intervenir sin intermediarios en la vida de los fieles. Como escribió hace sesenta años el teólogo Richard Niebuhr: "El cristianismo norteamericano venera a un Dios sin cólera que conduce a hombres sin pecado hacia un Reino sin juicio con la ayuda de un Cristo sin cruz".

Cuando, en 2004, Mel Gibson estrenó su película titulada *La Pasión de Cristo*, que ponía en escena una sanguinolenta crucifixión, los norteamericanos, porque no estaban acostumbrados a contemplar a Cristo sufriendo, quedaron perplejos; y se produjo el escándalo. De hecho, el Dios cotidiano de la nueva religión norteamericana es el que mejora la existencia material, amorosa, física. Y a menudo cura. La salud es una constante promesa en las iglesias norteamericanas; y algunas se fundaron principalmente en torno a la sanación de los cuerpos, como la Iglesia de Cristo Científico, fundada en 1875 por Mary Baker Eddy, o la Iglesia Adventista, constituida por Ellen White en 1863; esta última tuvo un discípulo célebre: John Kellogg, el que inventó los *corn-flakes*. El desayuno norteamericano, que pasó al plano internacional, es un implícito homenaje a la salud por medio de Cristo. En muchas iglesias bautistas —denominación central del protestantismo norteamericano— se combate la obesidad, esa enfermedad nacional, por medio de Jesús. "¡Jesucito, hazme perder tres kilos!". Q: "¡Gracias, Jesús, por haberme hecho bajar de peso!". La invocación es tan frecuente en los servicios bautistas que los pastores se apresuran por concluir con San Pablo: "El cuerpo es el templo del espíritu". Estas prácticas suscitan sarcasmo entre los europeos, pero los norteamericanos se muestran en general más tolerantes; admiten incluso que estos pastores puedan contar con ciertos poderes o conocimientos, y al menos se les reconoce una relativa eficacia.

Las iglesias como empresas

La nueva religión norteamericana es entonces una religión que funciona, particularmente para Estados Unidos. ¿Será que Dios es norteamericano? Son muchos los ciudadanos estadounidenses que así lo creen, pero sólo los mormones lo dicen abiertamente. Según su libro sagrado, el ángel Moroni le habría revelado en 1827 a Joseph Smith, su profeta, que Jesús, entre la Resurrección y la Ascensión, predicó la buena nueva a los indios en América. Esos cuarenta días de los que los Evangelios no dicen nada inflaman la imaginación religiosa de los pastores al otro lado del Atlántico. Sin unirse, no obstante, a los mormones, la única religión completamente norteamericana, en todas las denominaciones, y en distintos grados, los fieles ven a Estados Unidos como una tierra prometida, o más bien *la* Tierra Prometida. Los propios judíos deben repartir su pasión por Estados Unidos y su fidelidad a Israel; si bien Israel permanece insuperable, los Estados Unidos son más que una tierra de exilio —sin dudas un fragmento de la elección divina—.

A estas prácticas convergentes de la religión norteamericana corresponde un modo de organización común a todas ellas, la iglesia como empresa: el buen pastor sabe cómo recaudar fondos para crecer. En 1925, el publicitario Bruce Barton publicó una obra que se convirtió en best seller durante años, *El hombre que nadie conoce,* una biografía de Cristo que lo presenta como "sagaz organizador que reclutó doce hombres de los bajos fondos de la sociedad y los transformó en una fuerza de venta que conquistó el mundo". La publicidad y las Iglesias siempre estuvieron aliadas: en el siglo XIX, los pastores distribuían volantes para reclutar fieles; en el siglo XX, antes de que lo hicieran los comerciantes, los lugares de culto utilizaron luces de neón; desde los inicios de la radio, los pastores se sirvieron de ella para difundir sus sermones e hicieron lo propio a partir de la década de 1950, con la irrupción de la televisión.

En el muy competitivo mercado de las religiones, ¿no es el crecimiento de los recursos y de los fieles una prueba del favor divino? Los fieles así lo creen, y los pastores honestos están convencidos de ello. Nadie espera que vivan en la pobreza, porque esto sería percibido como prueba de fracaso más que de santidad. A menudo, frente a las iglesias norteamericanas, un auto de lujo ocupa el lugar del estacionamiento reservado al pastor; si Dios se ha portado bien con él, ¿no hará lo mismo con su rebaño?

¿Y los charlatanes? Si son frecuentes, ¿cómo reconocerlos? En última instancia, es el fisco quien legitima una Iglesia en Estados Unidos. Desde el momento en que una empresa religiosa satisface criterios objetivos que le hacen valer la exención fiscal, se convierte en Iglesia; no existe el concepto de secta, porque de lo contrario toda Iglesia norteamericana sería una secta. Nadie podría ser acusado de herejía desde el momento en que la Constitución garantiza el derecho a pensar todo, a creer en todo y a expresarlo todo. Esta tolerancia vale obviamente para los musulmanes, puesto que el número de ellos crece con la inmigración india y árabe; cuando en 2004 un director de escuela de Muskogee, en Oklahoma, le prohibió a una niña de once años usar el velo islámico, un juez federal impugnó esa prohibición en nombre de la libertad religiosa y obligó a que se indemnizara a la familia de la niña en compensación por los perjuicios ocasionados: una situación opuesta a la que ocurre en Francia, donde el laicismo es el principio que está por encima de cualquier expresión religiosa que parecería disidente.

Si la religión permite expresar todo, sin embargo no autoriza a hacerlo todo; los mormones tienen derecho a creer que Dios ordena la poligamia, pero no tienen derecho a practicarla. En los hechos, no es siempre tan simple; lo que consolida verdaderamente una religión, en Estados Unidos, es el tiempo y el éxito. Esto vale para la iglesia de la cientología, religión en Estados Unidos pero secta en Europa. La acusación de sectarismo no está bien vista en Estados Unidos, porque, según la ideología norteamericana y su Constitución, no corresponde que las autoridades políticas pronuncien juicios de valor. La acusación despierta además malos recuerdos y todo lo que separa a Estados Unidos de Europa: fue justamente para huir de la acusación de sectarismo que los peregrinos ingleses (*Pilgrim Fathers*) se refugiaron en Norteamérica. Éste es el fundamento de la sociedad norteamericana, aun cuando sea tenue la relación entre lo que eran antaño las sectas puritanas y lo que hoy pasó a convertirse en la nueva religión norteamericana.

La Iglesia Católica en problemas

Enfrentada a la nueva religión norteamericana, la Iglesia Católica se encuentra fuera de escuadra. Por cierto, luego de haber sido objeto de una verdadera persecución en el siglo XIX, hoy es aceptada; en 1928, el primer candidato católico a una elección presidencial, el demócrata Alfred Smith, perdió en gran medida por motivos religiosos; en 1960, uno se preguntaba si John Kennedy iría o no a ser elegido presidente de los Estados Unidos, como si fuese puesto en duda su patriotismo. Hoy en día nadie sería objeto de tales sospechas, y apenas si se menciona el catolicismo del candidato John Kerry; sus orígenes judíos, la conversión de su abuelo y el cambio de apellido de Kohn a Kerry no suscitan ninguna controversia. Es el trayecto ordinario del buen norteamericano; sólo basta con que Kerry exprese su fe en Dios, sin ninguna otra precisión.

Sin embargo, la Iglesia Católica sigue siendo la única organización monárquica que subsiste en el interior de la democrática sociedad norteamericana; su liturgia dogmática violenta las costumbres de los protestantes, que rechazan que se les diga qué deben pensar. La decadencia es notoria: las únicas iglesias que, por falta de fieles, cierran sus puertas en Estados Unidos son las católicas; el obispo de Newark, New Jersey, tuvo que justificarse en la primavera de 2004 diciendo que las estaban "reestructurando", como si fueran empresas. Pero la Iglesia Católica parece adaptarse; no permanece indiferente a la norteamericanización religiosa. Los hispanos, que se han vuelto mayoría muy por delante de los irlandeses, los italianos o los polacos de origen, contribuyen a esta convergencia con la nueva religión norteamericana; sus prácticas están más próximas a las de los pentecostales que a las del Vaticano. Muchos hispanos distribuyen su tiempo entre el templo pentecostal del barrio, los domingos a la mañana, y la iglesia, que reservan para ocasiones más solemnes.

Por otra parte, una aproximación sincrética entre el catolicismo y la nueva religión norteamericana se dio en los años setenta por iniciativa de unos estudiantes de la Universidad de Notre-Dame, en Indiana, que se conoció bajo el nombre de "movimiento carismático". Estableció un vínculo entre el entusiasmo pentecostal y las exigencias romanas; los grupos de oración carismáticos comparten el entusiasmo de los bautistas y de los pentecostales, y reconocen a la vez la autoridad del Vaticano. El Papa está satisfecho ante esta lealtad, que no disimula del todo la deriva del catolicismo hacia esta nueva religión norteamericana.

Los orígenes de la nueva religión norteamericana

La nueva religión norteamericana es menos una herencia puritana que una creación democrática. A fines del siglo XVIII, cuando se fundó la república, no más de un diez por ciento de los nuevos norteamericanos frecuentaban con regularidad los oficios religiosos. Las sectas de los puritanos de Nueva Inglaterra ya no tenían mucho éxito, y sus nombres hoy ya casi han desaparecido. En el centro de Nueva York, en Manhattan, resiste todavía una de aquellas viejas iglesias, llamada unitaria y universalista, y cuya genealogía se remonta al siglo XVII. Nunca se llena, salvo el día en que se bendicen animalitos domésticos, que son legión en este elegante barrio; el servicio lo dirige una pastora negra, un rabino muy liberal y un monje budista que disimula sus orígenes neoyorquinos con un vestuario tibetano.

En la época de la independencia, la desilusión religiosa había ganado tanto el Sur católico como el Norte protestante. George Washington concurría muy pocas veces a una iglesia anglicana, mientras que Thomas Jefferson era deísta, a la moda de Voltaire y de la época. Cuando Washington juró en 1789, solicitó la "ayuda de Dios", sin precisar de qué Dios se trataba, si el de Voltaire o el de los cristianos. El pueblo, al parecer, se había alejado de las Iglesias institucionales porque estaban aliadas al poder británico; también en Estados Unidos la alianza del altar y el poder terminó siendo fatal para el primero. Lo notable fue la resurrección de la religión luego de la independencia, seguramente porque los fundadores de la República, al separar el Estado de las iglesias, habían reabierto las puertas de la imaginación espiritual. En esta época se constituye la nueva religión norteamericana que, desde hace dos siglos, viene a unir tres grandes tradiciones: la inglesa, la negra y la hispánica.

Gran Bretaña exportó a Norteamérica a los más exaltados de entre sus predicadores; llegados al Nuevo Mundo, estos locos por Dios dieron curso libre a su desmesura. Fue un inglés, George Whitefield, quien introdujo en Norteamérica el sermón exaltado y extenso; recurrió deliberadamente a las técnicas del teatro barroco de su época, un arte que provocaba, en escena y en el púlpito, emociones intensas en los fieles, histerias colectivas y conversiones instantáneas. Atrajo copiosas muchedumbres y tuvo que dejar las iglesias para armar su púlpito en las calles y en los campos; en nombre de Cristo había creado un nuevo género y ganó discípulos.

Luego de la independencia, a la manera de Whitefield, pastores ambulantes comenzaron a recorrer las nuevas colonias, a realizar enormes reuniones y a convertir a las masas; a eso se le llamó *revivals*. El más famoso tuvo lugar en Cane Ridge, Kentucky, en 1801; al parecer toda la población del estado se reunió allí durante varias semanas, en una especie de orgía divina, bajo la dirección de cientos de pastores inspirados. Iba a ser necesario aguardar los conciertos de Woodstock, en 1969, para encontrar una reunión similar en número y en entusiasmo. En nuestra época, todos los domingos se reproducen escenas comparables, a una escala más modesta pero siguiendo la misma liturgia, particularmente en las iglesias evangélicas y pentecostales.

Michael Beckwith, desde su estudio en Culver City, es el heredero de esta tradición barroca que no reconoce distinción entre teatro y culto. Este predicador de Los Ángeles practica e incluye, por eso mismo, otra tradición, igualmente esencial dentro de la nueva religión norteamericana: la liturgia negra. Ésta es cristiana, pero la danza, los cantos y los aplausos son de origen africano. Los pastores negros no se cansan, por otra parte, de ironizar acerca de sus homólogos blancos, quienes quieren competir con los *gospels* que ayer nomás ellos mismos juzgaban paganos; a veces existe en Nueva York una iglesia bautista negra cuyo pastor es blanco, pero sólo luego de que la comunidad haya reconocido que ese blanco canta tan bien como un negro.

La tercera herencia, aunque seguramente no la última: los latinos. Fue en Los Ángeles, en 1906, donde se produjo el encuentro entre un pastor negro, William Seymour, y una comunidad mexicana; se dio paso así al nacimiento de una de las iglesias más florecientes de Estados Unidos, el pentecostalismo; como su nombre lo indica, el culto está basado en la iluminación interior del fiel por parte del Espíritu Santo, que se adueña de él. Durante los encuentros, los fieles caen de espaldas, son poseídos por el Espíritu Santo, y hablan en lenguas desconocidas por ellos —como el chino o el hebreo—. La práctica tiene su origen prestigioso en San Pablo, pero esta forma de éxtasis surge de un fondo religioso indio, previo a la conquista europea.

El éxito del pentecostalismo no se debe sólo a poderes mágicos; funciona también como factor de integración a la sociedad norteamericana. Las iglesias pentecostales son especialmente acogedoras con los inmigrantes; no imponen nada, ni liturgias ni jerarquías. Su propia denominación tranquiliza; generalmente, se llaman "Asambleas de Dios" y ocupan edificios modestos. El recién llegado vive allí una experiencia a la vez espiritual y democrática; inmediatamente, cualquiera sea su origen, sin importar sus hábitos singulares, se convierte en participante. Estas iglesias hacen hincapié en el éxito económico y la ética del trabajo, familiarizando al inmigrante con el mundo del capitalismo; sus nuevos adeptos pasan a ser pronto buenos ciudadanos norteamericanos.

A estas tres fuentes —barroca, africana e india— de la nueva religión norteamericana se añadirán otras a medida que la nación se vaya diversificando; basta pensar en las muy recientes contribuciones asiáticas. Y es que las religiones chinas no contradicen a esta nueva religión norteamericana; privilegian lo inmediato y se preocupan bien poco por la metafísica. Lo mismo sucede con la religión popular hindú que apela a dioses si es necesario y crea unos nuevos si también es necesario. ¿Y el Islam? Se trata de un desafío nuevo; pero los norteamericanos, a diferencia de muchísimos europeos, no emiten juicio sobre aquello en lo que se cree, sino acerca de lo que se hace. Mientras que los musulmanes se comporten como buenos norteamericanos, nadie irá a juzgarlos por lo que creen. Además, la mayoría de los nuevos musulmanes no provienen del mundo árabe, sino de India, donde prevalece un islam sufista místico, cuya práctica está más cerca del pentecostalismo que de la intransigencia wahhabita. Es probable que la nueva religión norteamericana, en vez de desestabilizarse por estas nuevas olas, gane en eficacia y en ecumenismo.

¿Y dónde se ve sino en Nueva York que se celebren oficios judíos en una catedral católica mientras están haciendo reparaciones en la sinagoga? La tolerancia impresionante que reina en Estados Unidos entre todos los cultos es una gran virtud norteamericana, que se destaca muy poco en Europa, donde se prefiere ser antinorteamericano con tal de no tener que estudiar un tema. Esta tolerancia es reciente: se trata de una herencia de la revolución liberal de los años sesenta, a la que afortunadamente se aliaron los conservadores. Entre ellos, los protestantes, en un tiempo anticatólicos y antisemitas, se sometieron a un examen de conciencia, hicieron acto de contrición y renunciaron a la guerra de religión que tantas veces desgarró al país.

Concluyamos sobre este punto: la guerra entre aquellas dos culturas que divide a la nación norteamericana no es de ningún modo una guerra de religiones.

La resistencia judía a la nueva religión norteamericana

Nunca durante toda su historia los judíos fueron tan numerosos, prósperos, o gozaron de tanta seguridad como en Estados

Unidos. ¿Será ésta la Tierra Prometida? Para los judíos, así parece. Cuando finalizó la larga batalla en contra del antisemitismo por parte de la burguesía protestante, las últimas barreras discriminatorias cayeron por fin en la década de 1960; los judíos pueden finalmente vivir donde quieran, elegir libremente su universidad y su club. La mayoría son ricos, influyentes, disponen de escuelas privadas y centros culturales. Y si aún se manifiesta, el antisemitismo es marginal, sin que implique peligro para los judíos. La influencia de los judíos, en particular en las industrias culturales, es desproporcionada a su número —el uno por ciento de la población— y a menudo se percibe a esta comunidad en el resto del mundo como un grupo de presión que determina la política exterior del país; la sospecha es excesiva, pero los lobbistas judíos no la desmienten. "Por supuesto, existe un grupo de presión judío en los Estados Unidos", admiten de buen grado los dirigentes de las fundaciones sionistas de Nueva York y Los Ángeles, cuya misión es influir en el gobierno norteamericano. Pero un lobby en Estados Unidos no es una infamia sino un ingrediente que contribuye a la vitalidad democrática de la nación.

¿Feliz como judío en Norteamérica? No del todo. Muchos judíos tienen miedo a desaparecer como tales. Para una tercera parte, el riesgo de diluirse en la sociedad norteamericana es indiferente: ya asimilados, el judaísmo permanece para ellos como un recuerdo de familia que se les transmitirá o no a los hijos que han tenido de matrimonios con no judíos. Como escribió Irving Kristol, los judíos se veían en peligro de desaparecer porque los cristianos querían exterminarlos; ahora desaparecen porque los cristianos quieren casarse con ellos. El amor se revela más eficaz que el odio.

Otro tercio de los judíos entró en la resistencia contra la tolerancia norteamericana y su religiosidad sintética. Estos ortodoxos viven en Norteamérica, pero viven al horario judío; su vida diaria está organizada en torno a las leyes talmúdicas. Les parece que al vivir retirados del mundo norteamericano, por más que vivan en él, evitarán desaparecer en tanto judíos, y que quedarán así como judíos hasta el fin. Tienen numerosos hijos como garantía de perpetuidad para este movimiento. La sociedad norteamericana en su conjunto se adapta a esta disidencia, al igual que tolera casi todos los comportamientos. ¿Y los otros judíos? Si oímos a estos ortodoxos, hay que pensar que se hicieron protestantes...

Los judíos norteamericanos que no se han asimilado ni son ortodoxos constituyen el tercer tercio, ¿no se han vuelto efectivamente protestantes, por más que se digan judíos? Ellos prefieren definirse como reformados. A imagen y semejanza de sus antecesores, los judíos reformistas de la Alemania del siglo XIX, le conceden a la sociedad norteamericana las formas exteriores de la religión. La liturgia es en inglés, como antes fue en alemán. Concesiones a la sociedad moderna: los reformistas aceptan mujeres rabinos, el matrimonio mixto, el aborto, la unión homosexual. Rechazan la mayor parte de las prohibiciones talmúdicas, alimentarias o sabáticas; reconocen como judío a todo niño de padre judío, y no solamente de origen matrilineal; restablecieron la práctica de la conversión al judaísmo, que antaño existía, pero que había desaparecido en Europa durante el siglo XVI.

¿No es sino sacrificando estos arcaísmos que los reformistas seguirán siendo realmente judíos? Ciertamente, pero con la condición de conservar el "núcleo duro" de la revelación: los judíos como pueblo elegido, solidario y sometido a la Ley. Sin embargo, los judíos reformistas, luego de abandonar las formas, ¿están en condiciones de salvar el fondo del judaísmo y resistir a las seducciones de la nueva religión norteamericana? Una y otra cosa parecen, en principio, radicalmente opuestas; la religión norteamericana es individualizante, vivencial, Dios en uno mismo; el judaísmo, por el contrario, es un mensaje colectivo dirigido a una nación, no a un individuo. El judaísmo es revelado desde lo alto y no vivido desde abajo ni desde la interioridad. Pero, en el seno de las comunidades reformistas, los judíos se revelan cada vez más a la búsqueda de un Dios personal y terapeuta. ¿Es fundada la crítica de los reformistas por parte de los ortodoxos? Sin el estricto respeto a sus códigos y prohibiciones, ¿se volverá el pueblo judío necesariamente cismático? Afortunadamente, queda Israel, que reconcilia.

El Estado hebreo une a todos los judíos norteamericanos, sean ortodoxos, amnésicos o reformistas. Hubo un tiempo en que los ortodoxos rechazaron la legitimidad de Israel y la izquierda judía era pacifista, e incluso propalestina; pero, desde que los judíos norteamericanos consideran que la existencia de ese Estado se ve amenazada por el mundo árabe, aquellas divisiones desaparecieron; prevalece el apoyo, cualquiera sea la política efectuada por el gobierno de turno.

En su apoyo a Israel, los judíos cuentan con los evangelistas protestantes, que son aun más incondicionales. ¿Se trata del verdadero grupo de presión sionista? Hablamos sobre todo del movimiento evangelista: sesenta millones de miembros, diez veces más que los judíos. Estos protestantes que, en el pasado, fueron brutalmente antisemitas, son de una fidelidad absoluta luego de la creación del Estado de Israel. Este compromiso, independiente del conflicto con el Islam, participa de la pasión de los evangelistas por el pueblo hebreo, con el que se identifican totalmente; en sus sermones, los pastores bautistas reescriben de buena gana la historia de Estados Unidos en tanto historia judía. ¿No fueron los pioneros como unos hebreos en el exilio en búsqueda de una nueva Sión? ¿No los guiaba el Antiguo Testamento? Y la nación norteamericana, ¿no es "judía" en la medida en que es portadora de un mensaje universal, la democracia? Esta identificación entre Estados Unidos e Israel es tan fuerte para la mayoría de los norteamericanos como que Israel es una democracia; esta cualidad deja a los europeos más bien indiferentes, mientras que para los norteamericanos se trata de un valor tan espiritual como político que no admite discusión. Por otra parte, se puede observar que la hostilidad a Israel en Europa se confunde a menudo con antinorteamericanismo, una confusión que se explica menos por la diplomacia norteamericana que por lo que es Estados Unidos y por lo que es Israel.

Además de la defensa de Israel, la amenaza —real o imaginada— del antisemitismo contribuye mucho a la unidad entre aquellos tres universos judíos. A veces ocurre que las organizaciones sionistas exageran unos rebrotes de antisemitismo en

Europa: ¿es esto deliberado o inconsciente? La amenaza imaginada hace que los judíos norteamericanos cierren filas.

Por último, los judíos norteamericanos se ven unidos por el recuerdo del Holocausto; éste integra la memoria colectiva norteamericana mucho más que la europea. El museo más grande del Holocausto está en Washington; apelando a su mismo modelo, otras ciudades norteamericanas abrieron uno propio, como símbolo de aquello que en los Estados Unidos, y bajo cualquier circunstancia, se debe sentir la obligación de rechazar.

¿Bastarán Israel, el antisemitismo y el Holocausto para salvar a los judíos de la asimilación a la nueva religión norteamericana, para frenar la metamorfosis de Jehová en un terapeuta personal? A esta pregunta sobre lo que quiere decir ser judío y norteamericano, los judíos, por una vez, no tienen una respuesta.

El imperio mundial de la religión norteamericana

Houston, Texas. David Self, pastor de la Primera Iglesia Bautista, me explica lo difícil que le resulta, cuando va al norte de Estados Unidos, encontrar un lugar de culto adecuado para rezar. Su iglesia tiene en Texas un papel comparable al de la Iglesia Católica romana en Italia, dominante y cuasi oficial; es blanca, autoritaria, y deja a sus fieles muy poco margen de interpretación. Aquí nadie entra en trance; la música y los cantos están prohibidos. ¿Es entonces una Iglesia fundamentalista? David Self rechaza el término; estima que los bautistas del Sur pertenecen a un justo medio. En relación con la teoría de la evolución, que marca el punto divisorio entre fundamentalistas y liberales, no rechaza en bloque al darwinismo, pero querría que éste fuera enseñado junto al creacionismo bíblico. En cambio, con la homosexualidad no transige nada, y tampoco con el aborto. Ya se ha hablado de la "guerra de las culturas" que parte en dos a los Estados Unidos; fomentado por pastores, sacerdotes y rabinos, este conflicto ve pasar su línea de batalla por los tres términos ya mencionados: evolución, aborto, homosexualidad.

Promueven la movilización de los fieles y el incremento de

los fondos para la causa. Porque la Iglesia bautista del Sureste es una potencia económica, y está librando una cruzada. ¿Qué pasa en el norte de los Estados Unidos? Los "yanquis", dice David Self, son unos paganos irrecuperables. A principios de 2004, envió una misión a Manhattan para apuntalar la fe en los ambientes de los medios de comunicación y de las artes; jóvenes bautistas venidos desde el Sur distribuyeron en la calle, a la salida de las oficinas, barritas de cereales con la dirección de un sitio Web que acepta conversiones y plegarias *on line*. ¡Ay!, el método, que había sido experimentado con éxito en Bielorrusia, fue un fracaso total en Nueva York.

Queda el vasto mundo. Las misiones parten desde Houston hacia Europa central, Rusia, Corea, América latina. Self volvió de Lituania, hasta hace poco católica; le parece pronta a capitular al dominio bautista. ¿Herejía en Nueva York, verdad en Vilna? Los bautistas no están solos en eso de convertir al mundo a la religión norteamericana. Los pentecostales y los mormones cuentan con éxitos comparables en las ex naciones comunistas y en África. En América latina, las iglesias evangélicas van sustituyendo a las católicas. La liturgia entusiasta de estos protestantes sureños seduce a muchedumbres, y lo hace mucho mejor que el catolicismo post-Vaticano II. Probablemente, también fascinan los Estados Unidos; los pastores norteamericanos disponen de fondos financieros considerables. A veces compran conversiones, pero de modo más simple, ellos encarnan la imagen de la felicidad norteamericana a la que aspiran los pueblos pobres. ¿Y volviéndonos bautistas en Guatemala o Lituania, no nos hacemos un poquito norteamericanos?

Así que la religión que más rápido progresa en el mundo no tiene una denominación bien definida, pero es norteamericana. Se dice cristiana; es refrendada por seiscientos mil pastores evangelistas, pentecostales, carismáticos o mormones; gana continentes enteros. Esta nueva religión expulsa a la Iglesia Católica de América latina, avanza sobre el Islam en África negra y en Bangladesh, hace retroceder al confucianismo en Corea, al budismo en China, penetra en la India, conquista o reconquista Rusia y Europa occidental. Estos misioneros de la nueva reli-

116

gión norteamericana, que no siempre son norteamericanos, sino a menudo reclutados en el terreno, ¿son parte del imperio norteamericano? Aunque ellos se defiendan, su celo religioso muy a menudo es patriótico; en los países reputados difíciles para Estados Unidos, ellos van a la vanguardia y a menudo son... espías. Mientras que se habla tanto del Islam en expansión y tan poco de las iglesias norteamericanas, la evangelización entusiasta le saca ventaja a todas las otras creencias.

5. TOLERANCIA CERO

◆

¿Qué edad puede tener Jacinto? Él dice no saber, que nunca supo. Postrado en su silla, empequeñecido aun más al lado del corpachón de su abogado, intenta volverse invisible.

Desde el estrado, al otro lado de la sala de audiencias, donde están ubicados en filas, los miembros del jurado estiran el cuello para ver su rostro. La madre del acusado, asistida por un intérprete, asegura que tiene dieciséis años; como no existe registro civil en el pueblo de El Salvador que abandonó para inmigrar a Texas, no puede probar nada.

"¿Sabe por qué su hijo está aquí?" le pregunta el juez. Sí lo sabe. "¿Sabe qué pena corre el riesgo de que le impongan?". *Sí,* está al tanto: pena de muerte. Por eso miente sobre la edad que tiene Jacinto, y que él mismo olvidó. Si no hubiera tenido más de dieciséis años esa noche que asaltó un almacén en Houston y asesinó al cajero vietnamita, hoy no correría el riesgo de pena de muerte, sino sólo de prisión perpetua. Desgraciadamente para la defensa, el fiscal del Estado cuenta con una prueba aplastante: mucho tiempo antes del crimen, la familia de Jacinto filmó la fiesta de su cumpleaños decimoséptimo; la prueba se proyecta en la misma audiencia.

Estamos en el piso quince de una torre que comparten la policía y los tribunales del condado de Hobby, en Houston; pero, como si los texanos sintieran nostalgia de una historia antigua que nunca vivieron, el tribunal reconstruye el modelo británico de los orígenes. No faltan ni los candelabros de bronce ni los sillones de cuero verde. Con aire acondicionado además: porque, ¿qué sería de Texas sin el aire acondicionado? Houston

119

seguiría siendo pobre y poco poblado, como lo fue hasta los años sesenta; nunca se destaca lo suficiente todo lo que el Sur le debe al aire acondicionado.

La sala de audiencias, calma, casi lujosa, irradia esa comodidad que es común en todos los lugares públicos norteamericanos; las voces son amortiguadas por los revestimientos, los pasos se hunden en las alfombras. Los miembros del jurado controlan sus expresiones, pero se adivina que están convencidos de los argumentos de la acusación: el jurado no es a priori hostil a la pena capital. Cuando fueron elegidos por el fiscal y los abogados, se les preguntó expresamente a cada uno si estaban dispuestos a aplicar la ley de Texas. Pues ésta incluye la pena capital. Se alejó a quienes vacilaron; los que quedaron no tienen reparos.

La audiencia es pública, pero el tema no atrajo a la prensa local. ¿Un latino asesinó a un asiático? Este tipo de crimen es común en Houston, donde todas las comunidades del planeta confluyen en la búsqueda de un empleo, una *green card*, una nueva vida; los asiáticos, que a menudo trabajan en vigilancia nocturna, están sobrerrepresentados entre las víctimas de asaltos. Como todas las grandes aglomeraciones norteamericanas, Houston es un enjambre de enclaves que se yuxtaponen pero no se comunican entre sí, cada uno caracterizado por una dominante étnica o de clase, ambas confundiéndose a menudo. Abandonan su enclave para ir a trabajar, pero fuera de los lugares de trabajo, las comunidades apenas se conocen. Las minorías compiten entre sí, muchas veces enfrentadas en torno al tráfico de drogas, cuando los territorios de una y otra se superponen. Los policías son como guardias fronterizos; los blancos (o "anglos", como se dice en Houston), temerosos desde que se convirtieron en minoría, esperan que los policías se comporten con el más extremo rigor. La Norteamérica blanca se va adaptando a las vastísimas minorías de nuevos inmigrantes, aunque las prefiere a sus puertas más que en el centro, y con la condición de que no infrinjan las leyes ni las fronteras urbanas, que son invisibles pero bien conocidas por todos.

El restablecimiento de la pena de muerte: un enigma norteamericano

¿Por obra de qué peripecia se restauró la pena de muerte en Estados Unidos, precisamente en momentos en que desaparecía de Europa? Antes de los años ochenta, los norteamericanos se mostraban más abolicionistas que los Europeos, y ciertamente bastante más que los propios franceses; la pena de muerte fue suprimida en Francia en 1981, pero desde 1846 estaba prohibida en Michigan, cuyo ejemplo fue seguido después por tantos otros estados del norte y este del país. En 1965, había prácticamente desaparecido de todo Estados Unidos: o había sido suprimida por los estados, o ya no era aplicada. Al principio de los años setenta, la Corte Suprema le agregó tantas condicionantes que su extinción parecía irreversible. Esta moratoria duró hasta 1976; ese mismo año, por un golpe de efecto judicial, la Corte Suprema concluyó que después de todo la pena de muerte es constitucional siempre y cuando sea aplicada con discernimiento. Fue restablecida en treinta y ocho de los cincuenta estados, aunque rara vez aplicada; en 2004, cerca de tres mil presos aguardan la muerte, en tanto que unos cien son ejecutados cada año.

Este renacimiento de la pena de muerte, en momentos en que desaparece en el resto de Occidente, ¿fue provocado por un recrudecimiento del crimen? Este aumento de la criminalidad se produjo en el conjunto de las sociedades occidentales sin provocar, sin embargo, el resurgimiento de la pena capital. Que haya vuelto a entrar en vigor en Estados Unidos sólo puede explicarse por una causa ideológica: la revolución conservadora de los años ochenta. Celebratoria del individuo en contra de la sociedad, esta ideología opone la responsabilidad personal a toda forma de expiación y explicación colectiva; al excluir aquellas circunstancias atenuantes de carácter social, la pena de muerte considera que el culpable es absolutamente responsable de sus actos. Esta revolución conservadora es, por otro lado, favorable al derecho de los estados en contra del gobierno central; reafirmando el control estadual de la pena capital en los crímenes no federales (es decir, en el noventa y nueve por ciento de las condenas), los estados dan prueba de su soberanía en el modo más extremo posible: disponiendo del derecho a la vida o la muerte de sus ciudadanos, sin interferencia del poder central. Sin embargo el poder central aplica también la pena de muerte si se ve amenazado; cuando, en 2001, Timothy McVeigh fue condenado por la explosión de un edificio federal en Oklahoma City que mató a doscientas personas, nadie protestó. Y luego de los atentados del 11 de septiembre de 2001, son muy pocos quienes en Estados Unidos impugnan la pena capital aplicada a este tipo de crímenes contra la nación. La revolución conservadora también ha modificado la motivación profunda que justifica aplicar la pena de muerte. Sus partidarios la recomiendan no tanto en nombre de su eficacia para combatir el delito, lo cual es difícil de demostrar, sino como una suerte de compensación psicológica para las familias de las víctimas que podrán presenciar la ejecución, y recibirán una reparación privativa de los perjuicios que les fueron infligidos por el culpable.

Este enfoque ideológico explica por qué el resurgimiento de la pena de muerte se ha localizado sobre todo en el Sur de los Estados Unidos, donde el conservadurismo es más intenso, y la autonomía de los estados y el individualismo de sus ciudadanos, más pronunciados. En el Sur también se ha perpetuado la tradición de hacer justicia por mano propia antes que acudir a unas autoridades de las que se desconfía. De los estados que retornaron a las ejecuciones en 2003, ocho son del Sur. Texas, con cincuenta condenas y treinta ejecuciones anuales, se convirtió en el campeón de la pena capital; el condado de Hobby, en Houston, domina en esta macabra competencia. ¿El texano es especialmente sanguinario? En la condena universal en contra de este estado, muy pocas veces se tiene en cuenta que en el condado de Hobby es también donde se cometen más crímenes; si se relaciona el número de condenas con el número de crímenes, Texas no supera el promedio nacional de condenas. Lo que la distingue en realidad es la tasa de ejecución de las penas: en Oklahoma y Nevada, las condenas son más frecuentes que en Texas, pero en ninguna parte salvo en Texas las condenas son ejecutadas tan sistemáticamente.

El verdugo es el pueblo

En Texas, que es a la vez un Estado tipo y una cultura especial, todos desempeñan su papel con una escenografía y un vestuario que no se sabe si están inspirados en el cine o es al revés. Un cineasta que busque a un fiscal texano puede darse por satisfecho con Chuck, que lo interpretaría en las pantallas tan bien como lo hace en la vida real. Chuck Rosenthal acaba de ser reelegido por cuatro años. Ninguno de los colegas que compitieron con él por el puesto de fiscal en el condado de Hobby era contrario a la pena capital, pero de la personalidad de Chuck —que parece un doble de Clint Eastwood— emana una confianza tal en sí mismo y en el castigo supremo, una ausencia de remordimientos, que le valieron un grado de popularidad sin parangón; escuchándolo parecería que ejecutar la pena capital es algo casi natural.

Quienes lo eligieron confiaron a Chuck también los medios de su política. Pedir la pena de muerte para Jacinto, nos explica, le cuesta caro al condado: dos millones de dólares más que la prisión perpetua. La diferencia radica en los procedimientos de apelación, más largos para una pena de muerte y que exigen abogados más onerosos; el menor error procesal conlleva el riesgo de una anulación. Es por eso que el condado de Hobby cuenta con los medios para convertirse en la capital norteamericana de la pena de muerte; si Jacinto hubiera cometido el delito en Galveston, por ejemplo, en lugar de Houston, el fiscal de Galveston, falto de recursos, habría pedido cadena perpetua. Los electores de Chuck esperan que esté a la altura de su propia reputación; están agradecidos porque conserva el récord de penas capitales solicitadas, aprobadas y ejecutadas. Estos tres términos son importantes: la obtención del récord exige esta perfecta asociación.

En el inicio de todo juicio, el primer papel corresponde al juez; debe rendir cuentas: no a su conciencia sino a sus electores. Debe probar que es *"tough on crime"* (duro con los criminales). Para evitar cualquier error, se tomará su tiempo; necesitará varias sesiones para hacerle admitir a la madre y al jurado que

Jacinto tenía la edad necesaria en el momento del crimen para recibir el castigo supremo; sobre todo, no hay ninguna prisa para arribar a un resultado que todos descuentan. La pena de muerte, para los electores, es el signo que prueba su firmeza; cuando se realiza una consulta, la opinión pública norteamericana en su conjunto, en un ochenta por ciento, se pronuncia a su favor. Estas cifras no son privativas de Estados Unidos; los resultados son bastante comparables a los de las naciones europeas en donde se ha suprimido la pena capital. Si perdura en Texas, no es tanto porque el pueblo sea sanguinario sino porque la opinión pública domina a los políticos: aquí reside la verdadera diferencia entre Estados Unidos y Europa. Allá, la opinión reina; esta dictadura de las mayorías deja poca autonomía a quienes fueron elegidos, sean parlamentarios o magistrados. Las instituciones políticas norteamericanas fueron concebidas para sujetar con una correa a cada uno de los que pueden ejercer hasta la más mínima parcela de autoridad; la ley los somete al sufragio universal, con mandatos breves, bajo la mirada inquisidora de los medios de comunicación. Al contrario de lo que sucede en Europa, especialmente en Francia, el Estado norteamericano no tiene estos temas bajo tutela; son los electores quienes supervisan la burocracia. Todo aquel que cumple una función política es sospechoso: si se aislara de la voluntad manifiesta de sus electores o cayera en abuso de poder, vería destrozada su carrera.

En Europa, las élites políticas, los intelectuales y los religiosos combatieron por la abolición de la pena de muerte; consideraron como un deber promover el progreso de la sociedad, y protegerla de la justicia popular y sus perennes ansias de linchamiento. Pero este elitismo europeo, que es herencia histórica de una aristocracia ilustrada, se percibe en Estados Unidos como antidemocrático, y por lo tanto repudiable. Del mismo modo, aquello que subsiste en Europa de la tradición monárquica explica que los jefes de Estado apliquen de buen grado su derecho al perdón, mientras que en los Estados Unidos tal gesto es algo excepcional. Gobernadores y después presidentes, ni Bill Clinton ni George W. Bush jamás firmaron un solo indulto de un condenado a muerte.

John Kerry, que nunca fue gobernador, asegura que es personalmente enemigo de la pena capital, pero no se opone a que la apliquen los estados. ¿Actúan todos por móviles electorales o por convicción? Saben bien que conceder el perdón es visto como algo poco democrático. No es que no existan las élites norteamericanas, pero nunca se asumen como tales. No imponen su visión del mundo ni su moral —en Texas, muchos menos que en cualquier otra parte—; las élites europeas no aman a los texanos, pero éstos les responden con todo su desamor.

Cómo gobiernan los lobbies

¿Pero qué compone la opinión pública? En una nación norteamericana sin ilusiones, se piensa que la democracia es el resultado de una lucha por la influencia entre movimientos de pensamiento o intereses organizados, más que algo trascendente a los grupos particulares; el concepto de interés general deja dubitativos a los norteamericanos. La existencia de los lobbies no está considerada como un ataque a la democracia, sino como uno de sus ingredientes habituales. Si uno se dirige al Congreso, se cruzará en los pasillos con lobbistas que informan y asedian a los miembros elegidos; se les exige por ley que se declaren como tales. ¿Por qué entonces escaparía la pena de muerte a este juego de intereses organizados?

En el juicio de Jacinto, los pocos espectadores presentes eran observadores que pertenecían a los lobbies en torno a la cuestión de la pena de muerte, los que estaban a favor y los que estaban en contra. A favor de la pena de muerte, Justice For All, un lobby que se presenta como movimiento en defensa de las víctimas, envió a Dudley Sharp como representante. Dudley es un joven militante de pelo largo, pero de traje y corbata: un código a la vez moderno y conservador. En un principio, explica Dudley Sharp, él mismo estaba de acuerdo con la abolición; luego de estudiar el tema, reexaminó su posición; desde entonces, profesa el ardor del neófito. En los meses que siguieron al juicio de Jacinto, Dudley, a quien cometí el error de darle mi dirección de correo electrónico, me abrumó con sus argumentos. Asegura que en un debate "racional" sobre la pena de muerte él va a triunfar siempre. Salvo que su adversario considere que la pena de muerte "está mal" —lo cual sería "un argumento que no es racional", añade Dudley. ¿Qué razones hay a favor de la pena de muerte? La gente está a favor, con una curva ascendente después de los atentados del 11 de septiembre de 2001. "¿Y usted está en contra?", me pregunta Dudley. "¿Le molesta la democracia?" En Estados Unidos, ese argumento es implacable. Dudley y su organización velan por que el pueblo no sea traicionado por las élites abolicionistas, "como ocurrió en Francia"; el término mismo de "élite" es temible, porque es sinónimo de antinorteamericano. Dudley recuerda que la pena de muerte figura en la Biblia; y eso es también un argumento "racional". Los estados que aplican la pena de muerte son por otra parte aquellos en donde el fundamentalismo religioso está más extendido: Death Belt (la zona de la Muerte) y Bible Belt (la zona de la Biblia) coinciden. Los adversarios liberales de la pena de muerte observan también que Death Belt y las regiones donde anteriormente se practicaba el linchamiento de negros en el siglo XIX también coinciden; ¿no es la pena capital un linchamiento legal? La comparación es tentadora, pero la desmienten las cifras; si se admite que los negros cometen un cincuenta y dos por ciento de los crímenes en Estados Unidos, no representan más que un cuarenta por ciento de los condenados a muerte. No es más susceptible de ser condenado un negro que un blanco; a veces es al contrario, porque la sospecha de racismo puede atormentar la conciencia de algún jurado.

¿La pena de muerte disuade de cometer crímenes? Este argumento es imposible de probar, y Dudley menciona sólo a los reincidentes: eliminar a los criminales de manera definitiva equivaldría a salvar a víctimas potenciales. "¿A cuántas víctimas —pregunta Dudley— está usted dispuesto a sacrificar en nombre de la abolición de la pena de muerte?". Los conservadores utilizan constantemente este tipo de argumento contundente para desestabilizar a los políticos y a los magistrados abolicionistas; pero es muy improbable que el criminal ejecutado sea aquel que hubiera cometido ulteriormente un crimen teóricamente posible. La experiencia norteamericana vendría a demostrar más bien que la pena de muerte no tiene carácter disuasivo: en aquellos estados que la suprimieron o en donde no se aplica, los crímenes no se dan ni más ni menos que en aquellos en donde sí se aplica y ejecuta.

¿Y las circunstancias atenuantes? Una maniobra, dice Dudley, "para engañar al jurado" y hacerles conmutar la pena de muerte en prisión perpetua. ¿Y la juventud? "Existen asesinos de dieciséis años más maduros que tipos de treinta y cinco". ¿Y la debilidad mental? Justice For All logró que el gobernador no la tenga en cuenta. La edad o la debilidad mental se le antojan a Dudley meras maniobras hipócritas para postergar indefinidamente una ejecución. El plazo de espera luego del juicio, antes de que se lleve a cabo la ejecución, es de veinte años en California. ¡Esos californianos son poco serios!, opina Dudley. En Texas, son ocho años. ¿No teme ejecutar a un inocente? "Desde hace cincuenta años, no se ha ejecutado un solo inocente en Texas", algo que admiten los propios abolicionistas. Los tribunales de Texas son severos, pero nadie discute su profesionalismo; como los magistrados cuentan con la pena de muerte, la aplican con precisión. La precisión también radica en la elección del método de ejecución, limpio y sin dolor. A partir de 1890, fue la silla eléctrica, de acuerdo con las técnicas que entonces se encontraban en pleno desarrollo. Thomas Edison, consultado en los años de la década de 1880 para construir aquella primera silla, sugirió recurrir a la corriente alterna producida por su competencia, George Westinghouse, más que a la corriente continua que él mismo producía. Desde que, en los años ochenta, entramos en la era de la biotecnología, la inyección de sustancias químicas ha sucedido naturalmente a la silla eléctrica.

Si el pueblo norteamericano está a favor de la pena de muerte y si se la considera justa, ¿por qué Dudley debe militar para su preservación y supervisar los juicios donde ella esté en juego? Es porque el enemigo está en la sala: una pequeña mujer rubia de unos cincuenta años, estricta, de aspecto modesto —Nancy, una abolicionista, una liberal—. Lo que quiere decir, según Dudley, una enemiga de Estados Unidos.

Nancy Bailey no se define como liberal. Ante todo, pertenece con cuerpo y alma a su Iglesia, la Iglesia Bautista de Texas. Aunque los Bautistas del Sur (*Southern baptists*) apoyan la pena de muerte y todas las causas conservadoras, los Bautistas de Texas son liberales; una división que se remonta a la guerra civil: unos tomaron partido por la Secesión, otros por el Norte y la abolición. Para los Bautistas del Sur, no existe peor enemigo que un Bautista del Norte: de una abolición a la otra, la guerra civil continúa. Fue Nancy quien convenció a su Iglesia no de apoyar la abolición, porque hubiera sido ir muy lejos, sino de exigir una moratoria en la aplicación de la pena de muerte. A la cabeza de la batalla abolicionista en Texas, se encuentra entonces una Iglesia más que un movimiento de reforma político o laico; sin embargo, en el siglo XIX también fueron las Iglesias las que lucharon en contra de la esclavitud, primero en Gran Bretaña, luego en Estados Unidos. Visto desde Europa, este fenómeno es difícil de entender; pero lo es también desde el norte de Estados Unidos, dónde los abolicionistas son por lo general liberales anticlericales.

A la hora del juicio de Jacinto, en Texas, doscientos condenados esperan su ejecución; Nancy consagra a ellos una atención constante, casi fanática. Estima que la mayoría de ellos cambió, de verdad, en prisión —con la ayuda de Dios, por supuesto—. Deplora que esta redención nunca sea tomada en cuenta por los defensores de la pena de muerte. ¿Pero quién en Estados Unidos escucha a Nancy? Muy pocas personas, como ella misma admite. El viento conservador sopla tan fuerte que es imposible reconocerles a los culpables los menores derechos. El escaso apoyo que le llega proviene de Europa, lo cual es contraproducente, sobre todo en Texas; Nancy lamenta que los militantes europeos de la abolición que firman petitorios no hagan más que ajustar cuentas con los Estados Unidos. Los abolicionistas que utilizan el argumento de la pena de muerte para denunciar todo lo que es norteamericano le hacen el juego a Dudley y no la ayudan en nada a ella. Sobre todo teniendo en cuenta que estos firmantes se guardan de criticar la pena de muerte en todos los demás lugares que no sean Estados Unidos. Por último, desde el 11 de septiembre de 2001, puesto que los norteamericanos consideran que no se beneficiaron en Europa con la solidaridad que esperaban, la posición de los abolicionistas se hizo todavía más débil; al respecto, las trayectorias de los norteamericanos y de los europeos divergirán todavía mucho tiempo.

Ya nadie cree en la redención

Su prisión está construida frente al Golden Gate, pero ninguno de los cinco mil presos de San Quintín puede aprovechar la vista sobre la bahía de San Francisco. Sólo ven parte del cielo cuando dan vueltas en el patio, o nada cuando están confinados en sus células protegidas con barrotes. San Quintín forma parte de la colección de las cárceles emblemáticas de Estados Unidos, como Sing Sing, en el estado de Nueva York, o Alcatraz, en San Francisco (que ya fue cerrada). Debe su notoriedad a los presos con los que cuenta, los más violentos, siempre presentes en las baladas, en la novela negra y en el policial hollywoodense. También a sus revueltas: fue en San Quintín donde un grupo revolucionario, los Black Panthers, se manifestó por primera vez, en 1968, asesinando a un guardia.

El director quiso que visitara la sala reservada a las ejecuciones capitales; California ofrece a sus condenados la opción entre la asfixia por gas y la inyección letal. ¿No es América la sociedad de la libre elección? La inyección se impone. No quiero visitar la sala; el director se asombra. Todo el mundo quiere verla. ¿Por voyeurismo, o para para verificar que la ley se aplica con todo su rigor? Las cárceles norteamericanas siempre exhibieron a sus prisioneros detrás de las rejas, esto es, visibles, y no, como en Europa, dentro de una celda, detrás de una puerta, invisibles. La seguridad parece inspirar menos esta elección que el hecho de la exigencia democrática: las muchedumbres reclaman ver al prisionero purgar su pena. En Europa, es a la inversa: es el Estado, que procede de una tradición más aristocrática, el

129

que tiende a proteger la dignidad del prisionero en contra de la justicia popular. En San Quintín, los visitantes son recibidos ante todo para que puedan constatar cuán represivo es el sistema penitenciario californiano, y que nadie va a escapar. Ese día, trescientos condenados esperan ser ejecutados; merced a las reticencias de los tribunales de justicia californianos, la demora promedio, a razón de una ejecución o dos por año, es de dieciséis años. Pero los condenados a muerte no constituyen en San Quintín más que una minoría; la mayoría de los cinco mil prisioneros purgan largas penas, todas por crímenes violentos. Una tercera parte se relaciona con el tráfico de drogas: aquí como en cualquier parte de Estados Unidos, el mercado de la droga es la causa principal de los encarcelamientos prolongados y de las condenas a muerte.

Pero cuando se escribe sobre Estados Unidos, ¿qué se busca en San Quintín? ¿Qué hay allí de importancia que no se encuentre en otra prisión del mundo? La tradición tocquevilliana de visitar el sistema penitenciario ha guiado, seguramente, mis pasos: en 1831, Alexis de Tocqueville viajó a los Estados Unidos precisamente para estudiar el sistema carcelario. Éste, se comentaba en Francia, se basaba sobre la redención de los presos a través del trabajo; no era meramente represivo, como lo eran entonces las prisiones francesas. Antes de reunir las impresiones que le servirían para redactar *La democracia en América*, Tocqueville realizó un informe al ministro de Justicia de Francia acerca de la prisión de Auburn, al norte del estado de Nueva York, que todavía existe. Pero ya no sucedería que un europeo considerara al sistema penitenciario norteamericano más progresista que el nuestro; el discurso de San Quintín es el opuesto al que podía escuchar Tocqueville.

Esta vuelta atrás de la tradición es reciente; cuando, en 1982, visité la prisión de Auburn que conoció Tocqueville, se escuchaba el discurso de la redención. No era considerada todavía la parte fundamental por el director de la época, pero existían talleres en Auburn. En San Quintín también los hay, pero fue necesario insistir para visitarlos y constatar que servían de poco. Trabajar, comenta el director, es la recompensa entre los presos más dóciles ya que les permite ahorrar a razón de un dólar la hora. El trabajo ya no es entonces una redención, sino una forma de mejorar el menú ordinario de la cantina con algunas compras. El objetivo de San Quintín no es ahora la reinserción sino la sanción; mi anfitrión no deja de ponderar la disciplina absoluta, la cantidad de detalles que no le dejan al preso ningún margen de libertad, ninguna esperanza de escapar. Porque de San Quintín nadie escapa. Una prueba siniestra: cuando un prisionero pierde un pariente en el exterior, se lo aísla para que no se sienta tentado a unirse a su familia.

Este discurso disciplinario no estaba dirigido especialmente a mí; se trata de lo que los norteamericanos que vienen aquí desean oír. ¿Cómo han pasado los norteamericanos de la idea pionera de la reinserción a su negación? ¿Cambió Estados Unidos, el crimen, o la doctrina judicial? Durante estos últimos veinte años, cambió todo para terminar en un apartheid judicial del que San Quintín es su máximo exponente.

¿De dónde surgió el delito?

En 1962, todo estaba todavía tranquilo en Estados Unidos; se podía dormir al aire libre sin ningún riesgo de agresión, Harlem o el Bronx no estaban fuera de la ley; Norteamérica era bonachona y provinciana. El número de crímenes de sangre y de delitos comunes era inferior en 1960 a la mitad de las cifras francesas o británicas, y la proporción de población en las cárceles (cien cada cien mil habitantes), comparable a las estadísticas europeas.

Cuarenta años más tarde, las prisiones norteamericanas cuentan con cerca de cuatrocientos presos cada cien mil habitantes, contra ciento treinta en Gran Bretaña, y cien en Francia y Alemania. Estados Unidos se volvió peligroso: desde 1960 hasta 1990, los crímenes y delitos por cada mil habitantes se han multiplicado por seis. Otra cuestión impresiona aun más que ese aumento global: de cien mil delitos cometidos, se cuenta un homicidio en Alemania o en Francia, ¡contra diez en Estados Unidos! Contrariamente a lo que se cree, no se cometen más delitos comunes, robos o agresiones de todo tipo; la verdadera singularidad norteamericana es la alta proporción de homicidios.

En 2003, 7.200 personas murieron asesinadas con armas de fuego; de allí la reputación de violencia de Estados Unidos y el clima de miedo que hay y que es más opresivo que en Europa. ¿Se impone una nueva conquista del Oeste, una versión contemporánea de las viejas películas de cow-boys? En la sociedad norteamericana hay una tolerancia, e incluso una exaltación de la violencia, muy superiores a las europeas; de eso dan prueba el cine, donde se matan todo el tiempo, o las letras de rap, donde el crimen cotidiano rima con sus víctimas. En el fondo, el espectáculo de la violencia es aceptado por los norteamericanos, lo que no ocurre con el sexo; en la televisión, se regula estrictamente el sexo, no la violencia. Investigaciones realizadas entre condenados a muerte revelan, según la confesión de los reos, cuánto eleva de estatus en la jerarquía singular de las pandillas haber matado a alguien.

La venta libre de armas, ¿favorece los ajustes de cuentas definitivos? Surge de la investigación ya citada, llevada a cabo por Scott Philips en la Universidad de Rice, en Houston, que todo criminal sabe dónde encontrar un arma en caso de necesidad; el control severo de armas que tanto reclaman los liberales no cambiaría nada. La respetabilidad en el seno de las bandas, el estatuto socialmente aceptado de la violencia, son más determinantes que una normativa en relación con las armas. Ante esto, al menos podemos estar seguros de que tres de cada cuatro homicidios son cometidos entre las filas del gangsterismo organizado; las balas perdidas, los francotiradores y los crímenes domésticos son espectaculares, pero marginales.

¿Es posible explicar este aumento de la delincuencia a partir de los años sesenta en las sociedades occidentales, y en particular en la sociedad norteamericana? Aquí van algunas teorías dominantes en los Estados Unidos, que cada uno elegirá en función de sus preferencias ideológicas.

Un primer culpable es la desindustrialización, que deja fuera de la sociedad a los jóvenes no calificados; las minorías étnicas se ven afectadas por esta desaparición de empleos, y los jóvenes, porque no tienen otra cosa que hacer, se agrupan en bandas en sus guetos urbanos.

Otro culpable: la desestabilización de las familias tradicionales. Los niños están a la deriva, la moral clásica desaparece, las costumbres se liberalizan, las drogas ilícitas se banalizan. O también: el salto demográfico que trajo la posguerra, que multiplicó el número de adolescentes.

¿A quién o a qué incriminar exactamente? ¿A la demografía, al capitalismo, a la moral?

En los años sesenta, los sociólogos, profesión más influyente en Estados Unidos que en Europa, se ocuparon de esta cuestión: por unanimidad, declararon culpable a la sociedad, y no a los individuos. Durante veinte años, de 1960 a 1980 aproximadamente, los magistrados, siempre a la vanguardia de las ideas liberales en Estados Unidos, se esforzaron por cuidar a la sociedad; durante este período, mientras el crimen ascendía rápidamente, el número de prisioneros nunca varió. En efecto, los jueces se inclinaban más bien a abreviar las penas, a encontrarles sustitutos susceptibles de acelerar el regreso de los condenados a una vida social normal. Pero, al cabo de veinte años de esta terapéutica judicial, la sociedad, culpable o no, parecía incurable: el crimen no disminuía, los sociólogos y los magistrados liberales habían fracasado. Los conservadores tomaron la posta con una doctrina opuesta: una suerte de reaganismo judicial que redujo el poder de los jueces, impuso penas automáticas e incompresibles que excluían a los criminales de la sociedad. La ilustración más representativa de este nuevo estado de cosas es la regla llamada *"Three strikes, you are out"*, que, en los años noventa, adoptó una veintena de Estados: la ley que impone encarcelamiento automático a partir de la tercera infracción, cualquiera sea la gravedad de cada una de ellas. En California, donde fue aprobada por referéndum en 1995, la pena automática, incompresible, es de veinticinco años de prisión. En 2004, en este estado, 6.500 prisioneros fueron condenados a veinticinco años o a cadena perpetua por haber cometido tres delitos menores. Esta automaticidad de las penas no puede ser más democrática, ya que no tiene en cuenta ni la personalidad del acusado, ni el crimen que cometió, ni la valoración de los propios jueces. Contribuye también a un considerable aumento de los presos; eran cien cada cien mil habitantes en 1980, y quinientos cada cien mil en 1995. Con cuatrocientos en 2004, el número es cuatro veces mayor que en Francia o Alemania.

Una teoría racional de la represión

La singularidad de esta represión norteamericana se debe también a su legitimación intelectual. Procede en particular de la llamada teoría de la acción racional (RAT), cuyo fundador, economista de la Universidad de Chicago, fue Premio Nobel de Economía en 1992. Según Gary Becker, que se basa en una impresionante serie de estadísticas, son los individuos y no la sociedad los que se comportan de manera racional; y se dejan guiar por las señales que les envía el gobierno. La teoría de Becker, que se aplica a todos los comportamientos humanos, vale para la delincuencia: si a un individuo le parece estadísticamente rentable cometer un crimen o un robo cualquiera, un cálculo simple lo conducirá a cometer ese crimen o ese robo. Becker no pretende que cada criminal se dedica a hacer esta evaluación, pero, en promedio, los criminales actúan como si la efectuaran; no son necesariamente racionales, pero actúan como si lo fueran. Ergo, la represión es disuasiva.

Aplicando los principios de Gary Becker, un sociólogo influyente de California, James Q. Wilson, publicó en 1982 un ensayo fundamental que iría a determinar las políticas de seguridad: *El vidrio roto*. Un mero vidrio que se rompe en un medio ambiente urbano peligroso es para Wilson algo que se va a percibir como un signo de tolerancia para los criminales en potencia, una invitación a la permisividad; es importante que jamás se acepte ni la menor ofensa al orden público o al buen comportamiento en los lugares públicos, a menos que se quiera abrir de par en par las puertas al crimen. La doctrina policial de la tolerancia cero se fundará en este texto, y posteriormente Francis

Fukuyama, economista célebre por su teoría del fin de la historia, aportará en 2002 su aval histórico cultural a esta tolerancia cero.

Según Fukuyama, el aumento de la criminalidad se explicaría en los años sesenta y en la generación que la siguió por el debilitamiento moral de Occidente: es lo que él llamó *La Gran Ruptura*. Ésta habría sido producida gracias a la acción de la *intelligentsia* liberal, que, al negar los valores familiares y favorecer la liberalización de las costumbres, habría generado el caos. Por lo tanto, como si se diera un ciclo virtuoso, la sociedad habría vuelto espontáneamente a la sabiduría eterna, al reencuentro de los códigos antiguos: una "reconstitución del orden social", que según Fukuyama responde a una exigencia de la "naturaleza humana". Por sí solas, estas normas de comportamiento clásico podrían disminuir la tasa de violencia y el crimen; correspondería entonces a las instituciones públicas acompañar este regreso a la normalidad luego de haber contribuido, desgraciadamente, a desvalorizarla.

En una Norteamérica que desde Europa se concibe como impermeable a las ideas, estas obras académicas, al mismo tiempo influyentes y reveladoras, legitimaron que se recurriera con más frecuencia a la pena de muerte y al encarcelamiento. Han servido de base a los actores públicos conservadores, especialmente en Nueva York, donde Rudolf Giuliani, alcalde desde 1994 hasta 2001, instauró la llamada "tolerancia cero". Ésta fue continuada por su sucesor e inspiró a la mayoría de los municipios conservadores, pero también liberales, como al de Oakland, en California.

La tolerancia cero y su dudosa eficacia

Si se aplica la teoría de la acción racional, la lucha contra el crimen exige que ningún delito quede impune, por más mínimo que sea: si esta señal es clara, el crimen debería ceder. La tolerancia cero neoyorquina se abocó en un principio a negarles la entrada, en las puertas del subte, a quienes no tenían boletos;

una señal simbólica que iba dirigida a quienes se colaban, en su mayoría negros jóvenes, delincuentes en potencia, a quienes se disuadía de entrada antes de iniciar una carrera criminal. Posteriormente, los números del delito bajaron: de 1990 a 2000, los crímenes y delitos constatados por la policía en todo Estados Unidos cayeron de cinco a cuatro mil por cien mil habitantes. No han dejado de disminuir desde entonces. ¿Pero es en virtud de la nueva doctrina represiva? A cada uno, su elección ideológica. Es gracias a nosotros, aseguran los partidarios de la tolerancia cero y de la pena de muerte, que ha disminuido el crimen. Pero no, porque el crimen disminuyó igual en aquellas ciudades que no fueron invadidas por la tolerancia cero, replican los otros. Por su parte, los demógrafos concluyen que el crimen cede debido a la disminución relativa del número de adolescentes en la sociedad: si existen menos clases peligrosas, habrá menos crímenes. Los economistas, por otra parte, prefieren hablar del retorno al pleno empleo.

Steven Levitt, "economista del crimen" en la Universidad de Chicago, quiso demostrar cómo el empleo logra bajar la criminalidad entre los jóvenes, lo que muchas veces se dice, pero nadie se toma el trabajo de probar. Luego de un año de trabajo de campo, Levitt calculó que el tráfico de drogas, para un *dealer* callejero —que es el delincuente básico—, le proveía un beneficio de unos cinco dólares por hora. El riesgo es enorme, pero está asumido por la mafia, que protege al *dealer* y paga los gastos judiciales en caso de detención. Cuando no existen suficientes empleos no calificados, el tráfico de drogas atrae a jóvenes "racionales". En cambio, cuando se produce una recuperación económica, las empresas proponen empleos cuya remuneración sobrepasa los 5 dólares la hora, con riesgos menores; por lo tanto, algunos *dealers* optan por regresar al mercado laboral legal. Y ese regreso reduce tanto más la criminalidad, porque el comercio de droga induce a ella.

El propio Steven Levitt demostró que la reducción de la criminalidad estaba vinculada al aumento de los abortos. La mayoría de los abortos en Estados Unidos se da entre jóvenes madres solteras que provienen de entornos desfavorecidos; sus hijos, mal educados, poco vigilados, tienden a orientarse hacia la delincuencia. Allí donde sea fácil abortar, estas jovencitas tendrán menos hijos y su progenie de tendencias criminales disminuirá proporcionalmente. Levitt cimentó esta tesis comparando las estadísticas de aquellos estados norteamericanos donde el aborto fue legalizado en distintas épocas; en todos los casos, la reducción de la criminalidad se produce de dieciocho a veinte años después de la legalización del aborto.

Estas teorías que emanan de disciplinas diferentes no son contradictorias, pero morigeran la real influencia de la represión policial y judicial. Yo añadiría las declaraciones de los policías neoyorquinos del distrito cuarenta y uno del Bronx. Por mucho tiempo célebre bajo el nombre de "Fuerte Apache", asediada por las pandillas, esta comisaría servía en los años ochenta como telón de fondo para películas y documentales acerca de la violencia urbana. Entre 1990 y 2000, los homicidios en el distrito se redujeron a un diez por ciento del número inicial: se pasó de 130 a 12 homicidios por año. La misma disminución del número se dio en relación con los robos a mano armada. ¿Como consecuencia de qué política? ¡De ninguna política! Los policías constatan como causa primera la deliberada sustitución, entre los toxicómanos, de la cocaína, en particular el crack, por la heroína, menos costosa y menos peligrosa; creen que en el paso de una droga que estimula a otra que seda radica la explicación de por qué los jóvenes neoyorquinos resultan hoy menos propensos a la delincuencia. Pero mientras que ésta no deja de disminuir, por todas estas razones y por otras desconocidas, la tasa de encarcelamientos continúa aumentando: en diez años hubo un veinte por ciento menos de crímenes, ¡pero un veinte por ciento más de presos! En 2003, la población carcelaria cruzó la frontera simbólica de los dos millones. La paradoja es a la inversa de la de los años sesenta, cuando el crimen aumentaba pero disminuían las penas de prisión efectiva. Será que la doctrina y la época están nuevamente desencontradas. O que este desencuentro resulta tranquilizador para la Norteamérica blanca.

Esto evita también plantearse una pregunta acerca de un dato central, la sobreabundancia de negros jóvenes en la cárcel.

Los negros, ¿rehenes de su raza?

En San Quintín, por debajo de los uniformes anaranjados de las prisiones se ve que dominan las pieles negras y oscuras; las estadísticas lo confirman. Los negros y los latinos —pero los negros sobre todo— están en la cárcel en proporción inversa a su representación en la nación: de dos millones de presos en Estados Unidos, un millón doscientos mil son negros, mientras que los negros representan un doce por ciento de la población total. Hay más negros en la cárcel que en las universidades; un muchacho negro de cada cuatro estuvo en prisión en algún momento de su vida.

La cárcel, ¿tendrá como objetivo particular alejar a los negros de la sociedad norteamericana? No, pero ése es su resultado. Y ya no se pregunta demasiado en Estados Unidos por qué cometen tantos crímenes los negros jóvenes (en general, contra otros jóvenes negros). Se los encierra para deshacerse tanto del criminal como de la evidente cuestión social que representa.

¿Es racista la justicia norteamericana? Si hubiera un sondeo en las almas, se encontrarían prejuicios persistentes en contra del negro; pero hay tantos magistrados y policías negros que parece difícil acusar de racista a la justicia norteamericana. Existen también organizaciones --blancas y negras— que controlan el menor vestigio de discriminación, de modo que los negros en la cárcel a menudo cuentan con mejores defensas que otros grupos. ¿Por qué entonces siguen siendo tan numerosos en prisión, y hay tantos de ellos en la antecámara de la muerte?

El hecho es que la mitad de los homicidios son perpetrados por negros, y que la mitad de las víctimas son también negras: ¿será que el homicidio los tienta más porque son negros? ¿O es porque son pobres y viven bajo el reino de la promiscuidad urbana? ¿O porque los negros están más implicados en el tráfico de drogas, y en las batallas por el territorio que esto suscita? Por lo

138

menos la mitad de los crímenes cometidos en Estados Unidos tiene relación con la droga, pero no bajo los efectos de su consumo, sino a causa de su comercialización. La prohibición de la droga, así como la ley seca en los años veinte, instauró un mercado que es regulado por medio de la violencia; ésta es la causa principal del crimen en los Estados Unidos. ¿Los negros son más activos que otros grupos en este mercado? Realmente, el consumo de droga se distribuye equitativamente entre todas las etnias norteamericanas; sin embargo, los negros se muestran más activos en los márgenes "pobres" del tráfico, en los guetos más que en los salones de Manhattan y Beverly Hills. Si los negros son más a menudo detenidos por tráfico de drogas, no es porque tengan una mayor inclinación al delito, sino porque son más "visibles", están más expuestos.

Lo que separa: la clase más que la raza

¿Hasta dónde se puede identificar el crimen con los negros? Muchas veces los blancos norteamericanos desconfían de los jóvenes negros y latinos con quienes se cruzan. ¿Es racismo? No es sólo eso. Estadísticamente, es más probable que sean atacados por un joven negro o latino que por un jovencito blanco; pero se trata de una probabilidad infinitesimal, y la desconfianza hacia un individuo en particular se vuelve irracional, y de hecho racista. La mitad de los crímenes no son cometidos por negros, y dos tercios de los negros no cometen nunca ningún delito. Los que sí delinquen, ¿lo hacen porque son negros o porque pertenecen a una clase social marginada? La explicación por la pertenencia social es más convincente que aquella que privilegia una pertenencia racial. La prueba es que los negros se dividen espontáneamente entre ellos según el nivel de sus ingresos. Las iglesias, que constituyen en Estados Unidos un confiable indicador social, dan fe: existen iglesias negras para clases medias que reciben de buena gana a blancos de clases medias, pero no a negros pobres ni blancos pobres. En el interior de la comunidad negra, la clase marca la diferencia, no la raza. Por otra parte, el concepto de raza se vuelve difuso una vez que se mezclan los pueblos; en los censos, cuando se pide indicar la pertenencia étnica, cada vez más norteamericanos marcan varios casilleros. Los norteamericanos, que constituyeron entre ellos el primer pueblo derivado de Europa, engendran la primera etnia universal. Progresivamente, la raza se vuelve más difícil de establecer con exactitud; no ocurre otro tanto con la clase.

Si deseáramos dirigir contra Estados Unidos una acusación en la actualidad, en vez de la eterna cantinela del racismo, encontraríamos abundante material en la nueva división clasista que promueve la sociedad norteamericana. Su economía, posindustrial, profundiza una brecha cada vez mayor no entre las razas, sino entre la clase media y una subclase que vegeta en empleos mediocres. Esta clase media controla los conocimientos indispensables para la nueva economía; en la periferia, una subclase se ocupa de los servicios que no requieren ningún conocimiento calificado.

Esta disociación entre la clase del conocimiento y la subclase del servicio es más preocupante que la denuncia ritual de que los ricos son cada vez más ricos y los pobres más pobres. Como demuestran los ingresos, los comportamientos de compra y los modos de vida, los norteamericanos pobres también se van enriqueciendo; pero lo hacen menos rápido que las clases medias. Sus perspectivas de incorporarse a la clase superior se alejan; la ausencia de conocimiento en el casillero inicial es una situación que no puede ser remontada. La euforia del crecimiento ahoga esta nueva división social en un discurso generalista sobre los beneficios del mercado. ¡O en su denuncia! Sería más coherente admitir la eficacia del mercado, reconociendo al mismo tiempo las rupturas que suscita.

¿Cómo aprobar el mercado limitando al mismo tiempo una polarización por clase social? Los conservadores apuestan a la caridad, la redistribución voluntaria de la riqueza. Los liberales insisten en la redistribución por medio del Estado. Se trata de dos discursos convencionales que responden mal a la fractura, sobre todo cultural, causada por la economía posindustrial. A la espera de soluciones más creativas (veremos después cómo el economista Robert Fogel propone una redistribución de los conocimientos), las clases trabajadoras se vuelven "clases peligrosas", como ocurrió en la Europa del siglo XIX.

La tolerancia cero constituye entonces una respuesta superficial al retorno de la "cuestión social"; pero también una réplica más inmediata y, desde el punto de vista de los políticos, más fácil de vender a la opinión pública, que emprender una explicación de la delincuencia como resultado del desfasaje entre cultura y nueva economía. La prueba de ello es que esta tolerancia cero atravesó el Atlántico, y pasó a ser en Europa una solución expeditiva para los desórdenes de la sociedad y las dificultades que acarrea integrar a las minorías extranjeras. A veces, esta ideología de la represión usurpa el lugar de una auténtica reflexión sobre los orígenes de la violencia: quien conoce poco Estados Unidos, se convierte en su parodia...

6. EL FIN DEL PROBLEMA NEGRO

◆

En 1962, los tranvías de Nueva Orleans se llamaban Deseo. No en recuerdo de la pieza de Tennessee Williams interpretada en el cine por Marlon Brando, sino porque ése era el nombre de la estación donde acababa el recorrido. Estos tranvías bamboleantes, hoy desaparecidos, estaban divididos en dos partes por medio de una línea blanca pintada en el piso; la parte de adelante estaba reservada a los blancos (*"White only"*), la de atrás, a los *"colored"*. Se trataba de una línea que había sido legalizada en 1896 por la Corte Suprema de Estados Unidos, que había adoptado el principio sureño de "separados pero iguales", sin preocuparse nunca por su aplicación concreta. La línea blanca les daba un tercio del espacio a los *"colored"*, que por cierto eran mayoritarios en Nueva Orleans, y a los blancos los dos tercios restantes. En 1903, el escritor negro W.E.B. Du Bois escribió: "El problema que enfrentará el siglo XX será el de la frontera entre colores".

Detrás de la línea, los *colored* eran los negros, no todavía los *blacks* que luego serían los *African-Americans*. En los tranvías, donde siempre eran mucho más numerosos que los blancos, se apretujaban ahí atrás, mientras que la parte de adelante seguía vacía. Un espectáculo ridículo. En los bancos públicos, en esta ciudad rica en parques, las familias negras se amontonaban en esa tercera fracción, y dejaban vacías las dos restantes, las reservadas a los blancos. Nunca vi a alguien traspasar esa línea blanca; en la Nueva Orleans de 1962, no vi a nadie que siguiera el ejemplo de Rosa Parks, aquella mujer que en 1955 se animó a atravesar la línea blanca. Su calculada provocación desencadenó una revuelta en Alabama, pero luego el Sur retornó al antiguo régimen.

Perplejos por esa línea blanca, mis compañeros de viaje y yo habíamos decidido despreciar la marca de la prohibición donde fuera que la viéramos: en los transportes públicos, en los bancos de las plazas, en los baños públicos o en los bares, en el barco en el que remontábamos el Mississippi. Ningún blanco reaccionó jamás ante nuestras modestas provocaciones antiapartheid; yo creo que ni siquiera nos veían. Pero los negros sí que eran vehementes. En contra de nosotros. Protestaban y nos señalaban con aire severo los carteles *"White only"*, por si no nos habíamos dado cuenta; algunos llegaron a empujarnos hacia la zona blanca. Estábamos atónitos. Quisimos provocar una revolución, y nos topábamos con la aceptación y la interiorización del racismo. Nunca entendí por qué los negros aceptaron por tanto tiempo aquella línea demarcatoria; ¿estaban de algún modo cómodos con esa separación? ¿Tenían miedo? Entretanto, la batalla por los derechos civiles había comenzado; Martin Luther King ya organizaba las primeras manifestaciones no violentas. Pero, en el Sur, no era un movimiento de masas; no lo sería nunca. Fue necesario que los manifestantes bajaran desde el Norte para liberar al Sur de sus cadenas.

La segregación racial fue suprimida legalmente tres años más tarde, en 1965, por el presidente Johnson, no porque se hubieran rebelado los negros, sino porque sus líderes, todos ellos pastores, o casi todos, tuvieron la genialidad de crearles mala conciencia a los blancos, todos ellos cristianos. Inspirado en Mahatma Gandhi, que había logrado la retirada de los británicos en India, Martin Luther King supo que el pacifismo era eficaz cuando opresores y oprimidos compartían, o decían compartir, una misma moral. Ya en el siglo XIX, los movimientos abolicionistas en contra del comercio de esclavos en Gran Bretaña, luego en contra de la esclavitud en Estados Unidos, fueron en sus comienzos una reprimenda dirigida por cristianos contra otros cristianos.

El racismo, ¿asordinado o extirpado?

Cuarenta años más tarde, la línea blanca desapareció —¿o se tornó invisible?—. ¿Creen todavía los blancos en su superioridad sobre los negros, sobre las otras minorías de color, morenos, amarillos, rojos, que entretanto se han vuelto más numerosos que los negros? En Europa formularíamos así la pregunta, nos desvelaría sondear las almas antes de dar por extirpado todo rastro de racismo. En Estados Unidos el método es diferente. El racismo es condenable, pero lo que importa son los resultados; la denuncia moral tiene para los norteamericanos menos valor que las medidas prácticas que eliminarían sus consecuencias concretas. Conviene entonces organizar a la sociedad de tal modo que ningún individuo sufra perjuicios por cuestiones raciales, sexuales o por su apariencia; Europa es el continente de las buenas intenciones, América el de los resultados mensurables.

El 4 de junio de 1965, frente a los estudiantes de la Universidad Howard, el presidente Lyndon Johnson, revolucionario inesperado, declaró: "No estamos en busca de la igualdad como un derecho o como una teoría, sino de la igualdad como hecho y la igualdad como resultado". Dado que la abolición legal de la segregación no basta para establecer la igualdad real de las oportunidades, Lyndon Johnson instauró así el principio de la preferencia racial. Fue éste el discurso fundador de la *affirmative action* —que nosotros nos negamos a llamar "discriminación positiva", en una traducción invertida que se hace generalmente en francés—. La raza, que antes era una desventaja, pasó a ser un triunfo; puede ahora tomarse en cuenta de modo favorable para ingresar a la universidad, al ejército, o para obtener un empleo público. Desde entonces, la puesta en práctica de esta *affirmative action* se ha revelado compleja, casi incomprensible para los extranjeros, apenas un poco más clara para los norteamericanos. Además, procede menos de textos reglamentarios que de prácticas que los tribunales sancionan o no; estas prácticas se pueden estudiar gracias a las crisis que los juicios resuelven, y gracias a la jurisprudencia de la Corte Suprema, que es el árbitro último.

El principio de diversidad

¿Cómo es que el país de la igualdad impone preferencias raciales? Cuando Allan Bakke, candidato de raza blanca para ingresar a la Facultad de Medicina de California, supo que había sido suplantado por Patrick Chavis, un estudiante negro con antecedentes y conocimientos inferiores a los de él, demandó a la universidad ante la Justicia. Esto llevó a la Corte Suprema, en 1978, a prohibir los cupos raciales, que habían pasado a ser, desde 1965, una política corriente. A partir de esta decisión, la *affirmative action* norteamericana ya no está basada jurídicamente en cupos, sino sobre el principio de la diversidad. ¿Es esto realmente diferente? Si no se entiende este matiz esencial, el debate sobre la *affirmative action* en Estados Unidos y en Francia se vuelve incomprensible; conviene saber cuál es el conflicto.

Desde 1978, la discriminación racial se considera contraria a la Constitución, ya sea que beneficie a los negros; por el contrario, es justo que una universidad "diversifique" la matrícula. Para clasificar a un estudiante, una universidad puede considerar el criterio de *diversidad* del mismo modo que apela a criterios tradicionales de mérito como las notas o los éxitos deportivos; la diversidad se convirtió en el fundamento de la acción en favor de la igualdad de oportunidades entre las razas.

Pasar de los cupos a la diversidad fue algo más que un principio de casuística: la *affirmative action*, fundada sobre los cupos, era una reparación moral de las injusticias cometidas anteriormente, que remite a las viejas injusticias de los blancos contra las minorías de color. La diversidad es, en cambio, una proyección hacia el futuro: nada de arrepentimientos, sino un medio de construir una sociedad mejor. La noción de diversidad es más vasta que la de raza, ya que remite a una experiencia histórica o cultural donde la raza puede, en efecto, ser uno de sus componentes, pero no el exclusivo. Así es que el sexo o alguna discapacidad o práctica social diferente participan de una experiencia que el principio de diversidad ha de incluir; ésta es la tesis de los partidarios de esta diversidad.

Sus adversarios prefieren recordar que el blanco, Bakke, entró al final a la universidad e hizo una notable carrera médica. El negro, Chavis, después de haber sido celebrado por los liberales como un icono de la diversidad, provocó la muerte de una paciente y le quitaron su matrícula médica; terminó asesinado en una calle de Los Ángeles. De este caso en particular, no es posible inferir conclusiones, ya que ninguna nación se aventuró antes en semejante mecanismo de reparación de la injusticia; es natural que suscite infinitas controversias, tanto en Estados Unidos como en aquellas naciones de inmigración como Francia.

Una élite multicolor, a imagen de la nación

En 2003, una nueva causa célebre reavivó el debate sobre la *affirmative action* y permitió a la Corte Suprema precisar el mecanismo. La crisis estalló esta vez en Ann Arbor, en la Universidad de Michigan. Sobre trescientos cincuenta estudiantes que recluta cada año la Facultad de Derecho de esta universidad, un centenar son negros, quince son indios (*native Americans*), y unos cincuenta son hispanos. Probablemente, algunos representantes de estas minorías han obtenido notas inferiores a las de los estudiantes blancos. Pero el presidente de la universidad, Lee Bollinger, estimó que era de interés general para la facultad conformar una élite cuya composición étnica representase a la del Estado entero. Innovó todavía más al considerar que, por debajo de un umbral crítico, los estudiantes indios o negros no se sentirían correctamente representados ni cómodos; convenía entonces, en nombre de la diversidad, que algunas etnias estuviesen representadas en mayor número. Según Bollinger, sólo una representación grupal les permitiría aprender a convivir a los estudiantes de diferentes etnias, que por lo general se cruzan pero nunca se encuentran antes de ingresar a la universidad.

Las dos innovaciones de Bollinger: una élite a la imagen de la nación y una representación de grupo, ¿son constitucionales o discriminatorias?

Jennifer Gratz y Barbara Grutter, dos postulantes blancas, rechazada la primera por el *college*, la segunda por la Facultad de Derecho de Michigan, apelaron la decisión de Bollinger; la causa llegó a la Corte Suprema de Estados Unidos en 2003. La Corte le dio la razón a Bollinger contra Barbara Grutter, y a Jennifer Gratz contra Bollinger. ¿Por qué el presidente de la Universidad perdió contra la estudiante que no ingresó en el *college*, y ganó contra Barbara Grutter, la que no ingresó en la Facultad?

Jennifer Gratz demostró que, en los ingresos al *college*, Bollinger aplicó cupos raciales, en un porcentaje bruto sobre el número de aspirantes, sin que el principio de diversidad fuera aplicado individualmente. En los procedimientos de admisión, a cada uno de los aspirantes se le sumaban puntos complementarios si pertenecía a una minoría subrepresentada: negros, latinos, puertorriqueños o indios. Por el contrario, Barbara Grutter perdió su juicio porque su caso había sido examinado de forma individual. La Corte confirmó entonces que los cupos eran ilegales, y la discriminación racial, prohibida; pero también confirmó el principio de la diversidad, aunque favoreciera a algunos grupos étnicos. En la sentencia Grutter, la jueza Sandra O'Connor merece ser citada: "La educación superior es mejor cuando hay diversidad entre los estudiantes; la diversidad hace que los debates en clase sean más vivos, más animados, más esclarecedores, y, al fin de cuentas, más interesantes". Aquí vemos el principio fundador de la sociedad universal. Sólo en la jurisprudencia se encuentra claramente expresada esta nueva ley fundamental de Estados Unidos, y Lee Bollinger, como la mayoría de los presidentes universitarios, es el encargado de aplicar ese principio.

Este tipo de gestión es complicado. Para aplicar con rigor el principio de la diversidad que exige la Corte Suprema es necesario disponer de los medios que poseen las grandes universidades; en Michigan, éstos son suficientes como para seleccionar cada año a 350 estudiantes de Derecho sin suscitar demasiadas controversias. Pero, con 25 mil solicitudes de admisión para el *college*, la tarea se vuelve ardua, y la tentación de recurrir a los cupos se hace sentir. En la mayoría de las instituciones norte-americanas —en las escuelas, en el ejército, en las empresas—, esos cupos, si bien no son legales, son utilizados y se los rechaza al mismo tiempo, porque constituyen el único modo operativo para lograr una diversidad de hecho; pero todo candidato elimi-nado que se considere víctima de discriminación racial podrá intentar obtener algún tipo de reparación ante los tribunales. Según el valor que se conceda al ideal de diversidad descrito por la Corte Suprema o a prácticas más o menos improvisadas, se considerará entonces que Estados Unidos se va acercando, de manera más o menos caótica, a una sociedad justa y universal en términos raciales: una lenta marcha que sale a la luz en ocasión de los juicios contenciosos, más a menudo que cuando se debate públicamente.

Sin embargo, ¡qué revolución! Recordemos que hace cin-cuenta años le era difícil a un judío transgredir el *numerus clausus* implícito en el ingreso a las grandes universidades. Hace treinta años, los negros eran todavía relegados en las escuelas y universidades que les estaban reservadas. Hoy no es raro que un ochenta por ciento de los estudiantes de las mejores univer-sidades de California sea de origen asiático, mientras que los estudiantes negros se enrolan en las mejores universidades de Estados Unidos.

Estas universidades forman desde ahora una élite a ima-gen y semejanza de una sociedad cada vez menos blanca, anglosajona y protestante. Y al final del proceso, ¿la identidad de Norteamérica será mestiza, compuesta por todos los pue-blos de la tierra que emigraron allí? Si así ocurriera, esta uni-versalidad procedería sobre todo del mestizaje espontáneo antes que de una política dirigida a que todas las etnias de Norteamérica hallen una igualdad de oportunidades y una comunidad de destino. Esta marcha forzada, esta "ingeniería social", no puede contar con la unanimidad, y los más vehe-mentes opositores a esta mecánica racial son a menudo los negros... ¡conservadores! ¡Qué paradoja! Pero ellos estiman que, positiva o negativa, la discriminación sigue siendo discri-minación, y que en nombre del bien, los negros se ven perpetuamente privados por los blancos de su individualidad. Estos negros conservadores son, por cierto, minoritarios, pero sus argumentos son contundentes, y un día pueden volverse mayoritarios, poniendo fin a la *affirmative action*.

¿Cómo borrar las razas? *La campaña de los negros conservadores*

En Sacramento, somnolienta capital de California, en un edificio modesto, detrás de una puerta sin nombre ni placas, Ward Connerly emprendió una cruzada nacional en contra de la *affirmative action*. Quedo atónito por la discreción del lugar: los medios de comunicación norteamericanos, ¿no están acaso atentos a esta campaña? Tanta modestia, ¿es una *mise en scène*? Connerly es un rebelde contra el orden dominante, pero vive en un país donde la rebelión es más bien una forma de comportamiento popular. Connerly justifica su prudencia por las hostilidades que despierta. Es cierto que se ha puesto en la cabeza destruir algo más grande que la *affirmative action*; a su entender, Estados Unidos debería renunciar a toda medida fundada sobre la raza, para tomar en cuenta nada más que a los individuos, a la manera francesa.

Desde los orígenes de la nación norteamericana, todo ciudadano, a lo largo de su vida, debe informar en diferentes circunstancias cuál es su identidad racial; esta declaración es obligatoria cada diez años cuando se realiza el censo nacional, y cada vez que se inscribe en un registro público para ingresar a la escuela, a la universidad, al hospital, etc. Según las instituciones, el casillero racial que se marca será más o menos diversificado. Blanco, negro, latino e hispano, indio, hawaiano en el último censo nacional; pero en la Universidad de California, por ejemplo, los candidatos pueden elegir entre varias decenas de etnias. Si quieren, los ciudadanos pueden abstenerse de elegir, pero esto acarrea una serie de complicaciones; al solicitar un crédito hipotecario, ante la falta de respuesta, la institución tiene el derecho de responder en nuestro lugar, basándose en las apariencias.

Esta manía de clasificación, que nos parece obsesiva, estuvo en los orígenes de la discriminación; después se convirtió en piedra angular de la *affirmative action*. ¿Pero la segunda no es acaso la continuación de la primera por otros medios? Es la opinión de Connerly. Supuestamente, la diversidad favorece a los negros, pero él observa que son blancos quienes toman las decisiones y están a cargo de la administración; ¡el destino negro depende entonces siempre de la voluntad de los blancos! Los blancos les explican a los negros que ellos no son más que víctimas; los negros les terminan por creer, y, en una segunda etapa, descubren que les conviene creerles. La *affirmative action*, dice Connerly, perpetúa la dependencia y los comportamientos de esclavos bajo otro nombre. Así es que los jóvenes negros concluyen que no hace falta estudiar mucho en la escuela, ya que los blancos, de todas maneras, siempre les van a deber una reparación: es una manera de comportarse muy frecuente, que les hace trastabillar en la escuela, y luego en la sociedad. Pero cuando a un negro universitario se le confía una responsabilidad —observa Connerly— sus títulos y su responsabilidad estarán siempre bajo sospecha, desvalorizados por la *affirmative action*. Un blanco dudaría antes de dejarse atender por un médico negro: ¿no se habrá recibido gracias a los cupos?

Los verdaderos beneficiarios de la *affirmative action* son sobre todo aquellos que el escritor conservador negro Shelby Steele, próximo a Connerly, llamó los "empresarios raciales": ellos se sirven de las minorías dependientes como mercadería. En nombre de las víctimas, hacen política o negocios.

La prueba última del carácter perverso de las preferencias raciales —observa Connerly— es el hecho de que las etnias menos apoyadas por la *affirmative action*, los judíos ayer, los asiáticos hoy, se integran a la sociedad mejor que los negros. ¿No es urgente, se pregunta, acabar con esta prisión racial sin barrotes que encierra a los negros en una eterna situación de víctimas?

Connerly mismo sufrió esa sospecha: un gobernador de California lo nombró en el Consejo de la Universidad porque hacía falta un negro. ¿Lo hubieran nombrado si hubiese sido blanco? De hecho, reunía los requisitos requeridos: empresario de éxito, respetado en los ambientes políticos. Pero blancos y negros estarán siempre tentados de ver en él a un beneficiario de los cupos antes que a un hombre de mérito. Se entiende la humillación que debe padecer. Sin contar que su mujer es blanca: ¿no es eso también sospechoso? Sucede que muchos líderes de este pequeño grupo de intelectuales negros conservadores hostiles a la *affirmative action* están casados con mujeres blancas; entonces...

Connerly está en campaña, solo, animado por una ambición desproporcionada: lograr que se prohíba en todo Estados Unidos toda referencia a la raza, en cualquier circunstancia. En 1996, logró un efímero éxito en California, porque triunfó su iniciativa en un referéndum que votó la supresión de la referencia racial en el ingreso a la universidad estatal. Al año siguiente, el número de estudiantes negros cayó enormemente. ¿No es ésta la prueba de la utilidad de la *affirmative action*?, dijeron sus partidarios. ¿O de su nocividad?, les retrucaron sus adversarios. Los militantes de los derechos civiles lograron que los tribunales restablecieran el criterio de la diversidad; pero para aplicar esta política de la diversidad, era necesario tener en cuenta la raza del candidato.

En 2003, Connerly propuso de nuevo, por referéndum, la supresión de cualquier tipo de connotación racial en todos los documentos públicos de California. Si lo hubiera logrado, California habría sido el primer estado ciego a la discriminación racial; pero su iniciativa fue contradicha por algunos médicos liberales, quienes declararon que era necesario contar con criterios étnicos para realizar acciones específicas de prevención sanitaria. El argumento fue suficiente para preocupar a los electores: un sesenta por ciento rechazó la propuesta de Connerly.

Esto, por supuesto, no lo desalentó. Llevó su campaña a Florida y a Michigan, y allí obtuvo suficientes fondos como para organizar una campaña nacional. Cree que sus fracasos se deben a que está adelantado a su época. Porque el concepto de raza, incluso en Estados Unidos, ¿no se ha vuelto arcaico? Él observa que el mestizaje no deja de progresar. No entre los negros, que continúan casándose entre ellos. Y esto se debe, según Connerly, a que los empresarios raciales los encerraron en la convicción de que no pertenecían sino a su raza: "La industria del reclamo los tomó de rehenes". Terminar con esta prisión, ha dicho, "llevaría a que los negros adquieran universalidad y se conviertan en seres humanos, simplemente". Mientras tanto, los negros tienden al comportamiento de tipo tribal que testimonia más su unidad como pueblo que su diversidad como individuos; son siempre un noventa por ciento que vota por el Partido Demócrata, cualesquiera sean las circunstancias. Lo que no los favorece en nada: los republicanos no cuentan con ellos, y los demócratas consideran que son un voto cautivo. ¿Pero Ward Connerly no subestima el racismo de los blancos? "Si ganara —comenta el escritor negro Greg Tate— podría decirse que ya no es más negro, pero seguiría siéndolo tanto en su cabeza como ante las miradas de los otros".

El imposible balance de la affirmative action

¿Cómo evaluar, al cabo de treinta años, los resultados del principio de la diversidad? No se puede, porque con la Norteamérica real, donde se aplicó la *affirmative action*, difícilmente pueda contrastarse una Norteamérica virtual donde esto no sucedió: éste es uno de los límites de la sociología. Comparando Estados Unidos de los años sesenta con el de hoy, me parece sin embargo que la tentación de la violencia de las élites negras quedó desactivada por la *affirmative action*; y es mejor a pesar de todo, para los norteamericanos blancos y negros, preguntarse en un departamento universitario de Estudios Africanos si Platón era negro antes que ir por las calles poniendo bombas. Incluso, imaginemos los niveles que la violencia habría alcanzado en los barrios urbanos negros si la policía hubiera sido exclusivamente blanca, como lo era antes de la *affirmative action*. El hecho de que esta policía, en Nueva York o Chicago, refleje deliberadamente la composición étnica de los barrios en donde opera frenó las revueltas urbanas que antes eran frecuentes. Pero esto no es susceptible de prueba; las evaluaciones emergen de las inclinaciones ideológicas de cada uno.

¿Y los partidarios de la *affirmative action*? Sostienen que un tercio de los negros pertenece ahora a las clases medias, lo cual no era el caso treinta años atrás. ¿Y sus adversarios? Responden que fue la sociedad norteamericana en su conjunto la que progresó, y que los negros progresaron tanto como los demás; pero lo más grave es que subsiste un núcleo duro de casi un tercio de pobres marginados, para quienes la *affirmative action* no tiene ninguna utilidad. ¿Qué opinan los partidarios de la diversidad? Que el objetivo de la *affirmative action* era fomentar la aparición de una élite negra, y que ésta al fin apareció, encarnada en Colin Powell y Condoleezza Rice; la lucha contra la pobreza subsidiaria de los negros exige una política social que no esté particularmente vinculada a la raza. Los conservadores reclaman por el ataque a los derechos individuales; los liberales esgrimen que se lesionan los beneficios colectivos para la sociedad. Nos abstendremos de todo veredicto, porque estos argumentos son a la vez exactos y contradictorios.

El único acuerdo que existe entre liberales y conservadores se refiere al carácter provisional de la *affirmative action*, puesto que ésta debería, lógicamente, conducir a su propia desaparición. ¡Treinta años son suficiente!, estiman los conservadores. Continuar con esto no nos conduciría más que a crear una industria de la victimización. En su comentario en el fallo del caso Bollinger contra Barbara Grutter, Sandra Day O'Connor, jueza de la Corte Suprema, respondió implícitamente que en veinticinco años la sociedad norteamericana será espontáneamente diversa, y ya no será necesario imponer este principio.

En esta gran batalla, lo que está en juego no vale sólo para la nación norteamericana, sino que la querella es a la medida de su ambición imperial. Al volverse Estados Unidos, cada vez menos, una nación blanca, su estabilidad interna así como su radiación internacional quedarán determinadas por su capacidad para crear la primera sociedad verdaderamente universalista. La *affirmative action* y la "diversidad" no tienen sólo el objetivo de pacificar los guetos negros, lo cual es un objetivo nada desdeñable en vías de alcanzarse, sino que su ambición también es hacer del imperio norteamericano algo inigualable.

Hip-hop, un capitalismo negro

Cam'ron no necesitó de la *affirmative action* para salir del gueto. Ésa es una solución para los enfermos de la cabeza, dice él, los *brainiacs* que, en la escuela, se hacen pasar por blancos. Cam'ron prefiere faltar a clase para "rapear" con sus amigos por las calles de Queens, traficar un poco de droga, pasar algunos meses en la cárcel. Y vender su historia. Con veinticinco años y tres discos de platino, tiene acumulada una fortuna. Con la gorra rigurosamente al revés, aro de oro en la oreja, pantalones talle XXL, Cam'ron cultiva un look *cool*. Lo *cool* es *black*; los blancos, dice él, se esfuerzan por imitarlo —aunque rara vez lo consiguen—. En secreto, envidian la nobleza de los negros, su manera de caminar, su sentido de la moda, su sensualidad.

Cuando habla de su rival, el rapero Eminem, Cam'ron deja de ser *cool*. No impugna su talento; reconoce que el rapero blanco de Detroit enriqueció el hip-hop mezclándolo con el jazz. Pero Eminem es blanco, y el hip-hop es música negra. Eminem no es más que un falso negro que plagia a los negros, y que se inventó una vida de gueto; y tuvo la audacia de hacer un film sobre ella, *8 Mile*. Eminem sería un "ladrón de destino"; imitándolo, los jóvenes blancos se visten como raperos, la gorra al revés y los pantalones demasiado grandes, apenas sostenidos por las caderas. ¿Saben estos blancos que, antes de convertirse en moda, esto era una experiencia humillante para los jóvenes negros, a quienes se les privaba de su cinturón en la cárcel? Los raperos los llaman *Wiggas*, los blancos-negros, blancos que juegan a ser negros sin haber sufrido sus desdichas. Así es que Cam'ron está irritado contra aquellos blancos que se apropian de la música negra. "Hace cientos de años que los blancos nos roban nuestra música: el jazz, el blues, el rhythm and blues, el rock 'n roll, y ahora el hip-hop..."

¿El rock? Los blancos idolatraron a Elvis Presley, ¿pero quién se acuerda, pregunta Cam'rom, de Chuck Berry, de Fats Domino, de Little Richard? Ellos, recuerda, fueron los verdaderos creadores del rock, a quienes Elvis copió, música y contorsiones pélvicas incluidas.

¿Quién se acuerda de que todos los saxofonistas blancos imitan el be-bop del negro Lester Young? "¡Sin los negros, no habría Bing Crosby, ni Frank Sinatra ni los Beatles!". Es verdad, desde que existen los discos y la radio, la música popular norteamericana es casi enteramente de origen negro. Por lo tanto, casi toda la música popular mundial es de origen afro-norteamericana. ¡Qué venganza para estos descendientes de esclavos!

—¿No se enriquecieron acaso los músicos negros?

—¡Es lo más justo, si ellos sobrevivían gracias a su música! —protesta Cam'ron.

Sólo los blancos que los imitaron hicieron fortuna.

Pero, sin saberlo porque es demasiado joven, Cam'ron repite una vieja leyenda, la de la explotación de los músicos negros por parte de los productores judíos; realmente, en la época, el mercado no era tan extenso como lo que pasó a ser.

"Cómo es posible —se pregunta Cam'ron— que los blancos adoren tanto nuestra música y nos quieran tan poco." De hecho, el público blanco no se entusiasmó por la música negra sino a partir del momento en que fue interpretada por los blancos; de Elvis a Eminem o Britney Spears, los ídolos de los blancos son blancos, sobreimpuestos sobre ritmos negros.

Gracias al hip-hop, la rueda de la fortuna dio una vuelta; con su propia música, ahora son los negros quienes se enriquecen. ¿El hip-hop? Una mina de oro para empresas negras que sólo emplean a negros; los raperos crean su propia marca, el hip-hop les hace vender prendas de vestir, productos de belleza, películas.

¿Pero el mensaje del hip-hop no es en sí mismo espantoso? No hay más que violencia, sexo, violación y droga. En el rap, las mujeres son zorras si se niegan, y putas si ceden. En la mujer negra, lo que importa es la cola. "Los senos —confirma Cam'ron— son para las blancas". Una obsesión que perturba a las jóvenes muchachas negras; algunas se hacen colocar prótesis para agradar a los raperos. Cam'ron protesta. Mis críticas, me dice, son "cosas de blanco". Los raperos sólo son reporteros; sus textos no hacen más que describir la vida en el gueto.

Lo cual es falso: el hip-hop no es un relato sobre la condición negra, sino una creación. En los años setenta, el rap en sus orígenes, palabras sin música, era un fenómeno *underground* en el barrio neoyorquino del Bronx; pero sólo conquistó al público después de haber abandonado el gueto para mezclarse en California con el mundo del espectáculo. Se le debe a Tupac Shakur, maestro de Cam'ron y de todos los raperos, el haber fusionado la calle con los fantasmas hollywoodenses.

Tupac, condenado por violación, asesinado en 1996 en una riña en Los Ángeles, pasó a ser desde su muerte el "santo del gueto". Es él quien adhirió al rap suburbano la abundancia del crimen, las vamps y las grandes cilindradas; todos estos códigos del rap contemporáneo han sido tomados del cine de Hollywood antes que del Bronx o Queens. El "gangsta", ese héroe emblemático del hip-hop, es heredero del vaquero solitario y quijotesco y de Tony Montana, el héroe de *Scarface* dirigido por Brian de Palma en 1983; debe poco a la historia de los negros, que a pesar de todo es más pacífica de lo que hace creer el rap. Es luego del encuentro entre la vida real de los negros y el imaginario hollywoodense que el hip-hop pasó a ser una verdadera música norteamericana, siguiendo los pasos del blues, del jazz y del rock. Fue ésa la verdadera receta que condujo a Tupac y a sus discípulos a la fortuna.

Los raperos y sus productores se convirtieron en CEO. "Es cool ser empresario —dice Cam'ron—. Gracias a nosotros, los jóvenes de los guetos tienen nuevos modelos de éxito comercial". ¿Un ideal que desesperaría a Martin Luther King y los últimos luchadores por los derechos civiles?

Cam'ron protesta: me dice que soy un blanco "nada cool". Yo no hubiera comprendido realmente las intenciones de Martin Luther King. Él combatía para integrar a los negros a la sociedad norteamericana, ¿no es así? Bueno, la integración requiere la creación de un capitalismo negro. El hip-hop sería un testimonio de la mutación de la cultura negra hacia un capitalismo negro. ¿Quién, en Estados Unidos, acusaría a los negros de convertirse en capitalistas? El jazz, el rock, corresponden a los tiempos de la explotación, el hip-hop marca la liberación. En 2004, el rapero Jay'Z anunció que abandonaba los escenarios para consagrarse a una línea de prendas de vestir que llevara su nombre; modificó su vestuario de suburbio por un traje gris y un corbata modelo Wall Street. La nueva moda entre los raperos es usar traje y corbata. "¿Qué es más norteamericano que esto?", pregunta Cam'ron.

Pero este atajo hacia el capitalismo es una trampa en la que se precipitan demasiados jóvenes negros: ¿por qué estudiar en la escuela, si es posible, por medio del deporte o la música, alcanzar fama y fortuna? Es cierto que a Cam'ron le fue bien en los deportes, en el básquet, y luego con la música; pero la mayoría no correrá esa suerte ni en uno ni en otro ámbito. Muchos, en cambio, cantarán las canciones de Cam'ron: "Cogete a la policía, tomate todo el éxtasis, violate a todas las perras..."

Para algunos negros, el hip-hop conduce de la prisión al dinero; para los blancos, es una moda; pero para muchos más negros jóvenes, es una tragedia: en primera instancia, el hip-hop produce más insociables que CEOs. El hip-hop no promueve, indudablemente, una solución de masas.

El voucher educativo: todo se juega antes de los siete años

Si el hip-hop no es una solución, si la *affirmative action* es aprovechada sobre todo por las élites, ¿cuál es la solución para los chicos que están a la deriva en los guetos urbanos? El *voucher* educativo, responde Howard Fuller. Fuller, que es negro, fue inspector de escuelas en Milwaukee, de 1991 a 1995. Ex militante por los derechos civiles, de la izquierda demócrata, cree en la salvación de los negros por la educación, incluso por la *affirmative action*. Pero, previamente a las universidades, Fuller administró escuelas primarias y secundarias donde reinaban bandas de delincuentes compuestas por negros y latinos, mientras que los profesores renunciaban a sus responsabilidades; la mayoría de los alumnos no asistía a clases y abandonaban la escuela antes de terminar el año. Ése era el típico escenario. Fuller consideró que podía mejorarlo. Dedicó diez años de esfuerzos, y fracasó. Constató al mismo tiempo que los padres blancos de Milwaukee preferían no enviar a sus hijos a la escuela pública; los únicos que iban obligatoriamente, porque no tenían otra opción, eran los negros pobres del centro y los latinos. De hecho, la escuelas públicas pasaron a ser ambientes segregatorios.

Los blancos de Milwaukee asisten a colegios privados, confesionales o laicos, con resultados excelentes; pero las familias negras, generalmente pobres, no tienen medios para enviar a sus hijos a colegios pagos. La verdadera injusticia para los negros y los latinos, concluye Howard Fuller, es que no tienen opción. Él mismo renunció a sus funciones para ayudar realmente a los jóvenes negros de Milwaukee, aplicando la teoría de la "libre elección" concebida inicialmente por Milton Friedman.

La democracia, según Friedman, es el derecho de elegir, en particular el derecho de elegir una escuela, sea uno rico o pobre. Por otra parte, se puede calcular el costo del año escolar para un alumno: es del orden de unos 6.000 dólares para la escolaridad primaria, de unos 7.000 para la secundaria. Para que exista una elección real en los padres, es necesario que la ciudad o el Estado les otorguen *vouchers* educativos que ellos entregarán, a su vez, a la escuela que elijan, pública o privada: el dinero va al niño. Esta libre elección hace que las escuelas compitan entre ellas, y las obliga a innovar para mejorar su oferta, pues en caso contrario se encaminarían al cierre porque los alumnos desertarían.

En 1995, Fuller pudo convencer a los políticos de la ciudad y del estado de Wisconsin de que el *voucher* era la solución para los alumnos desfavorecidos. Los sindicatos de la enseñanza pública hicieron campaña en contra de la libre elección, como hacen en todo Estados Unidos cada vez que esta iniciativa avanza; pero Fuller ganó porque contó con el apoyo de los padres negros. El *voucher* correspondía a las familias cuyos ingresos eran inferiores al ciento veinticinco por ciento del umbral de la pobreza —unos 20.000 dólares al año—, es decir, a casi todas las familias del centro de la ciudad. Al principio, sólo se admitió a las escuelas privadas laicas en este sistema de elección libre, luego se unieron las escuelas religiosas. En 2004, un quince por ciento de los alumnos negros y latinos de Milwaukee, sobre una base de cien mil, rechazaron las escuelas públicas que les tocaban; con el *voucher* eligieron una escuela privada. Del centenar de escuelas privadas que aceptaban *vouchers*, dos tercios recibían antes exclusivamente a niños blancos; la segregación racial desapareció de esta manera. El resto asiste a escuelas privadas especializadas que sólo admiten niños de las minorías negras y latinas, pero con programas adaptados y una disciplina rigurosa. Entre estas escuelas, algunas consideran que 6.000 dólares es mucho, y devuelven una parte al gobierno de la ciudad; otras piden una colaboración a los padres. En estas escuelas privadas, los resultados escolares de los alumnos negros son mucho mejores que en la escuela pública. Sin duda, éste es un efecto previsible de la selección inicial que hicieron los padres; pero también la pedagogía resulta mejor para los niños desfavorecidos que, sin el *voucher* educativo, hubieran quedado abandonados en la selva urbana.

Las escuelas públicas de Milwaukee perdieron un 15% de sus asistentes, pero sin embargo no entraron en quiebra, porque los gobernantes electos carecen del coraje político necesario para reducir el presupuesto de manera exactamente proporcional al número de alumnos perdidos. Esta pérdida continuó por tres años. Pero la competencia despertó al sector público; la disciplina mejora; los jardines de infantes, que antes eran sólo privados, por pedido de los padres ahora son ofrecidos también por el sector público. Hubo un ligero progreso en las escuelas públicas de Milwaukee, donde los resultados escolares se miden cada año mediante pruebas. La demostración parece indicar que la utopía era realista: al parecer, el *voucher* educativo es del todo eficaz para los negros más pobres.

A pesar de este éxito de difícil refutación, en el cual no intervino la ideología, la experiencia de Milwaukee permaneció aislada. Por una razón: los sindicatos de enseñanza pública no la quieren. Más allá de Wisconsin, y salvo en la ciudad de Washington, que contaba en 2004 con un alcalde negro, y se realizó de manera limitada y experimental, los sindicatos bloquearon siempre y en todas partes esta libertad de opción. Con argumentos mezquinos: el *voucher* educativo vendría a ser una conspiración conservadora cuyo objetivo es destruir la esfera pública y obligar a los chicos a que asistan a escuelas religiosas. Para promover este discurso un tanto pobre, los sindicatos disponen de fondos considerables que destinan a la compra de espacios publicitarios en televisión. En contra de esto, Howard Fuller viaja por todo Estados Unidos para intentar hacer conocer su experiencia y explicar las virtudes de la libre opción; pero el apoyo que logra de algunas fundaciones es bastante modesto. No entiende por qué quienes hablan de igualdad y justicia no apoyan aquellas medidas que liberarían verdaderamente a los negros de los guetos.

¿La affirmative action *vale para Europa*?

¿Las sociedades europeas y americanas son comparables, y a los europeos les concierne la *affirmative action*? ¿Deberían reflexionar acerca de los mecanismos que orientan hacia la integración de las minorías? Particularmente en Francia, uno escucha repetir que nuestras naciones estarían cimentadas en principios opuestos, en la ciudadanía, de este lado del Atlántico, y en el comunitarismo, más allá. Esta oposición es excesiva. En verdad, Francia y Estados Unidos proceden de la exaltación de una ciudadanía personal, puesto que en Norteamérica no existe el derecho de la comunidad. La única excepción fue hecha a las tribus indias que han sido reconocidas por medio de tratados antiguos como naciones auténticas, dotadas de derechos colectivos. Todos los demás pueblos norteamericanos sólo pueden expresar reivindicaciones culturales propias de su comunidad de origen; éstas son de la misma naturaleza que las pretensiones lingüísticas en Europa. El comunitarismo no crea un derecho propio y no interfiere en el ámbito de la igualdad ciudadana entre los individuos. La *affirmative action* no se basa entonces sobre el derecho de las comunidades, sino sobre el interés general de la sociedad: ¿cuenta o no con ventajas como para fijarse un objetivo de diversidad? Es posible que este interés general ultraje ciertos derechos individuales, ¿pero no es esto una constante en toda sociedad igualitaria? Aquí como allá, la *affirmative action* no opone dos concepciones de la sociedad, sino que interroga a dos sociedades comparables para lograr objetivos similares. En Estados Unidos, resultó que la *affirmative action* era necesaria para instaurar una sociedad de ciudadanos iguales; es una reparación, de la misma manera que el New Deal en los años treinta "reparó" la sociedad capitalista amenazada por la depresión económica.

Lo que no se plantea, o se plantea mal en Francia, es lo siguiente: ¿estamos o no en una situación que pone en riesgo nuestros principios fundadores, puesto que las minorías de origen norafricano no pueden acceder a una auténtica ciudadanía política y económica? Si, como se debería prever, esta situación es reconocida como peligrosa, la *affirmative action* es un modo de reparar la sociedad francesa para que ésta continúe fiel a sus principios, a los principios aplicados y no meramente declarados. Se constatarán por cierto los efectos perversos de la *affirmative action*, como se ven en los Estados Unidos; pero éstos deben ponerse a la par de los efectos también perversos que impone la ausencia organizada de la diversidad étnica. Este enfoque pragmático y no partidista presupone un diagnóstico unánime acerca del estado de nuestra sociedad, antes de que los procedimientos en favor de la "diversidad" puedan ser considerados y puestos en marcha. ¿Esto nos llevaría entonces a reconocer las razas para combatir el racismo?

Los liberales norteamericanos se sorprenden cuando se enteran de que en Francia no se contabilizan las minorías. "¿Cómo hacen ustedes, nos preguntan, para combatir el racismo, si ni siquiera lo miden?" En realidad sí lo medimos y lo tenemos en cuenta, sin reconocerlo, por medio de múltiples sesgos, aunque raramente de manera asertiva. ¿Es mejor hacerlo sin decirlo, o decirlo y hacerlo? ¿Debemos confiar en la pureza de nuestras intenciones, o ensuciarnos las manos, a la norteamericana?

7. LA REPÚBLICA REBELDE

◆

Los norteamericanos tienen muy poco respeto por su clase política; tratan a los gobernantes elegidos para ocupar cargos políticos como en el siglo XIX se despedía a los inoportunos, cubriéndolos de alquitrán y plumas antes de expulsarlos de la ciudad. En el otoño de 2003, el mundo descubrió atónito cómo los californianos echaron al gobernador elegido un año antes, Gray Davis, y lo sustituyeron por el actor Arnold Schwarzenegger, hasta entonces más famoso por sus músculos y la encarnación que realizó de *Terminator* que por sus facultades intelectuales. En este espectáculo, los roles eran nuevos, pero la situación era clásica: en la mayoría de los estados norteamericanos, los ciudadanos pueden dar por terminado el mandato de los políticos en cualquier momento, por medio de una petición que sea mayoritaria o por un "impeachment" (juicio político) adoptado por asambleas locales. Del mismo modo, es común modificar las leyes con un referéndum de iniciativa popular, que permite saltearse así a los representantes elegidos; esta práctica es más frecuente en el Oeste de Estados Unidos, donde el antiestatismo es más virulento. En el Oeste, todo cargo político resulta sospechoso, todo puede parecer abusivo. Si los norteamericanos gustan poco del Estado, los californianos son los más desconfiados entre ellos; desde los años sesenta, recurren sistemáticamente a la democracia directa. En California, se ha vuelto una forma de gobierno y un modo de injerencia sobre el Estado: una ingobernabilidad que complace a los conservadores, pero inquieta a los liberales. ¿Será la democracia directa el futuro de la república? El futuro, dicen en California, es ahora.

Schwarzenegger, el Gobernator de California

Cuando *Terminator* fue elegido *Gobernator*, California se pareció más a su propia caricatura. ¿Seguía siendo una democracia? La elección parecía determinada por el dinero, y la realidad política daba paso a la ficción cinematográfica. Los medios de comunicación europeos se burlaron, y otro tanto hizo la izquierda norteamericana. Quienes detestaban a Ronald Reagan, gobernador de California desde 1966 hasta 1974, sentían revivir una pesadilla; quienes adoraron a Reagan compadecieron a *Terminator*, porque no nació en Estados Unidos, y no puede acceder a la presidencia. Haciendo a un lado todos los prejuicios, la epopeya de Arnold Schwarzenegger es una muy exacta representación de la democracia norteamericana, y del futuro de ésta.

El procedimiento de revocación es común pero la excepción californiana se debe a que lo facilita: basta una petición firmada por un ocho por ciento de los electores para que sea sometida a votación. Este límite resulta tanto más bajo, dado que las abstenciones son numerosas. Si la petición logra la mitad de los sufragios, el cargo saliente es ocupado por el competidor que obtiene el mejor resultado en el curso de ese mismo escrutinio. Ronald Reagan, gobernador de California, fue objeto de dos intentos revocatorios, ambos infructuosos. Estas revocaciones no precisan argumentos a favor: el pueblo no tiene por qué explicarse. El procedimiento es diferente al "impeachment", que es decidido por los parlamentos y debe ofrecer explicaciones; cuando en 1998 el Congreso federal procuró un "impeachment" al presidente Clinton, justificó su propuesta aduciendo que el jefe de la Casa Blanca negó sus relaciones con Monica Lewinsky.

En California, el verdadero obstáculo a la revocación es el dinero: reunir firmas de un estado tan extenso exige los servicios de empresas especializadas. Éstas encuestan a los electores principalmente en los estacionamientos de los supermercados. En 2002 el diputado Darlell Issa decidió invertir diez millones de dólares de su fortuna personal para revocar a Gray Davis; le fue más fácil porque este gobernador era impopular, la economía andaba mal y California padecía ¡una crisis energética!

Gray Davis se había vuelto también rehén de lobbies muy poco simpáticos para los electores, como las tribus indias operadoras de casinos; éstas habían financiado su campaña electoral, y Davis pagaba sus deudas concediéndoles una legislación favorable. El éxito de la petición revocatoria en contra de Gray Davis promovió cientos de candidatos a su sucesión; las estrellas porno gozaron de una especial atención por parte de los medios liberales, bien dispuestos a burlarse del circo californiano.

Apareció Schwarzenegger. Aunque republicano en un estado demócrata, sólo podía ganar: él *es* el sueño americano hecho realidad. O mejor dicho: él es el sueño californiano. No hay nada en él dejado al azar o a la naturaleza. ¿Inmigrante? Esto es un as en la manga en California, donde un californiano de ascendientes californianos es una especie rara. ¿Autodidacta? Inmigrante austríaco, pobre, salió de la pobreza por el trabajo, los estudios y el deporte; es graduado en administración de empresas por una universidad y campeón de fisicoculturismo. En Europa, un político musculoso produciría risas; en California, donde todos esculpen sus cuerpos mediante el deporte y/o la cirugía, suscita emulación, y nada de burlas. La *success-story* continúa: Arnold fundó una empresa inmobiliaria, se convirtió en dueño de supermercados, luego en el actor que conocemos. Al igual que Ronald Reagan, que no fue sólo un actor —aunque lo fue por poco tiempo—, Arnold Schwarzenegger tampoco es sólo un actor, incluso si actuó mucho; los californianos ven en él a un autodidacta musculoso y multimillonario: tres cualidades reunidas en un solo hombre. En Europa, las facultades intelectuales se ven privilegiadas, incluso entre los políticos; en Estados Unidos, se desconfía de los "intelectuales", especialmente en el terreno político. De los intelectuales se sospecha que sus contactos con la realidad son exiguos y que su entusiasmo por las ideologías, que arruinan a las naciones, es grande; la historia de Europa no desmiente a los norteamericanos.

En California, que es más bien liberal, ¿Schwarzenegger no es un poco demasiado conservador? Se casó con una Kennedy, que pertenece a la aristocracia liberal: aquí su protección por izquierda. Los judíos son influyentes en California: es conveniente borrar los orígenes austríacos. Hace importantes donaciones al Instituto Simon Wiesenthal de Los Ángeles, que se ocupa del antisemitismo: esto tranquiliza.

Agregaría algo que no se dice: Schwarzenegger encarna lo que el escritor Norman Mailer llamó "la venganza del hombre blanco". Mailer se refería a la guerra en Irak, que despertó a los demonios viriles de la Norteamérica blanca.

Pero en California el demonio también está al día; desde 1968, el Estado había sido asediado por feministas, gays, multiculturalistas y otros sujetos políticamente correctos. Aparece Arnold: se declara respetuoso de todas las sensibilidades, de todas las razas, y se disculpa por haber abusado de algunas mujeres cuando era jovencito. Pero lo que dice no borra aquello que encarna a los ojos de muchos hombres blancos (y de muchas mujeres blancas) de California: un ligero sabor a revancha. Más allá de los blancos, muchos latinos se revelaron también más sensibles al machismo de Arnold que a la compasión predicada por los liberales cuando se dirigen a las minorías. El cuerpo de Arnold hablaba tan fuerte que no le hacía falta hacer comentarios; los periodistas radiales, cuyo rol es decisivo en un estado donde todos pasan varias horas por día arriba del auto, lo hicieron por él. La mayoría de ellos adoran las causas provocativas, o incluso racistas y antifeministas; el negocio pasa por ser políticamente incorrecto, en oposición a la prensa escrita y a la televisión siempre muy oportunistas y convenientemente liberales. Estos conductores son los megáfonos de la mayoría silenciosa; en California se llaman Rush Limbaugh o Michael Savage; están a favor de Dios, del ejército, de la policía, en contra de los impuestos, de los homosexuales, de las feministas, de los que reciben asistencia del gobierno. Y en la elección en California, estuvieron a favor de Arnold Schwarzenegger.

Milton Friedman, mentor anarco-capitalista

Arnold el *Gobernator* no es un cuerpo sin alma, ¿pero su espíritu es verdaderamente suyo? Él dice que pertenece a su mentor, el economista Milton Friedman, y Friedman evoca a su discípulo con ternura. ¿Qué pueden tener en común estos dos personajes tan distintos? Schwarzenegger reconoce que descubrió el pensamiento de Friedman no mediante la lectura, sino mirando por televisión, en 1978, el programa "Libertad de elegir". *"Free to choose"* era un sitcom intelectual en donde Milton Friedman y su esposa Rose explicaban en veinte lecciones ilustradas con documentales qué era la economía de mercado y cómo superaría al estatismo. Esta serie televisiva difundida en todo el mundo fue un momento decisivo en la revolución conservadora de los años ochenta. Solamente hubo un país importante donde no se emitió: Francia; Friedman llegó a la conclusión de que el estatismo francés era definitivamente incurable.

Pero la batalla intelectual de Friedman no es solamente de carácter económico; considera que ha demostrado desde hace mucho tiempo la superioridad de la economía de mercado sobre la del socialismo, de la estabilidad monetaria sobre la inflación (lo que le valió el Premio Nobel de Economía) y del libre comercio sobre el proteccionismo. ¿Para qué retornar de nuevo a aquello? Con más de noventa años, él se encuentra ya en una segunda fase de su "revolución por la libertad de elección", la etapa política destinada a hacer desaparecer el Estado Benefactor y llevar la administración pública a su verdadera dimensión: la mínima; esto hizo de él una especie de anarquista —"anarco-capitalista", nos precisa—. California le parece el mejor laboratorio para construir una sociedad libre. En los años veinte, recuerda Friedman, el estado era mínimo, pero la economía era más productiva, los individuos, más responsables y felices.

La felicidad es el objetivo de sus ideas; pero ¿qué es la felicidad? Milton Friedman la define como la facultad de aumentar sin cesar las elecciones personales. Se trata de una definición que impugnan los liberales. Profesor de Derecho en la Universidad de Chicago, Cass Sunstein procuró demostrar que la multiplicidad "friedmaniana" de las elecciones no conduce a la felicidad, que "más" no es equivalente de "mejor", y que existen límites máximos de elecciones más allá de los cuales los consumidores se vuelven ansiosos. El hecho es que, ante la pregunta acerca de qué significa la felicidad, el mismo número de norteamericanos declaró en 1950 y en 2000 que era "feliz", aunque su libertad para elegir entretanto se había multiplicado *ad infinitum*. Friedman refuta este tipo de investigación, y considera que sólo se debe medir lo que es mensurable y aquello sobre lo que se puede operar. Ateniéndose a su propia definición, él mismo estima que más felicidad en California exige menos estado, y aquí es donde interviene Arnold...

Su victoria, dijo Friedman, demostró lo descontentos que estaban los californianos con el gobierno de su estado. Dieron el "mejor de los primeros pasos". El procedimiento revocatorio que los liberales denuncian como factor de desorden complace a Milton Friedman; él mismo adora el populismo y el desorden, porque debilitan la burocracia. ¿Pero la democracia directa no volvería ingobernable a California? ¡Tanto mejor! La democracia directa no tiene por objeto tomar decisiones. Su función es impedir que el estado se ensanche. Sin este tipo de rebelión, el estado jamás se achicaría, porque la burocracia se organiza para proteger sus intereses e instalar lo que Friedman denominó la "tiranía del *statu quo*". Ahora bien, el *Gobernator*, al contrario de otros políticos, no tiene necesidad de echar mano a los fondos públicos; él ya es rico, lo cual, según Friedman, es una gran virtud en política. Su independencia financiera le permitirá organizar el debilitamiento del estado de California y aplicar los principios anarco-capitalistas de gestión de los servicios públicos por medio del mercado. Empezando por la escuela, anhela Friedman.

Según la teoría de Friedman, el deterioro de las escuelas públicas de California no requiere, para solucionarlo, un aumento de los fondos, sino un cambio hacia el *voucher* educativo, como ocurrió con la experiencia en Milwaukee anteriormente descrita. Con ese mismo espíritu, Friedman promueve que a todas las familias de California se les conceda un ingreso mínimo garantizado, independiente de los ingresos que perciban. Este mínimo reemplazaría a toda la ayuda social, que, actualmente, en Estados Unidos como en Europa, se distribuye teniendo en cuenta las situaciones particulares. Según Friedman, esta distribución de la ayuda es de inspiración socialista, puesto que le otorga poder a la burocracia sobre los individuos; los vuelve dependientes y los incita al fraude. Por el contrario, una asignación universal y automática suprimiría la burocracia social y la dependencia, garantizándole al mismo tiempo a cada uno un nivel de vida decente.

¿El *Gobernator* cree que, con sus armas de *Terminator*, destruirá a los enanos de la burocracia californiana? La revolución anarcocapitalista tomará un poco de tiempo, reconoce Milton Friedman; es, a su modo de ver, una cuestión generacional. Cada generación que arriba a la edad en que puede ejercer el poder, lo hace de acuerdo con las ideas que dominaron en aquellos años en los que se forjaron sus convicciones. Hasta los años ochenta, el pensamiento dominante era el liberal; no se volvió conservador sino más tarde. Así que la generación que actualmente se encuentra en el poder es culturalmente estatista; será necesario aguardar a que la generación formada en los años ochenta alcance la edad de las responsabilidades para que actúe según los principios anarco-capitalistas. Pero Milton Friedman no está apurado; no tiene más que noventa y un años y piensa siempre más rápido que sus detractores. Desde su sala de estar, en la cima de una torre en San Francisco, contempla la bahía y el Golden Gate. Los Friedman sólo la abandonan para ir a navegar en un lujoso transatlántico. "Dejamos atrás Norteamérica pero sin abandonarla", comenta Friedman. Y, mirando hacia la bahía, dice: "Es el paraíso, ¿no?". Uno querría darle la razón, pero el mundo todavía no se parece a California. "No, todavía no, añade Friedman, pero se parecerá".

De Los Ángeles a París, la rebelión de los contribuyentes

¿Que la ingobernabilidad de California será también nuestra? No se puede excluir esa posibilidad. ¿Quién podía predecir que una revuelta en contra del impuesto, originada durante los años sesenta en Los Ángeles por un tal Howard Jarvis, prendería en California, luego en los Estados Unidos, y finalmente en el resto del mundo? Sin embargo, fue lo que ocurrió.

En 1960, Howard Jarvis, que amasó una fortuna fabricando repuestos para aviones, decidió jubilarse; el espíritu de los tiempos exaltaba el Estado Benefactor, los gastos públicos, sociales y escolares. Jarvis detestaba a este Estado progre; estaba convencido de que la escuela pública promovía valores antinorteamericanos y que la ayuda social conducía a la pereza. La inflación le comía de a poco su jubilación, porque ella no estaba ajustada a la variación de precios, y el impuesto a la propiedad, que es el principal en California, amenazaba su patrimonio: su paraíso jubilatorio estaba bajo amenaza de quiebra. Para Jarvis, "el impuesto es un robo", una sensación muy extendida en California. Pero él no estaba solo en la preocupación por la deriva del Estado; compartía su amargura con las clases medias, que veían evaporarse el sueño de una casita propia, confiscado por los impuestos. Con talento para los discursos y para la organización, a Jarvis se le ocurrió una genialidad: exhumó artículos de la Constitución californiana que habían caído en el olvido desde hacía cincuenta años y que permitían ser enmendados para un referéndum con iniciativa popular. Jarvis fundó una asociación de defensa de los contribuyentes que, luego de quince años de campaña, juntó el millón y medio de firmas necesario para someter a referéndum una petición. En 1978, la propuesta de Jarvis, denominada propuesta 13, logró mayoría de votos y se volvió parte integrante de la Constitución del estado. La propuesta 13 limitó el impuesto sobre la propiedad a un uno por ciento del valor del mercado, y sometió los aumentos en los impuestos locales a una mayoría de dos tercios —algo casi imposible de lograr en el Parlamento de California—.

A partir de esta victoria histórica de Jarvis, California ingresó en una era del plebiscito, de la que nunca volvió a salir; desde entonces los electores se pronuncian sobre todos los temas que consideran importantes: los impuestos, las escuelas, el medio ambiente, la inmigración, la pena de muerte, la duración de los mandatos. Han quedado paralizadas aquellas instituciones electivas del estado, como el gobierno y el Congreso. ¿Y ahora qué? Según los partidarios de la democracia directa, es preferible que este estado demasiado grande y dispar permanezca inoperable. Para concluir con la parálisis, al año siguiente de la propuesta 13, otra propuesta, la 4, prohibía al estado cualquier aumento en el presupuesto que fuese superior a la inflación y al crecimiento demográfico. La rebelión fiscal de Howard Jarvis logró su objetivo; iba a convertirse en modelo para un gobernador de California que llegaría a la presidencia, Ronald Reagan.

A la revuelta fiscal le hacía falta una base teórica; y a esto se dedicaría un economista de Los Ángeles, Arthur Laffer. Apelando a curvas aproximativas, demostró que la reducción de los impuestos despierta el espíritu de empresa, mientras que un exceso de ellos lo adormece; la oferta se reactiva, los consumidores consumen más, y, gracias a un índice de crecimiento más alto, el estado recibe idénticos ingresos fiscales, aunque bajen los impuestos. Este toque de magia bastante difícil de verificar puede revelarse exacto a partir de ciertas circunstancias favorables; y en todo caso sedujo a California, a Estados Unidos y al resto del mundo. Jarvis vivió lo suficiente como para escuchar a François Mitterrand, en 1983, insistir con su lema: "Demasiados impuestos liquidan el impuesto". Desde entonces, la vulgata californiana no ha sido sustituida por ninguna otra; parece incluso eficaz. Contrariamente a lo que predijeron los detractores de Howard Jarvis, el estado de California no quebró. Gracias a un crecimiento económico ininterrumpido, al aumento de la población y a los esfuerzos por racionalizar el campo administrativo, el estado sobrevivió a la limitación del impuesto a la propiedad. Los adversarios de la propuesta 13 señalan que se redujeron las ayudas sociales y a las universidades; el rechazo al impuesto condujo además a la privatización de algunos servicios (como las autopistas con peaje); y, por último, la disminución de los recursos fiscales debió ser compensada a partir del aumento de las tarifas para ingresar a los parques naturales o de las matrículas a las universidades. Sin embargo, esta retirada relativa del estado era el objetivo de los rebeldes.

La industria de la democracia directa

Desde que se produjo la iniciativa impulsada por Howard Jarvis, la imitaron en California numerosos grupos. Todos los años, cientos y cientos de propuestas, destinadas a modificar la Constitución o las leyes, invaden el mercado político; un número muy reducido alcanza el límite requerido —un ocho por ciento de los votantes en la última elección a gobernador— para someter a escrutinio electoral las materias consideradas. En 2003, ese ocho por ciento representó un millón y medio de ciudadanos sobre una población de treinta y cinco millones. De los veinticuatro estados cuya Constitución prevé el derecho a la iniciativa, sólo Montana exige un límite inferior al de California. Está permitido cualquier tipo de iniciativa, en cualquier ámbito. El ministro de Justicia del estado vela por la autenticidad de las firmas, por los sondeos a partir de muestras, y para que el texto de la propuesta sea comprensible; ultrajar este control formal sería un ataque a la libertad de quienes votan. Todos los años, una o dos de estas iniciativas populares son aprobadas por sufragio universal; hay que agregar todas aquellas, muy numerosas, que nacen en el ámbito municipal. Sin embargo, una propuesta realmente se impone cuando terminan por agotarse todos los recursos jurídicos que presentaron sus adversarios desafortunados; algo así como una segunda vuelta se juega ante los tribunales, desde los estatales hasta la Corte Suprema. Así es que toda propuesta debe ajustarse a la Constitución federal o a la interpretación que da momentáneamente la Corte Suprema, que es la última instancia de decisión; esto puede demorar años. Pero ya no hacen falta quince años, como le pasó a Jarvis, para lanzar una iniciativa: se creó en California una industria de la petición, a disposición de los intereses organizados.

La democracia directa es onerosa; cada firma cuesta alrededor de dos dólares. En general, los vendedores entrenados abordan a los clientes en los estacionamientos, lo cual es un método menos costoso que enviar circulares; queda para el futuro el uso de Internet, con un costo tan bajo que pondría el derecho a la iniciativa al alcance de todos. Una vez validadas las firmas, la propuesta es sometida a escrutinio con vistas a una elección general, aunque el elector debe elegir, sobre una misma boleta electoral, un centenar de funciones electivas y arbitrar entre las largas propuestas de varias decenas de páginas. Para orientar al elector, los autores de las peticiones compran espacios en radio y televisión.

¿Quién toma estas iniciativas? Una causa financiada por un solo individuo que dispone de fondos no es algo sospechoso, ya que una financiación individual les parece a muchos electores algo así como un punto a favor de la independencia y en contra de intereses organizados. Pero, en general, por detrás de cada iniciativa individual se halla una corporación. Howard Jarvis fundó una liga de contribuyentes a partir de la cual confeccionaron listas, después juntó fondos para enviar las circulares. En 1988, los sindicatos educativos lograron proponer que se destinara obligatoriamente un cuarenta por ciento del presupuesto estatal a la enseñanza pública, a excepción de las universidades, que sufrieron mucho por ello. En 1994, el gobernador de California apoyó demagógicamente una iniciativa que suprimía la ayuda social para los inmigrantes ilegales; la justicia federal congeló la iniciativa por inconstitucional. En 1996, un grupo libertario de San Francisco logró que se legalizara una propuesta acerca del uso del cannabis con finalidades terapéuticas; los jueces federales bloquearon su aplicación. Durante el mismo escrutinio referido a la marihuana, y por iniciativa de Ward Connerly, la propuesta 209 prohibía en el estado de California cualquier discriminación positiva o negativa hacia todo individuo o grupo basada en motivos de raza, sexo, origen nacional, en el trabajo, en la enseñanza pública y en cuanto a la adjudicación de contratos. Esta enmienda a la Constitución detuvo el ingreso por cupos preestablecidos a la universidad; pero no impide que se consideren los méritos individuales de cada uno de los candidatos, lo cual permite al estado de California preferir la "diversidad" al caso individual. Algunas iniciativas son más liberales: en 1998, una propuesta en torno al condado de Los Ángeles hizo elevar los impuestos para financiar los servicios de urgencia y de traumatología de los hospitales públicos; los ancianos y los automovilistas estuvieron de acuerdo en que se les incrementaran los impuestos siempre y cuando el aumento estuviera al servicio de una causa que les resultara conveniente, pero que sirviera también al interés general.

¿Se clasificará como de izquierda o de derecha la célebre iniciativa de 1998, denominada "English only", que impide la enseñanza bilingüe, inglesa y española, en las escuelas públicas de California? En nombre del multiculturalismo, la educación bilingüe es celebrada por las élites políticamente correctas; fue en cambio rechazada por los conservadores blancos, pero también por las familias latinas de condición humilde, que consideraban al inglés como parte imprescindible para la integración de sus hijos.

El mismo año se adoptaron otras dos propuestas que resultan difíciles de clasificar. La 5 autoriza a las tribus indias a instalar máquinas tragamonedas en sus casinos; se adivina una alianza de conveniencia entre intereses financieros y el anhelo de los blancos de devolverles a los indios sus derechos tribales. Los fabricantes de máquinas tragamonedas, que fueron quienes financiaron la campaña pro india, recuperaron varias veces su inversión; la democracia directa no está libre de estas bajezas que también hacen a Norteamérica... Pero, con sus marcas en la misma boleta donde figuraban las máquinas tragamonedas, los californianos aceptaron el aumento del impuesto al tabaco para financiar una campaña en contra del tabaquismo, iniciativa que emanó del cuerpo médico y fue apoyada por la izquierda progresista que domina en Hollywood.

El ambiente cinematográfico merece aquí un Oscar; esta pequeña sociedad, agrupada en los bellos barrios de Los Ángeles, liberal y ecologista, está siempre a favor de las causas que se presentan como "progresistas", y a menudo las apoya en sus películas. En 1994, esta facción de bienintencionados pensadores financió una propuesta que prohibía las trampas para cazar lobos, en contra de la opinión de los guardaparques de las reservas; la democracia directa puede convertirse en rehén de la moda como de los lobbies.

Algunas propuestas inspiradas por Ralph Nader, el abogado de los consumidores, son menos directamente políticas y tienen por objeto proteger a los ciudadanos contra los abusos de las empresas. Un joven abogado, discípulo de Ralph Nader, Harvey Rosenfield, hizo campaña en 1986 contra las compañías de seguros de California. Las acusó de cobrar tarifas excesivas, de cobrar más a los clientes que vivían en los barrios pobres que a los de los ricos, a las mujeres que a los hombres, a no tener en cuenta el riesgo real que representaba cada cliente, en fin, de fraguar sus cuentas. Harvey Rosenfield reunió las setecientas mil firmas necesarias, y los electores ratificaron su propuesta, denominada 106. Luego de años de lucha judicial en retaguardia, las compañías de seguros debieron reembolsar a sus clientes las sumas que antes habían percibido indebidamente; modificaron sus tarifas, abrieron sus cuentas, y pudieron sobrevivir. Rosenfield demostró entonces que los "cow-boys" quijotescos pueden triunfar sin que eso implique la destrucción de la democracia o del capitalismo. La rebelión no es la revolución; es una tradición norteamericana, que no es revolucionaria. En esta tradición, se expulsa el *sheriff* después de que éste limpió la ciudad. Rosenfield no escapó a la regla: luego de su exitosa revuelta, intentó avanzar en vano con otras propuestas en contra de las empresas de salud que al parecer no respetaban los derechos sindicales de los enfermeros; pero ésta era una causa que no movilizó las pasiones. Para que una propuesta tenga éxito, debe haber odio o amor, racismo o celos, pasión o dinero. Y es imprescindible que se sumen las radios locales.

¿La democracia directa es democrática?

La democracia directa sirve tanto a los liberales como a los conservadores, pero en este estado conformado por inmigrantes sólo puede ser aprovechada por aquellos electores inscriptos. ¿No favorecería sólo a los blancos? De hecho, éstos representan las tres cuartas partes de los electores, y no son ni la mitad de California. Entre estos blancos, los mayores de sesenta años son los más activos en política; son también los más hostiles al impuesto, y los menos interesados en los servicios públicos y colectivos. En California, los más viejos son también los más ricos.

177

Esta minoría dentro de la mayoría blanca termina excluyendo a muchos ciudadanos, y más aún a quienes no lo son; la democracia directa sirve para lo que se denomina la primera California en contra de la segunda. La primera es blanca, anglófona y dispone de cómodos ingresos; vive cerca de las aguas (el océano en Los Ángeles, la bahía en San Francisco). La segunda es de color, menos educada, confinada a empleos precarios; es más pobre y vive en el interior más que en la costa. La primera está inscrita en los registros electorales, vota, toma iniciativas; la segunda, en general latina o asiática, no esta inscrita, no es ciudadana, no vota. ¿Y los negros? Pertenecen más bien a la segunda California, son activos en relación con la vida democrática, pero su influencia disminuye, cercenada por latinos y asiáticos que los sustituyen en la economía y, progresivamente, en la vida política local.

La democracia directa refleja entonces las preocupaciones y protege los intereses de la California número 1, pero sus iniciativas repercuten en la California número 2, que las sufre. Y a las cuales se adapta. ¿Es porque no dispone de los medios legales o financieros necesarios para protestar? Sin dudas, pero la California número 2 no deja de soñar con incorporarse a la California número 1. El éxito de unos pocos latinos o el ascenso colectivo de los asiáticos perpetúa el sueño y mantiene la creencia de que no es inalcanzable.

Por último, es imposible en Estados Unidos impugnar la democracia, aunque sufra desviaciones. La democracia no es, como en Europa o en el resto del mundo, un mero procedimiento para designar gobernantes o para contener la violencia; es un evangelio, un culto. Dentro de esta ortodoxia, la democracia directa es tan poco cuestionable que parece más auténtica que cualquier democracia representativa; todo lo que se acerca más a la soberanía popular confiere un aura de incorruptibilidad. ¿Parece populismo? Esta acusación típicamente europea es inadmisible en California. ¿Que votan muy pocos? Es un argumento que no vale nada tanto para los conservadores como para los liberales: que haya escasas inscripciones y escasa participación no refleja una insuficiencia de la democracia directa, sino que es la culpa de los votantes, o lo que ellos eligieron hacer. El pueblo es el responsable último de su destino, ya sea por medio de la abstención. Los perdedores de la democracia directa se ponen de acuerdo, puesto que la contraofensiva va a consistir siempre en inscribirse masivamente en los padrones electorales y en llamar más sistemáticamente a la participación.

Las verdaderas víctimas de la democracia directa son los aspirantes a ocupar un cargo político: las iniciativas populares tienen como objetivo negarles cualquier tipo de cheque en blanco. Los presupuestos locales, como los del estado, son, cada vez más, frenados por los electores antes que por sus representantes. En California, entre las dificultades federales y las obligaciones impuestas por los ciudadanos, dos tercios del presupuesto del estado ya están fijados antes de que el Congreso pueda emitir una palabra. Si la confianza que se les concede es tan limitada, ¿será acaso porque apenas la merecen? La mayoría de los políticos aspirantes a los cargos electivos fueron de la mano con intereses organizados que contribuyeron a su elección —empresas, Iglesias, sindicatos—, y como, gracias a una propuesta adoptada en 1990, está prohibido que un miembro del Congreso de California obtenga un segundo mandato, éstos tienden a "rentabilizarlo". El elector prefiere entonces votar directamente sus propios impuestos y destinarlos a las causas que más le interesen; con Internet, esta democracia directa e instantánea debería generalizarse.

Con la Web, la rebelión se hace electrónica

La Web nació en California; y no es un hecho fortuito. La Web no es sólo una técnica, es también una cultura, la cultura de la California anarco-capitalista. En los años ochenta, la modernidad de Silicon Valley perfeccionó el instrumento de un modo adecuado a sus costumbres: Internet es el medio que traduce su lengua y su universo mental, y se denomina cibercultura. Ésta se basa en un comportamiento individualista y antiautoritario que se nutrió naturalmente de la revuelta de los años sesenta. También en California se desarrolló un vocabulario particular, que se ha convertido en universal, que Internet permite, pero que no determinaba a priori. En teoría era posible redactar mails respetando los códigos de la correspondencia tradicional, con las habituales fórmulas de cortesía; pero los californianos impusieron el apóstrofe, el uso del nombre más que del apellido, la ausencia de todo respeto por las jerarquías, la concisión y aun la impertinencia.

Si Internet no hubiera tenido un origen californiano, su destino habría podido ser otro. Siendo de California pasó a ser el vector de la comunicación individualista e incontrolable. El internauta rebelde e inubicable se convirtió en un *netizen*; el ciudadano de la red que escapa a toda autoridad, la de los padres, jefes, maestros e Iglesias. Y la del Estado, por supuesto. Si el *netizen* se enriquece gracias y por intermedio de la Web, es difícil cobrarle impuestos, porque eligió una identidad virtual, inverificable; escapa al derecho nacional. El *netizen* es el actor social por excelencia de la utopía anarco-capitalista. Si se aventura en política, será por fuera de las estructuras y demandas partidarias, y lo hará por un interés particular e inmediato. Si fuera necesario, el *netizen* arma alianzas provisionales que son dictadas por las circunstancias; puede constituir muchedumbres virtuales o reales en tiempos de campaña. Luego cada uno retornará a su guarida, como lo hacía antes el pionero en su cabaña de troncos.

Howard Rheingold es un periodista californiano que teoriza sobre esta cibercultura, a la cual idealizó desde su aparición en 1992, y para quien significa la democracia última: su tesis es que las nuevas tecnologías —en este caso, Internet móvil— siempre terminan por determinar la sociedad en la que vivimos sin darnos demasiada cuenta de ello. Según su versión, el *netizen*, en oposición al ciudadano, ya no podría ser manipulado ni dominado. La fuerza democrática de las muchedumbres virtuales rehusaría toda represión, puesto que la rebelión electrónica, a diferencia de las muchedumbres revolucionarias, no puede ser aplastada por medio de la sangre. Muchedumbres instantáneas, reunidas en un momento por un interés común, convocadas por servicio de mensajería telefónica o por Internet móvil —las *flash mobs*—, podrían transformarse en lo que Rheingold denomina *smart mobs*, en muchedumbres inteligentes que se movilizan en torno a una justa causa. Y *smart mobs* convocadas por estos medios neutralizaron la reunión de la Organización Mundial del Comercio en Seattle en 1999; nacía el movimiento denominado "antiglobalización". Por la misma vía, las *smart mobs* provocaron en 2001 la caída del presidente filipino Estrada e hicieron que se eligiera a un inesperado presidente coreano en 2002. He aquí, según Rheingold, la aparición universal de una democracia rebelde: la cibercultura al servicio de los buenos sentimientos, un idealismo democrático y virtual.

Este entusiasmo por la cibercultura deja perplejos a los europeos, acostumbrados a los debates organizados según normas impuestas por las élites y la propia experiencia. La Web se sitúa en las antípodas de este modelo; la cibercultura es antiautoritaria, antielitista, es una rebelión permanente donde no cuentan el conocimiento, ni la experiencia, ni la edad, ni la clase. ¿El sueño anarco-capitalista es una garantía de libertad individual? Contra el Estado en su forma clásica, probablemente sí. Y también contra el elitismo: Internet transformará el modo en que se seleccionan los dirigentes políticos; cualquier candidato podría solicitar directamente el apoyo del pueblo sin tener que pasar por los designios de un partido, y encontrar directamente una financiación para su campaña. Esto fue lo que se comprobó por primera vez a escala nacional, con motivo de las primarias a la elección presidencial de 2004: surgía Howard Dean de manera inesperada en la escena norteamericana, financiado por Internet. El mismo Howard Rheingold le había diagramado el *site*; si el candidato perdió, al igual que John Kerry, fue porque se mostró menos convincente que sus promesas virtuales.

Los liberales desconfían de la cibercultura. Si los ciudadanos viven replegados en sus nichos Web, si ya no se informan o lo hacen en sitios cada vez más especializados, ¿qué queda, se pregunta Cass Sunstein en *Republic.com*, de aquellas experiencias compartidas a nivel nacional? Si cada uno puede elegir su información, si nadie está expuesto a que sus opiniones sean contradichas por otras, la intolerancia crecerá pronto. ¿La cibercultura llevará a su fin el interés general? Pero libertarios y conservadores no comparten este concepto de interés general; para el rebelde que dormita en todo ciudadano norteamericano, nunca se ha demostrado que exista un interés superior a la suma de los intereses particulares.

¿Cómo llegar a presidente?

En una república turbulenta, los contendientes deben posar de rebeldes; este escenario se impone a todo candidato, ya sea que provenga de las altas esferas políticas, del mundo de los negocios (Ross Perot en 1992), de las Iglesias (Jesse Jackson en 1992, Al Sharpton en 2004), del mundo de las asociaciones (Ralph Nader en 2000 y 2004), o de ambientes desconocidos, como los candidatos libertarios que se presentan en cada escrutinio. La elección de 2004 no escapó a esta paradoja. Los candidatos fingen enardecerse en contra de Washington, no sólo contra la administración existente, sino contra la capital de la nación, siempre condenable y condenada por su alejamiento respecto del pueblo. ¡En campaña, todos, sean senadores o gobernadores, se presentan como *outsiders*! El largo trayecto de las primarias, una prueba agotadora que se prolonga durante un año antes de arribar a la convención final, se desarrolla lejos de la capital, en la Norteamérica auténtica; por televisión, el candidato no deja de aparecer en las pequeñas ciudades y pueblos, sobre un fondo de fábricas y modestas granjas. Come en los pequeños hoteles, hace sus compras en los almacenes y no en los grandes supermercados; se quita la corbata; deja su campera al hombro, es un norteamericano común sobre el fondo de una Norteamérica que ya no existe. Pero que persiste en el imaginario colectivo como la *buena* Norteamérica, la segura, la familiar, la humana, la piadosa pero sin ninguna ostentación.

El candidato rebelde está solo, o finge estarlo; no es hombre de ningún aparato. Todos en la calle lo reconocen inmediatamente, pero él sin embargo siempre se presenta —a la norteamericana— al transeúnte, al obrero, al jubilado del asilo. Cuanto más ingresa Norteamérica en la era de la comunicación virtual, el candidato se produce más para evitar los artificios mediáticos: impone una presencia real, le da la mano a millones de seres humanos. Detrás de él, entre bastidores, lo acompaña un pelotón de consejeros en comunicación; éstos dictan el comportamiento del candidato, pero, en escena, sólo se ve al rebelde, militando contra la burocracia. Incluso si viene desde Washington e hizo carrera allí, de eso se olvidó. Para contar con la adhesión de las muchedumbres, el candidato manifiesta su cólera contra ese Estado que está demasiado lejos, inevitablemente mal administrado, o que podría estar mucho mejor, que debería demostrar mayor atención a los norteamericanos de aquí abajo. Etapa tras etapa, el rebelde aumenta su tropa de partidarios, encolerizados todos ellos contra el Estado; juntos, tomarán, retomarán Washington, o seguirán en campaña.

Si sobrevive a las primarias, el candidato llega a la convención de su partido; ésta ratifica la elección de las bases y no impone a nadie. Los norteamericanos no toleran que se les marque lo que deben elegir: es una herencia del calvinismo y del Far West.

Para llegar allí, el rebelde gastó millones de dólares; la rebelión cuesta caro. ¿Pero esta selección democrática no es una selección, sobre todo, por el dinero? ¿La democracia como fachada, y el capitalismo como recurso? La campaña presidencial obliga efectivamente a pelear en dos frentes: la conquista de electores y de auspiciantes; los dos frentes no coinciden más que imperfectamente. Un buen capitalizador de fondos puede revelarse un orador pobre. Es raro, en cambio, que un candidato sin dinero llegue lejos; sin comprar anuncios en radio y televisión, pronto desaparece.

¿De dónde proviene el dinero? Los conservadores son apoyados por la industria; los liberales seducen a la informática (aunque Bill Gates es conservador) y a Hollywood. Si tienen la habilidad de apoyar a su candidato indirectamente, los partidarios pueden gastar sin límites; durante 2004, el financista George Soros aportó dieciocho millones de dólares a sitios Web contrarios a la presencia norteamericana en Irak —como un modo de desestabilizar a George W. Bush—. Pero dado que los límites de los fondos directos son de menos de quinientos dólares, la financiación de las campañas debe basarse en grandes números; las técnicas del *direct-mail* hacen lo suyo, e Internet participa cada vez más. Por primera vez en una campaña presidencial, Howard Dean acumuló en fondos de campaña una cifra superior a la de sus rivales, casi exclusivamente vía Internet; recibía aproximadamente veinte mil dólares por día. Al volverse electrónica, la rebelión les confiere a los candidatos independientes una base financiera que es menos capitalista o menos hollywoodense.

Esta situación de selección de candidatos a presidentes es del todo opuesta a lo que conocemos en Europa, donde el candidato es, desde un principio, un *insider*: es designado por su partido después de haber hecho carrera, ratificado luego a un nivel popular en una segunda etapa. De estos métodos de selección opuestos entre ambos continentes surgen líderes, por cierto, de distinta clase. Desde Europa, los políticos norteamericanos parecen algo desgastados; es verdad que ni Ronald Reagan ni Jimmy Carter —dos *outsiders*— hubieran podido aparecer en el seno de la política europea. Por el contrario, los norteamericanos consideran a los líderes europeos, y sobre todo a los franceses, como una especie de patricios arrogantes. El hecho de que John Kerry tenga "aire francés" es uno de los principales argumentos que los conservadores utilizan en su contra.

Cuando europeos y norteamericanos hablan de democracia, no hablan exactamente de lo mismo. En Europa, la democracia son los principios jurídicos; en Estados Unidos, un principio espiritual y un proceso de elecciones permanentes. Las críticas europeas sostienen que la democracia norteamericana es populista; pero los norteamericanos lamentan que la democracia europea sea aristocrática. En Europa, los líderes se consideran a sí mismos con el deber de educar al pueblo; en Estados Unidos, con el de seguirlo en sus decisiones.

8. BIENVENIDA A LOS INMIGRANTES

◆

Flashback. Estamos en 1986, en la frontera mexicana. Un sombrero tejano Stetson marrón con el ala hacia arriba, anteojos Rayban impenetrables, camisa militar de un corte perfecto y bien planchada, William Doelittle, teniente de Estados Unidos en el regimiento de los *border-patrols*, hace guardia vigilando México. Ante él, como una franja de colores vivos, las casuchas rosadas y violetas de las viviendas de Tijuana indican el límite que separa las dos Américas. Al norte, la prosperidad del mundo anglosajón; al sur, la pobreza latinoamericana. En ninguna otra parte una frontera tan arbitraria —trazada sobre una línea de tres mil kilómetros por los azares de la guerra y de la historia— separa de una manera tan distintiva el mundo rico del Tercer Mundo. Veinte años atrás, Doelittle combatía en Vietnam. En 1986, el colt en su cinturón es un arma disuasiva, pero, según él, la misión es la misma: proteger el mundo libre, la civilización blanca, la prosperidad material... ¿Contra qué, exactamente?

Una invasión mexicana

Del lado mexicano, miles de hombres deambulaban sobre la estrecha franja de tierra que separa la última zona de Tijuana del territorio estadounidense; iban y venían en pequeños grupos, como ocupados en algún acontecimiento, improbable en un paraje tan desolado. Acostumbrado a esta táctica, Doelittle llamó refuerzos como para conformar junto a sus colegas una magra defensa: cuatro vehículos y apenas seis hombres. Los dos grupos se observaban, eran miles contra seis. Por lo alto preside el teatro de operaciones un helicóptero que pertenece a los servicios fronterizos, pasa y vuelve a pasar, bordea la línea fronteriza, llega rápido hasta la costa del Pacífico y de nuevo aparece, tan ruidoso como inútil. Esto duró unas horas hasta el anochecer, que, en esta latitud, cae brutalmente. La noche facilita las observaciones de los *border-patrols*, pues cuentan con prismáticos infrarrojos. Los mexicanos lo ignoraban. Convencidos de que la oscuridad los protegería, salieron disparados, sin ningún tipo de señal, sin hacer ruido, perdiendo el aliento, corriendo hacia Estados Unidos. Durante esta rara y breve caza, Doelittle y sus hombres se limitaron a pegar un grito, dieron orden de alto a los invasores. Y como si cada uno se sintiera directamente interpelado, se inmovilizaron todos, como obedeciendo una regla de juego no escrita o quizá por pánico, reflejo del campesino mexicano que enfrenta a un *oficial*. Esa noche, mil quinientos inmigrantes clandestinos fracasaron en su propósito y fueron conducidos a las instalaciones de la patrulla fronteriza, en Chula Vista; dos o tres veces más —pero, ¿cómo saberlo?— fue el número de los que se rehusaron a pasar. Todos y cada uno de ellos sabían qué hacían y a dónde iban: una dirección anotada en un pedazo de papel, un primo lejano, una explotación agraria en California, una empresa de limpieza en Los Ángeles. Estos trabajadores pertenecían, en su mayoría, a dinastías campesinas para quienes la inmigración a California es una tradición que se remonta, en ocasiones, a varias generaciones atrás. Si el inmigrante estaba solo —que es el caso de los que provienen de la ciudad—, encontraría rápido un empleo ocasional en los *street markets* (mercados callejeros) de Los Ángeles o San Diego.

Cuando realicé mi primera visita a la frontera, en 1986, vivían ilegalmente en territorio norteamericano de dos a cuatro millones de mexicanos, según las diferentes estimaciones. Doelittle lamentaba ya no poder reconocer su Norteamérica blanca; en la arquitectura, en los rostros, en los colores y sonidos, en todo, el sur de California habla por la civilización latinoamericana. El teniente no tenía previsto sin embargo dejar de trabajar en los *border-patrols*;

186

por veinte mil dólares al año, continuaría siendo un vigilante de una guerrilla absurda, que será siempre incapaz de encauzar una ola de emigrantes que, por todas partes, desde todo el mundo, llegaba hacia el Norte. Porque estos hombres y estas mujeres provenientes del Sur no huían sólo de la pobreza, huían de un mismo yugo de policías implacables, dictaduras delirantes, burocracias aplastantes. Ascendían hacia un mundo más rico y también más libre, más respetuoso del ser humano.

El bloqueo de la frontera

Volví de nuevo en 2004; en dieciocho años, diez millones de inmigrantes, aproximadamente, habían cruzado la línea. ¿Y el sargento Doelittle? Se jubiló, y no se fue nada lejos. Desde su casa en Chula Vista, puede ver la frontera; queda, me dice él mismo, cerca del lugar donde, hace treinta años, detuvo a su primer mexicano. Pero la frontera cambió: los terrenos baldíos que formaban una vasta *no man's land* entre México y los suburbios de San Diego se han parcelado, y se transformaron en una ciudad norteamericana de avenidas rectilíneas y césped siempre verde. Estos nuevos barrios ganaron terreno, golpeando contra la frontera que ahora está delimitada por un simple vallado de chapa. Hacia el sur, exactamente del otro lado de ese vallado, se amontonan las construcciones anárquicas de Tijuana; el contraste entre las dos civilizaciones permanece tan fuerte como hace dieciocho años. Pero no se ven mexicanos reunidos en la zona sur, desafiando a las patrullas norteamericanas para ingresar al norte; el corredor Tijuana-San Diego, que ha sido la principal vía de acceso de los inmigrantes a los Estados Unidos durante varias generaciones, fue bloqueado.

Quien encabeza la patrulla de Chula Vista es el sargento Martínez, un norteamericano de origen mexicano que fue el sucesor de Doelittle; está a cargo de las 16 millas más sensibles de toda la frontera norteamericana. Es aquí, recuerda Martínez, donde las cámaras de televisión filmaban las masivas infiltraciones de ilegales para demostrar que el gobierno norteamericano no hacía nada. Hasta 1996. El gobierno de Bill Clinton adoptó ese año el dispositivo *Gatekeeper*: bloqueemos la frontera. ¿Es eficaz, o es una mascarada? A primera vista, la chapa que indica la frontera apenas si es disuasiva; uno incluso puede saltar por encima de ella. Pero al menos, me explica Martínez, impide que se cruce la frontera como antes, en coche o a caballo. Este vallado no es sino un elemento más de un dispositivo complejo de disuasión y localización de los que Martínez denomina "nuestros clientes en potencia". Al norte de la línea, las patrullas sembraron el suelo de detectores de movimiento, de ruido y calor. En cuanto los norteamericanos observan señales sobre las pantallas de sus computadoras, se precipitan en patrullas y helicópteros hacia el lugar infiltrado, generalmente a tiempo para detener mexicanos. La frontera materializada no detiene a los inmigrantes, pero el riesgo de ser interceptados los disuade un poco más. Entre San Diego y Tijuana, dos mil hombres se despliegan, lo que representa un veinte por ciento de todos los guardias fronterizos de Estados Unidos, sobre una longitud de apenas 16 millas, cuando las fronteras terrestres norteamericanas alcanzan unas 5.000. La demostración es concluyente: por el corredor Tijuana-San Diego, ya no se pasa de modo ilegal, o casi. El número de detenciones descendió de 500.000 a 100.000 por año desde la fortificación de la frontera. Es un buen indicador: la reducción de las detenciones va pareja con la de las transgresiones.

¿Qué demuestra la operación *Gatekeeper*? Que es posible controlar la frontera, pero concentrando considerables medios técnicos y humanos. Generalizar este modelo en torno a todas las fronteras norteamericanas equivaldría a poner en marcha recursos que ni los gobiernos liberales ni los conservadores, mucho menos los electores, prevén. La opinión pública norteamericana no es tan hostil a la inmigración clandestina como para estar de acuerdo con un aumento en los impuestos; son numerosos también los norteamericanos, en particular entre los empleadores, que están a favor de la inmigración clandestina, fuente de mano de obra concienzuda y barata. Para aquellos a quienes la inmigración clandestina exaspera —y no faltan, en especial, en el sur de California—, la operación *Gatekeeper* es una satisfacción, pero también una frustración: los clandestinos que no pueden ingresar por Chula Vista simplemente eligen otras entradas.

Nada los puede detener

Luego de la puesta en marcha de la operación *Gatekeeper* en Chula Vista, el número de trabajadores mexicanos que penetran en Estados Unidos para ir a trabajar no disminuyó en lo más mínimo. El lugar de paso se desplazó de las zonas urbanas hacia la montaña y el desierto; la travesía, que no presentaba otro riesgo más que ser demorado durante algunas horas antes de volver a intentarlo, se convirtió en una aventura riesgosa a través de una naturaleza hostil. El gobierno norteamericano supuso que los obstáculos naturales desalentarían a los mexicanos. Para nada: pasa el mismo número de inmigrantes, aunque mueren por año trescientos o cuatrocientos, ahogados, congelados, muertos de hambre o abandonados a su suerte por quien les prometió que los iba a "pasar". Con el aumento del peligro, el paso se volvió también más caro; antes del *Gatekeeper*, entre Tijuana y San Diego muchos intentaban pasar solos, o bien, por unos cien dólares, un pasador de fronteras que habían conocido en las calles de Tijuana los informaba sobre los horarios de las patrullas y les indicaba el trazado de una senda montañosa. Pero atravesar las Rocallosas o el desierto de Arizona cuesta ahora de mil quinientos a dos mil dólares; los pasadores de fronteras, denominados "coyotes", pertenecen a redes que amasan fortunas de miles de millones de dólares. El emigrante considera sin embargo que su inversión está justificada; por esa tarifa, el "coyote" y sus camaradas transportan al cliente desde su pueblo en Jalisco o Yucatán hasta el empleador final, en algún lugar de Estados Unidos. ¿No es mucho dinero para un campesino mexicano? La familia que ya está instalada en Estados Unidos paga el anticipo: el trabajador sabe siempre a dónde va, y que allí lo espera un trabajo por doce dólares la hora.

La frontera, observan quienes están en contra de *toda* frontera, asesina, todos los años, más víctimas de las que jamás se cobró el muro de Berlín. La comparación es por cierto abusiva, al igual que el tono de una izquierda norteamericana que no peca de realista... Otra consecuencia involuntaria del bloqueo: dificulta el ida y vuelta; los trabajadores que, antes de la operación *Gatekeeper*, retornaban de muy buena gana a su pueblo para las fiestas de Navidad, ya no lo hacen para no correr riesgos. Prefieren hacer venir a su familia a los Estados Unidos. Así que, cuanto más controlada está la frontera, llegan más ilegales, que además se quedan, y hacen aumentar el número de inmigrantes; lo contrario al objetivo deseado.

El deseo de ser norteamericano

Si nada detiene a los mexicanos, es porque sus motivaciones son más fuertes que la voluntad de resistencia de los norteamericanos: del lado meridional, el mercado y la demografía; del lado septentrional, estados de ánimo. En México, en el centro y sur del país, la tierra escasea y la población aumenta; el país se industrializa, pero por un trabajo manual equivalente, un obrero ilegal gana en una hora, en Estados Unidos, lo que ganaría durante todo un día en México. Una migración que es insensible a la situación económica de Estados Unidos: cuando ésta mejora, la demanda norteamericana de trabajadores no calificados progresa; cuando se estanca, los empleadores suplantan a los trabajadores legales por ilegales, pues son más baratos.

La epopeya de los emigrantes mexicanos no se puede explicar sólo por motivos de mercado laboral y demográficos; sería ignorar una determinación, la de convertirse en norteamericanos. Para dejar atrás su pueblo, cruzar montañas y desiertos por un destino desconocido, es necesario contar con una voluntad y un valor fuera de lo común; el motor verdadero de esta enorme migración es el sueño americano. ¿Resulta muy diferente a lo que sucedió antes con los italianos, los judíos o los polacos que cruzaron el Atlántico? La odisea era incómoda, y la recepción en Ellis Island no era nada agradable. Cuando en su película épica y emblemática acerca de la inmigración, *América, América*, contó en 1963 la epopeya de un joven griego obsesionado por el sueño americano, dispuesto a sacrificar su moral, su familia y sus amigos para llegar a Nueva York, ¿no describió el cineasta Elia Kazan a todos los inmigrantes de todos los continentes, hasta los mexicanos y chinos de hoy? Cuando se pregunta qué es lo que, desde hace un siglo y medio, metamorfosea tan rápidamente a los inmigrantes, tan distintos en un principio, en norteamericanos auténticos, la explicación se debe a las condiciones de la partida tanto como a las de la llegada: se hacen muy fácilmente norteamericanos porque, de entrada, mucho antes de llegar, habían decidido serlo.

El guardia fronterizo es esquizofrénico

El mismo sargento Martínez es chicano. ¿No se siente incómodo al prohibirles el ingreso a sus primos mexicanos, justamente por el mismo camino que utilizaron sus propios padres? No, el sargento considera que les está ofreciendo un servicio humanitario. Al desalentar la inmigración clandestina, Martínez asegura que les ahorra a los mexicanos la explotación a que los someten los "coyotes", pero también les ahorra riesgos físicos y todos los problemas de una vida clandestina en los Estados Unidos; este elaborado discurso no tiene para nada en cuenta, evidentemente, la férrea determinación de los trabajadores de pasar sea como sea.

¿Es legítima la lucha de Martínez? Muchos norteamericanos lo dudan. En verdad, Martínez interpreta su papel ante dos públicos con expectativas contradictorias.

El primero está formado por los empleadores norteamericanos que no pueden prescindir de trabajadores ilegales, una mano de obra ideal por su coraje y por su costo. Sin esta mano de obra, resultaría imposible recoger las cosechas, garantizar la limpieza, llevar adelante las obras de construcción o servir a los consumidores; nadie, en Estados Unidos, quiere hacer estas tareas. El Gobierno norteamericano tiene en cuenta esta necesidad económica: al tiempo que Martínez clausura la frontera, el control de los empleados inmigrantes y sin documentos en las empresas es muy poco frecuente. Si se imponen algunas sanciones contra los empleadores, son lo bastante modestas como para no perjudicar la rentabilidad que depende de la mano de obra ilegal. Existe una única excepción: Ohio, que es muy liberal; los inmigrantes lo saben, y lo evitan.

Para el otro público, el segundo, el que se queja de la degradación de las escuelas o de los servicios sanitarios, que se siente "sitiado" por los mexicanos, o que es xenófobo como en tantas otras partes, Martínez desempeña un segundo rol: el del vigilante inflexible de la soberanía nacional. Condenado a la esquizofrenia, Martínez, en apariencia un guardián de las fronteras, es en realidad un gendarme que "administra" la inmigración de masas, sin detenerla. Todos los años, de cuatrocientos a quinientos mil trabajadores se suman a los millones de clandestinos, entre cinco y seis, que residen y trabajan en Estados Unidos.

Un fracaso aparente del libre comercio

¿La alternativa a la migración de las personas no podría ser la migración de los bienes, las inversiones y la riqueza? La Unión Europea también conoció extensos movimientos de población del sur hacia el norte, en particular desde Italia, España y Portugal hacia Francia; luego, el libre comercio, la creación de un mercado único, igualaron progresivamente las condiciones. Desde entonces, todos en Europa pudieron permanecer en sus países y contar allí con suficiente prosperidad.

Inspirados por este precedente, Estados Unidos, México y Canadá firmaron en 1993 un acuerdo de libre comercio, el TLC; se esperaba que las tres naciones obtuvieran un provecho simultáneo y que los mexicanos no se vieran obligados a "subir" hacia el Norte para vivir con decencia. Cuando se firmó el tratado, los presidentes mexicano y norteamericano, Salinas de Gortari y Bill Clinton, destacaron los beneficios de liberalizar el comercio de los bienes por sobre el de las personas; se dijo que se crearía tanta riqueza y empleo en el Sur que en diez años se reduciría a la mitad el número de mexicanos que quisiera pasar al Norte. Transcurrieron diez años y la migración se expandió. ¿Se trata de un fracaso del libre comercio, o es demasiado pronto para abrir juicio? ¿O los jefes de Estado mintieron para conformar a la opinión pública de sus respectivos países? ¿O se admitirá que las relaciones entre Estados Unidos y México no pueden compararse, como se dijo, con las que mantenían antes Francia y España?

Probablemente, los gobiernos mintieron: sabían que el libre comercio favorecería, sobre todo, a los empresarios y a los inversores de ambas naciones, que contribuiría seguramente a acelerar el crecimiento en los tres países, pero que el efecto sobre la migración sería más bien modesto. Pero más que modesto parece negativo. ¿Qué sucedió para que en la práctica se contradiga tanto la teoría del libre comercio? El libre comercio llevó efectivamente a que empresarios norteamericanos invirtieran en México, lo cual aumentó la riqueza y el número de trabajo industrial. Por su parte, los exportadores mexicanos lograron una nueva salida en Estados Unidos. "Globalmente", las dos naciones obtuvieron ventajas económicas del libre comercio. Pero la emigración de los mexicanos hacia Estados Unidos nunca ha sido un fenómeno "global". Así como en el siglo XIX los europeos no se dirigían "globalmente" hacia América, los mexicanos no emigran "globalmente". Hay 2.400 municipios mexicanos, pero casi la totalidad de la emigración proviene de 386: son los más pobres, o aquellos que tienen una tradición de emigrantes. Ahora bien, estas regiones agrícolas no se beneficiaron con el libre comercio; tampoco obtuvieron provecho de las inversiones industriales ni de la apertura del mercado norteamericano. Peor aun, estas regiones son las más pobres, eternas productoras de leche y maíz que fueron invadidas por los productos importados de Norteamérica; mientras México se convertía en el primer importador mundial de leche en polvo, el campesino que sobrevivía a duras penas vendiendo su leche y su maíz fue expulsado de su mercado natural por los industriales de Estados Unidos.

La teoría económica del libre comercio fracasó en las realidades del Tercer Mundo y la desidia del gobierno mexicano. De hecho, si se hubiera preparado al campesinado para que cambiara de actividad, seguramente habría encontrado un oficio sustituto. Pero México invierte poco en educación, y menos aun en la de los pobres. Resulta, además, que en las provincias industriales los empresarios carecen de mano de obra calificada, mientras que en el centro y el sur del país, las zonas rurales destruidas por el libre comercio son abandonadas por los que emigran. Era una situación previsible, pero las oligarquías de México fueron indiferentes a ella, y a las autoridades norteamericanas les cuesta admitir que las virtudes de la economía liberal no son siempre universales.

¿Se debe concluir que el libre comercio es un error, que convendría renunciar a él y retornar al proteccionismo? Pero la economía es una ciencia ingrata que no ofrece sólo treinta y seis menús. El libre comercio no cumplió con todas sus promesas; por cierto dislocó comunidades, pero es verdad que México ha progresado. Todo indica apenas que la dinámica es más lenta que las esperanzas hiperbólicas que generó; en el largo plazo, no se conoce aún una mejor solución que pueda ofrecerles a los mexicanos una elección auténtica entre permanecer o emigrar hacia Estados Unidos.

Citaremos, no obstante, la original teoría de Gary Becker, no tanto por su eficacia práctica como por constituir una nueva ilustración de la teoría de la acción racional, cuyos efectos sobre la delincuencia describimos con anterioridad.

Una teoría alternativa: pagarse la entrada

Recordemos que, de acuerdo con la teoría de la acción racional —una teoría dominante en las universidades norteamericanas—, todo individuo es racional, en todas las civilizaciones y desde siempre. Nuestras decisiones individuales obedecerían a la lógica económica. Cada uno actúa —o más exactamente conduce su vida— como si calculara las ventajas futuras que espera obtener de su conducta actual.

El inmigrante, según Becker, es un individuo racional; la sociedad que lo recibe también es racional. Si la asistencia social, el *welfare*, no distorsionara la relación directa entre el esfuerzo individual y la recompensa, las leyes del mercado controlarían perfectamente la circulación de los hombres de un país a otro, a la manera en que los precios se ajustan a las leyes de la oferta y la demanda de las mercancías.

Estados Unidos se pobló de hombres y mujeres que calcularon sus riesgos en una inversión que consideraron rentable. En el siglo XIX era común que los inmigrantes se endeudaran para pagar el viaje, gasto que luego cancelaban con los primeros años de salario. Se trataba entonces de una "epopeya racional", tanto desde el punto de vista del emigrante como del país que lo recibía. Pero ese equilibrio se rompió. A partir de entonces, es posible que resulte racional para un inmigrante ingresar a Estados Unidos —y mucho más a Europa— para beneficiarse con atención y protección social gratuitas; pero dejó de ser racional para el país que lo recibe. Dos soluciones lógicas permitirían, en abstracto, reequilibrar aquel contrato: o que se reduzca la protección social en el país que recibe inmigrantes, o volverlo discriminatorio, es decir reservado exclusivamente a los compatriotas. En los dos casos, resulta prácticamente irrealizable.

Becker propone una tercera solución: hacerles pagar la entrada. El precio de la entrada debería cubrir los gastos de recepción. Esto desarmaría cualquier tipo de oposición a la inmigración, puesto que el inmigrante pagaría para acceder al mercado laboral, pagaría por los servicios colectivos y sociales. ¿Es un absurdo? No tanto. Un inmigrante racional es capaz de calcular si podrá costearse su inversión. En el sistema de Becker, cada Estado fijaría su propia tarifa, y el inmigrante podría elegir entre ellos. Estados Unidos, por ejemplo, sería caro, pero con una esperanza de alta rentabilidad para el inmigrante. Más caros serían Japón o Suiza. Pero Canadá o Argentina más baratos, etc.

¿No sería acaso una ventaja concedida a los ricos? "*So what!*" ¡Su propia inversión sería positiva para el país que los aloja! ¿Pero cómo harán quienes son pobres y talentosos? El Estado que recibe inmigrantes podría adoptar tarifas diferentes según las cualidades, conceder préstamos bajo condiciones favorables, o incluso dispensar del arancel de ingreso a ciertas categorías.

El racionamiento que propone Becker debería completarse por medio de un acceso restrictivo a la ciudadanía. No para defender una identidad cultural o étnica —los partidarios de la teoría de la acción racional no son xenófobos—, sino para permanecer en la misma lógica. Puesto que la ciudadanía otorga el acceso a ciertos servicios públicos y ayudas sociales, ésta tiene un valor económico mensurable; por lo tanto es racional que el inmigrante se vea obligado a trabajar durante varios años antes de acceder a este patrimonio común creado para los ciudadanos.

¿Se trata de una teoría inmoral? Para Becker, la moral y la racionalidad coinciden. ¿Es algo extravagante? Cuando los gobiernos de Norteamérica o del Canadá conceden visas de residencia a inversores que seleccionan debido a su importancia (desde un millón de dólares en Estados Unidos), ya están de lleno, pero a escondidas, en la lógica de Becker, sin llevarla a sus últimas consecuencias. ¿Y quién puede sugerir otra alternativa, sabiendo que la prohibición de toda inmigración no es ni deseable ni defendible? Los adeptos a la teoría de la acción racional, desde un razonamiento puramente económico, amplían el campo de reflexión; proponen nuevas herramientas para superar el dilema de abrir o no la frontera, y curar al patrullero Martínez de su esquizofrenia.

California se convirtió en Mexifornia

Luego de treinta años de inmigración y reencuentros familiares, un cuarenta y cinco de la población de California es de origen mexicano, sin contar a los ilegales. Un Estado que tiene la mitad de su población de origen mexicano, ¿sigue siendo norteamericano? Victor Davis Hanson, profesor de Historia en la Universidad de California, considera que este Estado se convirtió en *Mexifornia*. En un volumen publicado en 2003, que llevó ese mismo título, el autor evoca los recuerdos de una California paradisíaca, la de su propia infancia, durante los años cincuenta. Los anglosajones vivían en perfecta armonía con sus criados mexicanos; éstos venían para la cosecha —los *braceros*— y retornaban en invierno a su tierra natal. Aquel mundo tambaleó cuando los mexicanos llegaron masivamente y se instalaron por sus propios medios. ¿Pero cuál fue la causa?

A partir de 1970, California se transformó en un estado industrial y urbano, desesperado por conseguir mano de obra para construir ciudades, para proveer pequeños servicios que los blancos no tenían ningunas ganas de hacer, y menos la minoría negra; los empleos estacionales se volvieron permanentes. Esta transformación de la economía californiana fue una bendición para el mexicano, pero también para los californianos anglosajones, aunque a menudo se les escapa la relación entre calidad de vida y el numeroso personal que los rodea. Si California ya no es aquella que vuelve nostálgico a Victor Hanson, no es tanto por culpa de los inmigrantes como por obra del paso de una sociedad rural a un mundo urbano y posindustrial; y California jamás pudo haberse convertido en una economía de vanguardia sin ayuda del inmigrante mexicano. Esa nueva sociedad es más brutal que el mundo antiguo, la violencia es más frecuente, las relaciones menos corteses; a menudo hay jóvenes mexicanos que encarnan la violencia, pero imputar esta descortesía y mala educación a la inmigración mexicana equivale a confundir el orden de los acontecimientos.

Todavía es posible divisar un futuro diferente, una versión optimista de *Mexifornia*. Hanson ve a los mexicanos como si fuesen conquistadores: los nuevos bárbaros que al fin impondrán su idioma y sus hábitos. Pero los inmigrantes se ven a sí mismos como futuros ciudadanos de Estados Unidos. Si California llegara a fusionar culturas tan diferentes entre sí como el universo mexicano y el anglosajón, mezclando hombres y tradiciones, se volvería el primer estado a la vez norteamericano y no blanco; la California-*Mexifornia* garantizaría la ambición universalista del proyecto norteamericano, que no considera razas ni orígenes; y vendría a anticipar el futuro americano.

¿Cuál versión es la más exacta, la que mejor da cuenta de la California real? Los pesimistas tienen, en el corto plazo, un par de buenas razones para quejarse, en particular todo lo que tiene que ver con la degradación de las escuelas, "invadidas" por los mexicanos; pero la dinámica que está operando se orienta hacia la integración.

La integración triunfa sobre el multiculturalismo

Cien kilómetros al norte de la frontera, la universidad de Irvine irradia prosperidad y paz. Sobre su campus soleado, hay estudiantes blancos, morenos, asiáticos; los negros son muy pocos. Aquí no se dice que un estudiante es mexicano: es latino. Tal es el modo de nombrarlo, políticamente correcto, y lo que está legalmente reconocido en los cálculos de las preferencias de admisión. Extraña categoría esta de latinos: acá se ubican todos los pueblos hispanohablantes. La categoría referida a los europeos es igualmente extraña, resultaron agrupados por los censos y las políticas preferenciales, aunque durante dos siglos los ingleses se opusieron a los irlandeses, a los italianos o a los judíos.

Leo Chávez, un joven sociólogo de Irvine, explica que ciertamente él es latino, que su origen es mexicano, pero que rechaza de plano los términos de inmigrante y de minoría. Asegura que sus antepasados colonizaron California un siglo antes de que ella perteneciera a Estados Unidos. Chávez pertenece a una minoría que llegó a California antes de que lo hiciera la "mayoría" europea; entretanto, esa minoría está por convertirse en mayoría. Su calidad de latino favoreció, a pesar de todo, su carrera universitaria; en nombre del principio de la diversidad —los latinos se hallaban subrrepresentados en los cuerpos docentes—, el profesor Chávez consiguió una acelerada promoción. Sus colegas europeos no tuvieron ese derecho, y los asiáticos menos; éstos se hallan sobrerrepresentados y no cuentan con favores especiales. ¿Se merece Chávez su puesto universitario? Generalmente, los universitarios latinos y negros dicen que no le deben su promoción a la *affirmative action*; no es lo que piensa Chávez. Él considera que beneficiarse con ella ha sido algo justo. Sin el principio de diversidad, ¿sería profesor? Jamás lo sabremos.

Partidario de las preferencias comunitarias, Leo Chávez está también a favor de la etnicidad: la clasificación de los norteamericanos por comunidad de origen. Es indispensable enumerar a las minorías si queremos probar que son discriminadas; no tener esto en cuenta, bajo el pretexto de una igualdad entre las razas, equivaldría a cerrar los ojos ante la discriminación, y renunciar a luchar contra ella. Pero, en oposición a lo que sucede con los negros que, en general, gustan de esta distinción, a los latinos los espanta; y Leo Chávez se aflige.

Los trabajos de Leo Chávez demuestran la rapidez con que se disuelven las comunidades latinas entre las masas norteamericanas. A partir de una segunda generación, sus compatriotas olvidan el idioma español; en la tercera, un sesenta por ciento de los mexicano-norteamericanos sólo hablan inglés entre ellos. La única excepción son quienes viven en la frontera con México. Tanto la televisión como la escuela contribuyen a esta asimilación lingüística; muy rápidamente, los jóvenes inmigrantes se identifican con un equipo de fútbol americano, con su grupo de hip-hop predilecto. Los nietos ya no pueden comunicarse con sus abuelos; en México dejaron su espíritu, entraron a marcha forzada en la norteamericanización, fomentados por sus padres, ya que de otro modo su ascenso social se vería comprometido.

Para salvar lo que pueda salvarse aún de la memoria mexicana, con otros universitarios adeptos de la "raza latina", la Raza, Leo Chávez milita por la enseñanza bilingüe. En los años ochenta, este tema movilizó a los partidarios del multiculturalismo; entonces, las escuelas públicas de California formaban a un tercio de los alumnos mexicanos en español, y sólo accesoriamente en inglés. El resultado fue desastroso; estos niños nunca llegaban a aprender inglés, y después de la escuela debían enfrentar las mayores dificultades antes de encontrar un trabajo conveniente. La aventura bilingüe terminó en 1998, cuando un referéndum de iniciativa popular puso fin al experimento e impuso al inglés como única lengua de la enseñanza. Desde entonces, el multiculturalismo y la salvaguarda del alma mexicana tienen como campo de batalla el terreno, menos peligroso, de la historia. Chávez reclama una historia revisionista de Estados

Unidos, que dé su justo valor al aporte latino: le parece que habría que subrayar la participación de tropas mexicanas junto a George Washington. Pero las propuestas revisionistas de Leo Chávez no convencen a los inmigrantes, sobre todo a los más pobres; el sueño americano que las élites impugnan sigue intacto entre los humildes. Estas grandes esperanzas, ¿están bien fundadas?

Los latinos, ¿destinados a la explotación o a la integración?

El sueño americano es una promesa de ascenso social: los nietos de un obrero inmigrante esperan alcanzar la clase media en dos generaciones. ¿Será cierto para los mexicanos como lo fue para los irlandeses, los italianos o los rusos? Los liberales son escépticos al respecto.

El sociólogo Stephen Klineberg, experto en migraciones en la Universidad Rice de Houston, otro gran puerto de entrada para los latinos, observa que la mecánica para fabricar clases medias a partir de una población inmigrante ya no funciona como antaño. Esto no se debe al origen étnico de los inmigrantes, sino a que la escuela pública ya no cumple con su rol de integración. De acuerdo con esta crítica liberal, a las escuelas públicas que frecuentan los niños mexicanos les faltan recursos y docentes; a los contribuyentes blancos, especialmente en California y Texas, les repugna pagar impuestos para financiar los servicios públicos de los pobres, mientras que las familias blancas prefieren las escuelas privadas, donde la educación es mejor y los mexicanos están ausentes con aviso. Este tipo de crítica emana de los medios favorables al gasto público, como lo son los gremios docentes, tan poderosos en Estados Unidos como en Francia, pero se trata de una queja que no se ve corroborada por la realidad. En California, los recursos de las escuelas públicas aumentan incesantemente, tanto en los barrios acomodados como en los que están poblados por inmigrantes; la falta de recursos para integrar a los mexicanos es un argumento político popular entre los liberales, aunque no verificado. Sin embargo, es cierto que el progreso de los mexicanos es más lento que el de blancos y asiáticos. ¿Será que son menos dotados que esos chinos y vietnamitas que se imponen en las aulas de las escuelas de California? La raza no explica nada; de hecho, la diferencia se debe a los orígenes sociales de mexicanos y asiáticos. De Asia provienen familias ya educadas, seleccionadas por las agencias de inmigración norteamericanas, y favorecidas por leyes que acuerdan una ventaja a la calificación; los mexicanos, por el contrario, son casi todos campesinos pobres.

¿Les falta a estos mexicanos un interés auténtico por la escuela? Es una posibilidad que hay que considerar. Más que los resultados escolares, a las familias les interesa que sus hijos empiecen a ganar dinero lo antes posible. No todos han interiorizado aún que viven de manera definitiva en Estados Unidos, y que la economía norteamericana cambió: requiere o trabajadores muy informados, o mano de obra barata para los servicios. En esta economía donde ya no basta trabajar duro para trepar en la escala social, la educación condiciona el estatus social y económico. ¿Hay que concluir que los mexicanos de segunda generación quedarán estancados bien abajo en la escala social, confinados como sus padres en actividades físicas mal remuneradas? Stephen Klineberg lo profetiza: condenados a no ocuparse más que de empleos manuales, los latinos constituirían una subclase, a la vez una raza y una clase tanto social como económicamente inferiores. ¿Será Estados Unidos en el futuro una sociedad de amos y esclavos donde las clases laboriosas se irán convirtiendo en clases peligrosas?

A una *remake* de la lucha de clases, otro sociólogo, Frank Bean, de Irvine, opone el guión de lo que fue la historia de los italianos. Las familias italianas, en sus primeras generaciones en Estados Unidos, no daban una importancia particular a los estudios; preferían que sus hijos ingresaran lo antes posible en el mercado de trabajo. En los años veinte, los italianos parecían destinados a constituir un proletariado hereditario, hasta que empiezan a alcanzar el estándar norteamericano con un ligero desfasaje. Pero, observa Frank Bean, convendría que los docentes ayuden a los mexicanos a integrarse inculcándoles los "valores positivos" de Estados Unidos; si en nombre del respeto por la diversidad cultural las escuelas públicas cultivan los mitos de la diferencia en lugar de promocionar la disciplina y la ética del trabajo, los latinos podrían, efectivamente, degenerar en esa subclase que temen los liberales. A la inversa de lo que ocurre en Europa, son los conservadores más a menudo que los liberales quienes apoyan la inmigración. ¿Cómo explicar esta inversión de los frentes?

Los inmigrantes renuevan los valores conservadores

Los empleadores ven en los mexicanos a los trabajadores ideales; baratos, nunca rezongan por trabajar, son poco afectos a las reivindicaciones, rara vez participan en sindicatos. Sin ellos, la agricultura californiana se derrumbaría, y otro tanto ocurriría con la hotelería, o habría que aumentar los precios. La mano de obra mexicana permite también economizar en las inversiones técnicas; por eso, las industrias californianas están menos automatizadas que sus equivalentes europeas. Los empleados locales, los gobernantes electos que les son afines, y las publicaciones financieras, de las que el *Wall Street Journal* es la más destacada, apoyan la inmigración.

En un llamado a la opinión ilustrada publicado por ese diario a principios de 2004 y titulado "Un manifiesto conservador sobre los principios de la inmigración", un grupo de intelectuales protestó contra el aumento de los efectivos de la policía de fronteras (de 3.000 en 1990 a 10.000 en 2000), cuyo único resultado era aumentar el número de víctimas por el cruce ilegal de los límites internacionales, sin detener en absoluto el flujo de clandestinos, que corresponde a unos seis millones por el mismo período. Los firmantes agregaban que la inmigración, hoy como ayer, era "vital para la economía norteamericana y para sus Fuerzas Armadas", y que era la última arma "contra el estancamiento y la decadencia".

Más allá del cálculo económico, los conservadores se alegran de que los inmigrantes latinos, lejos de desafiar al modelo capitalista, contribuyan con su trabajo y su espíritu de empresa. Las nuevas empresas, en California, evitan en lo posible tener asalariados a su cargo, y prefieren tercerizar, estableciendo relaciones contractuales con otras empresas; esta práctica, nacida en Silicon Valley, ya es normal en California, y sin duda ganará al resto de Estados Unidos. Exige de los inmigrantes que se organicen a su vez en empresas, algo que los mexicanos saben hacer: sus valores económicos coinciden con los de los conservadores.

Otro tanto ocurre con su conducta moral. Las sólidas familias mexicanas, su moralidad cristiana, su ética del trabajo, regeneran ese sueño americano que los liberales impugnan. A los ojos de los conservadores, los mexicanos tienen también la virtud de no contar demasiado con la asistencia pública del Estado Benefactor; recurren menos a estos servicios que los inmigrantes de otras culturas, y no es por ignorancia de estos servicios, sino porque sus tradiciones los alejan de ellos. Las familias mexicanas son más unidas; las madres solteras son menos frecuentes entre los mexicanos que entre negros y blancos.

También en política parecen más bien conservadores; mexicanos que ya son ciudadanos norteamericanos votan poco, pero sus sufragios no se dirigen automáticamente hacia los demócratas, lo que los distingue radicalmente de los negros, que les son favorables en un noventa y cinco por ciento. Cuando en 2003 un candidato de origen mexicano se presentó como rival de Arnold Schwarzenegger para gobernador de California, el cuarenta por ciento de los ciudadanos latinos prefirieron al androide de Hollywood a Jorge Bustamante, que sin embargo era su hermano de raza.

Los mexicanos, ¿no serán tan norteamericanos como los otros? Un estudio de la universidad del sur de California, publicado en 2004, mostraba que después de veinte años de residencia en ese estado, dos tercios de los inmigrantes eran propietarios de su vivienda; el noventa por ciento estaba por encima de la línea de pobreza. Si los asiáticos triunfan en California más rápido que los latinos, éstos los siguen de cerca.

Así son las cosas, pero no convencen a todos los norteamericanos. Como antaño contra la inmigración irlandesa, italiana o judía, una corriente de pensamiento "nativista" protesta contra la pretendida dilución de la auténtica cultura norteamericana en el océano de la inmigración. El politólogo Samuel Huntington debía expresar en 2004 esta nostalgia un poco xenófoba en una obra titulada *¿Quiénes somos?* Recicló ahí los argumentos invariables sobre "los inmigrantes de color que no comparten nuestros valores". Valores que él define de tradición anglo-protestante; su propia tradición. No existe, proclama, "un sueño americano, sólo existe un sueño anglo-protestante". Pero se guarda muy bien de definir ese sueño, así como de decir cuál es la sustancia de los valores que defiende; ya en una obra anterior, *El choque de civilizaciones*, no se había tomado el trabajo de definir qué entendía por "civilización". Uno infiere que Huntington, como Victor Davis Hanson para California, añora una sociedad norteamericana idealizada y que ya desapareció hace un siglo; sólo queda un doce por ciento de anglo-protestantes en Estados Unidos, según revelan los censos. Nada de esto impide a Huntington encontrar lectores, porque en Estados Unidos como en todas partes existe un público narcisista enamorado de su identidad y hostil a la realidad. Pero, a diferencia de Europa, estos movimientos nativistas, como el aislacionismo en política extranjera y los proteccionismos en economía —tres caras de una misma cerrazón al mundo—, ejercen poca influencia; los candidatos que hacen suyos estos mensajes, como fue el caso de Patrick Buchanan en la elección presidencial de 2000 (dos por ciento de los votos), son minimizados por los votantes; al noventa y ocho por ciento de los norteamericanos le resulta difícil convertirse en xenófobo.

Un crisol de razas que no descansa pero se renueva

Un chicano, norteamericano de origen mexicano, ya no es un mexicano; tampoco es un norteamericano como los otros. El chicano se asimila, pero al mismo tiempo modifica la sociedad norteamericana en la que ya ingresó definitivamente. Porque no es solamente un individuo pasivo explotado por los capitalistas. El aporte del chicano no se limita al folklore, los tacos y la guitarra; más determinantes para el porvenir norteamericano, los mexicanos introducen en Estados Unidos un cristianismo nuevo y el hábito del mestizaje.

Cristianos —y practicantes, en un país que ya lo es en proporción enorme—, los mexicanos mezclan costumbres indias con los Evangelios en un sincretismo alejado de las liturgias romanas; donde los mexicanos y otros latinoamericanos son numerosos, crean "asambleas de Dios" que prescinden del sacerdote, pero no del trance ni de la iluminación interior. A medida que se expanden en Estados Unidos, dejan un surco de nueva cristiandad que expulsa a la antigua, y la sustitución es más rápida debido a que las liturgias evangelistas latinas se parecen a los cultos bautistas de los negros norteamericanos y de los blancos del Sur. En su conjunto, dan fuerza a lo que hemos llamado la "nueva religión norteamericana".

Cristianos en sincretismo con el mundo indio, los mexicanos son también mestizos, porque la raza mexicana no tiene más existencia que la etnia latina; esta categoría administrativa reagrupa a todas las razas que se cruzaron en el continente latinoamericano. Los mexicanos, conscientes y orgullosos, desarrollaron en los años treinta, en torno al mestizaje, el concepto de raza "cósmica", es decir universal; no experimentan ninguna renuencia a más mestizaje, una conducta que rompe con la obsesión anglo-sajona de la pureza de sangre. Bajo esta influencia mexicana, los matrimonios mixtos progresan; antes de los años sesenta, era inconcebible que un asiático, chino o japonés, se casara fuera de su comunidad; hoy la mitad de los asiáticos se casa con no asiáticos, y un cuarto de los latinos, con no latinos. Estos matrimonios mixtos ya no son estigmatizados por la sociedad. Las uniones entre blancos y "gente de color", prohibidas en California hasta los años cincuenta, hoy dejan a todos indiferentes.

California se divide entre los nostálgicos de una civilización anglo-sajona que desaparece, los defensores de un comunitarismo donde cada uno cultivaría su identidad, y la realidad social, que es mexiforniana. Una Mexifornia mestizada a su vez por los asiáticos, chinos, japoneses, vietnamitas. Sin olvidar a los armenios, los judíos de Irán, los indios, los etíopes, etc. No existe sin duda una sola nación en el mundo que no esté representada en California. Basta con escuchar las radios de Los Ángeles: ¡es Babel! Aquí nace una nueva Norteamérica, que no es blanca. No por ello es menos fiel a los principios fundadores de Estados Unidos; sólo que el proyecto norteamericano ya no es únicamente para los blancos.

La raza norteamericana, o el sueño de Crèvecoeur

En 1782, Saint-John de Crèvecoeur, que fue el primer comentarista del sueño norteamericano, se preguntaba en una de sus *Cartas de un agricultor norteamericano*: "¿Qué es un norteamericano, ese hombre nuevo?". Respondía: "Es un europeo o descendiente de europeos, de allí esa extraña mezcla de sangres que no se encuentra en ningún otro país. Podría citar una familia cuyo abuelo es británico y su esposa, holandesa. El hijo de ambos casó con una francesa, y sus cuatro hijos tienen cuatro esposas que pertenecen a cuatro naciones diferentes". Este mestizaje, impensable en la Europa de entonces, dejaba estupefacto a este pionero de los estudios americanos. Y añadía: "Es norteamericano aquel que, dejando atrás sus antiguos prejuicios y maneras, adopta un nuevo modo de vida, obedece a un nuevo gobierno y acepta el nuevo rango al cual accedió".

Esta Norteamérica que describía Crèvecoeur no tenía ni diez años de edad, pero ya se parecía a aquella en la que buscaba convertirse. Con los límites inherentes a la época: en la observación de Crèvecoeur, el mestizaje que crea la nueva raza europea excluía a los negros y a los indios, tan numerosos entonces en Estados Unidos. Este mestizaje tan relativo se confinaba a Europa del Norte. A fines del siglo XIX, Crèvecoeur habría podido constatar que su nuevo hombre norteamericano todavía se cuidaba mucho de casarse con italianas, irlandesas, ni siquiera con judías. A fines del siglo XIX, había negocios de Nueva York que prohibían el ingreso a los perros y a los irlandeses. Sólo a mediados del siglo XX cayeron las barreras entre europeos, y Estados Unidos generó la primera raza europea que se reconoció con una identidad de estas características. Una identidad europea que apareció en Estados Unidos mucho antes que en Europa...

Si nadie duda de que esa identidad europea existe en Estados Unidos, ¿se irá o no a mestizar a su vez para conformar una superidentidad americana y universal, haciendo realidad, siglos después, el sueño formulado por Crèvecoeur? De un censo nacional a otro, el número de norteamericanos que, en vez de hacer una cruz en el casillero, "Blanco", "Negro", "Indio", "Latino", prefieren el de "Dos razas", sigue siendo modesto, pero no deja de crecer. ¿Cómo se debería llamar esta nueva raza? El campeón de golf Tiger Woods propone una denominación: sus orígenes son tan diversos —es blanco, negro y asiático— que él mismo rehúsa definirse por una raza en particular, así es que se declara *cablanasian* (caucásico, *black*, asiático). Si un porvenir étnico tomara forma en California, éste podrá ser el de *cablanasian*.

9. LA DESTRUCCIÓN CREATIVA

———————————— ◆ ————————————

¿Cuándo, por fin, darán un paso en falso los norteamericanos? Los europeos que no simpatizan con Estados Unidos, es decir un enorme número de ellos, y la izquierda norteamericana que detesta el capitalismo, están al acecho del menor desperfecto. Ninguna otra economía nacional es escrutada con tanta atención, no tanto para descubrir la receta de su éxito como para detectar el menor indicio de un desfallecimiento; durante estos últimos veinte años, la prensa y los expertos han anunciado la desindustrialización de los Estados Unidos, la quiebra de Silicon Valley, la desaparición de la clase media, la aparición de una nueva pobreza, el incremento de las personas sin hogar, del desempleo, varias quiebras bursátiles, la bancarrota del Estado, y, sobre todo, la decadencia. La "decadencia" es para algunos economistas e historiadores norteamericanos —franceses también, a veces— una industria que produce libros y crónicas en serie.

La decadencia se hace esperar; desde hace veinticinco años, Estados Unidos produce invariablemente un tercio de la riqueza mundial. Su economía resiste la competencia de Europa, de Japón o de China, todas juntas. En cuanto a investigación e innovación, la soberanía norteamericana sigue siendo absoluta: la mitad de las patentes registradas por año en la Organización Mundial de la Propiedad Industrial son norteamericanas. En estos últimos veinte años, el crecimiento medio anual alcanzó un 3,2 por ciento en Estados Unidos, contra un 2,2 en Europa y un 1,1 en Japón. Si lo pensamos desde el punto de vista de los individuos, un norteamericano medio dispone de una renta treinta por ciento superior a la de un europeo; nosotros queda-

209

mos atrás. Durante el mismo período, los norteamericanos no sufrieron inflación ni desempleo masivo: trabajo es lo que menos falta en Estados Unidos. Admitamos que el dólar y el consumo no hagan, inevitablemente, la felicidad, y que nuestras sociedades no sean comparables; las economías, en cambio, sí pueden describirse y compararse. La de Estados Unidos va más rápido que la nuestra; es innegable.

Un capitalismo inimitable

Lo que conduce a la superioridad objetiva y cuantificable de la economía norteamericana es algo relativamente simple: el misterio no es sólo uno, pero parece difícilmente exportable de Estados Unidos a Europa. Consiste en algo para lo cual el economista austríaco Joseph Schumpeter inventó un término en 1930: es "la destrucción creativa", fundamento del capitalismo. Esta metáfora se traduce en Estados Unidos, y de manera concreta, en el mercado laboral: año tras año, ahora mismo, 28 millones de empleos se suprimen porque las empresas fueron destruidas. Es algo que se ve: el paisaje norteamericano es una constelación de instalaciones industriales abandonadas que dan pie a la creencia de que se trata de una economía en ruinas. Pero, al mismo tiempo, se crea un número de empleos equivalente o superior en torno a empresas nuevas; a este movimiento considerable se añade un quince por ciento de trabajadores que cambian de empleo entre aquellas empresas existentes.

Las autoridades públicas no hacen generalmente nada para detener la desaparición de las empresas; todo, en cambio, se organiza para facilitar los inicios de las nuevas. La ley y las instituciones favorecen a las "entrantes", a los empresarios que están por venir, más que a los empresarios ya existentes, y no respetan los derechos adquiridos. Este principio va a contramano del modelo dominante en Europa: entre nosotros, los derechos adquiridos; en Estados Unidos, nada puede considerarse adquirido. Un trabajador del sector privado norteamericano pasará durante toda su vida, en términos medios, por seis empleos diferentes; a ese ritmo, no estará nunca desocupado o lo estará brevemente. Porque no se protege, el mercado laboral privado, paradójicamente, es más seguro en Estados Unidos que en Europa; allá, la inestabilidad del empleo conduce a una seguridad global.

Este principio de la destrucción creativa guía la mayoría de las políticas económicas que emprenden todos los gobiernos norteamericanos. La innovación se ve favorecida por el bajo tipo de interés; la escasa protección social, lo cual reduce los gastos de ingreso al mercado, facilita la creación de nuevas empresas; el suministro de energía, las comunicaciones a bajo precio, promueven nuevas ideas, y su realización; la abundante inmigración reporta recursos de mano de obra inagotables y poco costosos; la flexibilidad general en el mercado laboral acelera los ingresos y salidas. Todo esto favorece al pionero y a la toma de riesgos. Por el contrario, se les cobra dinero a las empresas viejas para ayudar a las más jóvenes; así es que la industria clásica financia los servicios médicos que nuevos empresarios podrán utilizar sin que ellos mismos se deban asegurar. La ausencia de seguridad social generalizada favorece a los "entrantes".

El rol de las instituciones económicas explica mejor la performance norteamericana que sus innovaciones técnicas. Éstas se vuelven rápidamente universales; una empresa de informática o farmacéutica no funciona de muy distinto modo en Europa y Estados Unidos. Entre la vieja Europa y Estados Unidos, las divergencias de productividad más significativas se sitúan, en realidad, en el campo de las industrias clásicas y los servicios públicos; en Europa, éstas son las actividades más protegidas contra la competencia, donde nadie más entra al mercado. La economía protegida es siempre la más lenta.

Si salir de manera veloz del mercado para volver a entrar de modo aun más veloz es la clave del modelo norteamericano, para Europa esto es algo inimitable. ¿Quién, entre nosotros, iría a aceptar el desmantelamiento de las protecciones sociales, la competencia con los servicios públicos, un ejército de inmigrantes listos para trabajar, el abandono a su suerte de las empresas con problemas? ¡Es impensable! La única posibilidad de convergencia entre Europa y la experiencia norteamericana se debe a la moneda: si el euro se volviera tan atractivo como el dólar, nuestros empresarios se beneficiarían de un tipo de interés tan bajo como el de los norteamericanos. Pero, así, aisladamente, este parámetro no basta para que alcancemos a Estados Unidos. El principio de destrucción creativa parece actualmente el único que, según prueba la experiencia, conduce al crecimiento rápido y al pleno empleo; no se conoce hasta el momento ninguna otra alternativa eficaz. Todas las naciones que pueden ensayarlo, se acercan. La vieja Europa no puede, y se vuelve prisionera del crecimiento lento y del desempleo en el sector privado. Para consolarnos, se podrá leer que el capitalismo norteamericano no sólo no es moral, sino que tampoco está libre de contradicciones.

¿El capitalismo es salvaje?
43 millones de personas sin seguro

Todos los norteamericanos conocen a Janet o a Sharon o a Tim. Si han estado en Estados Unidos, también los conocen. Podemos ver sus nombres en sus camisas; son quienes, con entusiasmo, recitan las especialidades del restaurante o las promociones del supermercado. Son blancos, negros, mexicanos, ciudadanos o no, legales o no. Ganan doce dólares por hora, no tienen un contrato de trabajo, los pueden despedir inmediatamente sin preaviso ni indemnización. Carecen de cualquier tipo de protección social. Son cuarenta millones, aproximadamente, y se los conoce con el nombre de *working poors*, los trabajadores pobres. Estos trabajadores son el mecanismo esencial de la sociedad de servicios norteamericana, fundada sobre la diligencia, la flexibilidad del mercado laboral y sus costos modestos. Sin estos *working poors*, la economía norteamericana tropezaría o se asemejaría a las economías europeas, más generosas en otorgar protección social, mucho menos en proveer empleos. En Estados Unidos, el empleo es más importante que la protección; es lo que se llama una elección de la sociedad, aunque esto nunca se haya sometido a ratificación.

Acá está Sharon, vendedora en una gran tienda de Detroit, en Michigan. Es negra, soltera y madre de dos niños; a los veintiocho años es un emblema de los no asegurados. Un destino como el de ella está en el corazón de la crítica europea al capitalismo norteamericano, y también de la crítica norteamericana; ésta sin embargo es más moderada, incluso entre los liberales. En Estados Unidos, Sharon no es considerada una oprimida por el sistema capitalista sino una víctima de su propio comportamiento. Esta visión calvinista domina el sentimiento público, incluso entre aquellos que no son protestantes y también entre los liberales. ¿Pero Sharon no es víctima del ex presidente Clinton, mucho más que del capitalismo?

En 1996, Clinton tomó la histórica decisión de dejar de concederles automáticamente una asignación social generosa a las madres solteras con hijos a cargo, el AFDC (*Aid to Families with Dependent Children*). Esta asignación, que se remontaba a los años treinta y era aprovechada, en un comienzo, por las viudas, no estaba sometida a ninguna otra condición. Pero la sociedad cambió y las principales beneficiarias pasaron a ser, desde los años sesenta, madres solteras jóvenes, en su mayoría negras. Surgió una famosa controversia, atizada por los conservadores, que acusaba a esta asignación a las madres solteras de ser la responsable de la desagregación de la familia negra. De hecho, el número de niños nacidos fuera del matrimonio no había dejado de aumentar desde los años sesenta en Estados Unidos, en todas las categorías sociales; pero el AFDC se volvió un símbolo de las políticas sociales que destruían la ética del trabajo. A este razonamiento se sumó Bill Clinton, concediéndole la victoria a la ideología más conservadora.

Librada a su suerte gracias a Bill Clinton, Sharon, como otros varios millones de madres solteras, fue obligada a ser entrevistada por una asistente social del estado de Michigan; le encontraron trabajo inmediatamente. El mercado norteamericano produce empleo todo el tiempo, pero no sólo merced al crecimiento, sino también debido a los bajos salarios y a la ausencia de protección social. Los doce dólares por hora que gana Sharon no le cuestan a su empleador mucho más que doce dólares; no se

213

agrega, como sucede en Europa, un cincuenta por ciento más por cargas sociales. Así es que Sharon encontró trabajo porque carece de protección. ¿Hay que decir que no existe seguridad social en Estados Unidos, o que Sharon no podría recibir atención médica si la necesitara?

En realidad —y se sabe poco, incluso en Estados Unidos—, los gastos sociales alcanzan en Estados Unidos el nivel europeo, están más cerca de Escandinavia que de Francia; la diferencia radica en la gestión y en la distribución de esos gastos, que se orientan por caminos muy distintos a los nuestros. Si Sharon lo necesitara, tendría acceso gratuito al hospital público: los servicios de urgencia constituyen la seguridad social de los más necesitados. Si por alguna razón se volviese más pobre de lo que ya es con el salario que gana, si descendiera por debajo del umbral de la pobreza (del orden de los 1.200 dólares por mes, en su caso), quedaría cubierta por un seguro público federal; lo mismo le sucedería si tuviera más de sesenta y cinco años. La paradoja de Sharon y de los 43 millones que no están asegurados radica en que no son ni suficientemente pobres ni suficientemente viejos como para beneficiarse del seguro público; cayeron en el medio, en la falla del sistema.

La caridad nacional

Sharon, además del hospital público, puede recurrir a los consultorios que administran las Iglesias y las fundaciones privadas; en Michigan abundan, y la caridad, en Estados Unidos, no está estigmatizada como ahora lo está en Europa.

En total, si los norteamericanos gastan tanto como los europeos en protección social, es porque se debe añadir al gasto público el inmenso sector llamado *non-profitable*, sea religioso o laico. En las comparaciones internacionales, en general no se tienen en cuenta las ayudas voluntarias, lo cual, a nivel estadístico, reduce considerablemente la redistribución en Estados Unidos; desde Europa, en efecto, esta subvención no está contabilizada como una forma de redistribución. Pero los europeos

214

pagan apenas 57 dólares por año —en promedio— para las instituciones caritativas, contra 953 dólares de los norteamericanos en 2002. Las deducciones fiscales de las que se benefician los donantes no bastan para explicar tal generosidad; además de sus donaciones en metálico, ochenta millones de norteamericanos conceden regularmente una parte de su tiempo a acciones *non-profitables*, y otros sesenta millones lo hacen de vez en cuando. La generosidad es una característica tan distintiva de Estados Unidos como las ganancias económicas. Esta generosidad privada se ejerce también en beneficio de los países pobres: en las comparaciones internacionales Estados Unidos figura detrás de la mayoría de las naciones europeas, pero esta clasificación no tiene en cuenta la ayuda privada, que representa un sesenta por ciento de la ayuda total; si se la sumara, Estados Unidos sería el país que más donaciones realiza.

¿Por qué prefieren los norteamericanos la redistribución voluntaria a la que vehiculiza el Estado? Por tradición, los norteamericanos desconfían del Estado, pero adoran sus iglesias; el socialismo nunca los convenció; las vastas dimensiones del país invitan más a una solidaridad basada en la proximidad que a la transferencia desde un centro que está siempre lejos; por último, la solidaridad nacional es mejor aceptada en las sociedades homogéneas, como las naciones escandinavas, que en las multiétnicas y multiculturales. Es un hecho, aun en el interior de Estados Unidos, que la solidaridad pública es tanto más fuerte cuanto más homogénea es la población; la asignación a las madres solteras, que asciende a 800 dólares en el caso de Alaska, un Estado casi puramente blanco, cae a 150 dólares en el multiétnico Mississippi. Puede inferirse que el incremento de la inmigración no incitará a los norteamericanos a una mayor solidaridad pública; en cambio, sí progresa la solidaridad voluntaria.

¿Estos circuitos distintos, en Europa y Estados Unidos, impactan sobre la salud pública? Si se comparan los efectos de la seguridad social a la europea de Canadá con la barroca estructura norteamericana, los resultados parecen similares; a partir de caminos distintos, los dos sistemas conducen a una esperanza de vida comparable, y la mortalidad accidental entre quienes no están asegurados no es muy distinta en Estados Unidos de la de los que sí están. Pero si la atención médica es comparable, el acceso a ella y el confort no son equiparables entre quienes están asegurados y quienes no. Y entre regímenes de seguro tan diversificados, es precisamente el acceso a la atención médica lo que hace la diferencia: los seguros más costosos otorgan al paciente una mayor libertad de elección y acceso más rápido. Pero la calidad de la atención es aproximadamente la misma para todos.

La ausencia de un drama de salud pública entre los no asegurados se explica también por el carácter fluctuante de esta población. Los 43 millones que no tienen seguro médico no son siempre los mismos; entran y salen de esta situación en función de su edad y de sus ingresos. Sharon puede tener expectativas de trabajar un día para un empleador que le aporte un seguro social; las grandes empresas lo hacen, la mayoría de las medianas también. En el extremo opuesto a la situación de Sharon, citemos a General Motors en Detroit: GM concede tantas ventajas a sus asalariados que se la ha descrito como "un sistema de seguridad social obligado a producir automóviles para equilibrar su presupuesto".

El capitalismo eficaz es, por supuesto, imperfecto, o incluso amoral, pero nadie sabe honestamente cómo ni con qué sustituirlo. Joseph Schumpeter, a quien ya hemos citado, consideraba que esa amoralidad del capitalismo provocaría su propia caída, porque el espíritu occidental va en búsqueda de perfección; y esta contradicción ideológica le pareció inevitable. Su pesimismo está fechado, son los años treinta, cuando el socialismo parecía una alternativa plausible; hoy ya no lo es. ¿Hay que decir que el capitalismo es insuperable? Ciertamente no. Pero, a diferencia de la época de Schumpeter, el capitalismo está menos amenazado por la rivalidad de otro modelo que no existe que por algunas de sus contradicciones internas.

¿Deberíamos felicitar a Sharon por haber encontrado trabajo, o compadecernos de su precariedad? ¿Es preferible encontrar un trabajo sin seguro social, o estar desempleada pero asegurada? Preferiríamos para ella y para nosotros tener empleo y tener seguro. Pero es de temer que el capitalismo no permita siempre lograr la estabilidad del empleo y el crecimiento económico.

De Detroit a Silicon Valley:
¿la mundialización reemplaza los empleos que ella destruyó?

Detroit ya no es más la capital de los fierros oxidados; en los años ochenta, la ciudad simbolizaba la desindustrialización de Estados Unidos bajo los golpes de la competencia japonesa. Pero los "grandes" del automóvil recuperaron su brío, y General Motors instaló su sede de manera simbólica sobre las orillas del lago Erie, en una torre de vidrio llamada *Renaissance Center*. Durante mucho tiempo, Detroit había encarnado los efectos perversos de la globalización. El debate histórico sobre la globalización y sus efectos había comenzado en este mismo lugar a principios de los años ochenta. La controversia enfrentaba entonces a los sindicatos de asalariados de Ford y General Motors en contra de la importación de automóviles japoneses y la subcontratación de una parte de las actividades. La ciudad entera se había movilizado en aquel entonces para salvaguardar el empleo y el modo de vida de los "overoles" norteamericanos. La siderurgia estaba ya destruida merced a la competencia asiática; ¿cómo iban a aceptar los sindicatos que desaparecieran los automóviles, elemento quintaesencial de la industria norteamericana? Pasacalles y graffiti daban testimonio del apoyo de la población a la causa del proteccionismo; a los automovilistas que tenían la audacia de andar arriba de autos importados del Japón se les negaba el estacionamiento. Por supuesto, más allá de Detroit, los norteamericanos compraban siempre más coches japoneses, porque eran menos costosos y de mejor calidad que las ofertas norteamericanas.

Veinte años más tarde, en Detroit, el debate sobre la globalización ha caído. Ya no se sabe muy bien qué auto es norteamericano ni qué auto japonés; los fabricantes norteamericanos adquirieron marcas japonesas, los fabricantes japoneses abrieron fábricas en Estados Unidos. Todas las marcas son globales dentro de un mercado también globalizado. Los sindicatos de trabajadores de los automóviles se han adherido al argumento de los directivos: para que General Motors o Ford continúen empleando, cada uno, a doscientos mil asalariados en territorio norteamericano es necesario también poner un pie en China o en Rusia. Hace veinte años, los partidarios del libre comercio, en lucha contra los globalifóbicos, declaraban: "Gracias a los japoneses por salvar al automóvil norteamericano". Los sindicatos de trabajadores comparten hoy esa misma divisa. La competencia salvó a Detroit de su letargo, y la ciudad entera, no sólo la industria del automóvil, se benefició con ella; Detroit ya no es símbolo de la ineluctable decadencia de la industria norteamericana. La controversia sobre la mundialización no se apagó del todo, sino que se desplazó hacia nuevos territorios: a Silicon Valley, en particular. Lo cual resultó más bien inesperado.

La industria de la informática nació y prosperó entre San Francisco y San José; transitar por la autopista 101 que conecta estas dos ciudades es recorrer una guía de todas las marcas de programas informáticos, servicios y producción de empleos de información. ¿Por qué aquí y no en otra parte? ¿Cómo explicar que Hewlett-Packard, pionero del transistor en 1938, o INTEL, los inventores del circuito integrado, o Macintosh estén aquí, que todos los descubrimientos decisivos se hayan producido aquí? Silicon Valley es un "invernadero" económico único en el mundo: hay universidades, centros de investigación, banqueros que anhelan riesgos, jóvenes empresarios. Estos aventureros de Silicon Valley están dispuestos a prescindir de salario y seguro para así participar de nuevas empresas en donde puedan participar de los beneficios, si los hay. Gracias a que los riesgos son asumidos en forma personal, la creación es fácil, el costo de entrada al mercado es bajo, y la salida, mucho más rápida; Silicon Valley es un modelo de destrucción creativa donde la innovación nace de la relativa facilidad de la experimentación.

Para el observador en búsqueda de sensaciones, la escena es ideal; si se quiere demostrar que Silicon Valley está en crisis, e incluso ir un poco más allá, y demostrar que agoniza el capitalismo norteamericano, basta con contar las víctimas. Y si se quiere demostrar lo contrario, ¡basta con contar los éxitos!

A estos éxitos contribuyeron muchísimo los extranjeros; ningún laboratorio de Silicon Valley hubiera prosperado sin los ingenieros indios, chinos, coreanos u originarios de otras naciones que representan la mitad del personal de los departamentos científicos de las universidades californianas. La industria informática innova y se desarrolla facilitada por el stock de talentos matemáticos a nivel mundial, que no es infinitamente extensible. Otras tantas reglas del juego que favorecen a Silicon Valley, porque los mejores del mundo quieren trabajar ahí y en ninguna otra parte.

Pero la situación cambia desde que China, India y Corea han ingresado al modelo capitalista mundializado. Un joven ingeniero indio o chino formado en Estados Unidos soñaba hasta los años ochenta con hacerse norteamericano y trabajar en Silicon Valley; ahora, después de haber adquirido su oficio en California, se siente tentado de regresar a su país, crear su propia empresa y ofrecer sus servicios a los clientes norteamericanos. La ventaja comparativa la llevan los indios, no porque sean geniales sino porque hablan inglés. Inicialmente, entre 1990 y 2000, los servicios simples que se expandieron por Asia, como los centros de llamadas telefónicas o la contabilidad, no inquietaron a los norteamericanos. Pero ahora de Silicon Valley parten a la India con tareas de programadores, con oficios inteligentes en los cuales los norteamericanos se consideraban insuperables. No son ya los trabajadores de cuello azul u "overol" dislocados por la mundialización, sino los de "cuello blanco"; los títulos ya no los protegen en contra de la desaparición de un trabajo que expide India. La mundialización que arrastró a Detroit, ¿arrastrará a Silicon Valley?

La mundialización, ventaja global y tragedia personal

Si nos desplazáramos hacia arriba en la pirámide social, encontraríamos que la controversia sobre la mundialización sigue siendo actual, pero veríamos que se repiten, con cambios mínimos, los argumentos que se enfrentan. Quienes están a favor de la globalización sostienen que la competencia estimula la innovación, que la subcontratación en el extranjero abarata precios para el consumidor norteamericano; las empresas que subcontratan aumentan sus ganancias, lo cual es bueno para el ahorrista norteamericano que tiene acciones: estos beneficios permiten a su vez crear nuevas actividades en Estados Unidos. El Instituto McKinsey calculó que un dólar invertido en India produce en Estados Unidos un beneficio de 1,12 dólares, y en India, de 33 centavos. Los dos obtienen una ventaja: el balance se llama *win-win* (ganador-ganador). ¿Pero cómo se llega a ese feliz resultado? El dólar invertido en India permite ahorrar 58 centavos en relación con una misma inversión en Estados Unidos; a lo que hay que agregar unos 5 centavos por compras indias adquiridas en Estados Unidos, y 4 centavos como beneficio ganado en la India pero repatriado a Estados Unidos, más 45 centavos producto de los empleados reclutados en Estados Unidos gracias a las ganancias obtenidas por la deslocalización. Del lado indio, la ganancia es obtenida por el ahorro en los salarios, los suministros locales y los impuestos que exige el gobierno indio. Este cálculo macroeconómico no tiene en cuenta —porque no puede— el impacto local y las consecuencias personales de este ciclo globalmente virtuoso.

Para quienes se oponen a la globalización, esta ventaja económica global, si existe, no elimina los sufrimientos locales e individuales: el norteamericano que pierde su empleo por uno que se gana en India o China no percibe ningún beneficio de la globalización, y nada garantiza que vaya a encontrar un trabajo comparable.

En 2004 se perdieron cuatrocientos mil puestos de trabajo en Estados Unidos en el sector de informática, que emplea en total unos 2,2 millones de personas. Para el conjunto de la economía norteamericana es poco, pero en el marco de esta industria es una cifra bastante importante; los industriales del sector prevén que el número de estos empleos, que giran bajo la órbita de la desterritorialización, aumentará anualmente en un cuarenta por ciento en los próximos cinco años.

¿Qué ocurrió con estos cuatrocientos mil norteamericanos cuyo trabajo fue sustituido por indios? Casi todos encontraron empleo en el tramo de unos seis meses, pues los empleos no escasean en Estados Unidos; pero una tercera parte de ellos sufrió una reducción en los ingresos del orden de un 15 por ciento; esta gente será poco sensible en relación con las virtudes de la globalización.

Las dos miradas contradictorias respecto de la globalización están, una y otra, justificadas. Aunque los norteamericanos se encuentren un poco más abiertos que los europeos, los gobiernos se baten en torno a estas dos tesis. Para proteger los empleos de los norteamericanos calificados, el gobierno de George W. Bush, que en principio es librecambista, redujo en 2003 el número de visas de trabajo otorgadas a estudiantes al término de sus estudios. ¿Pero cómo reaccionará una empresa cuando se entere de pronto de que no puede tomar a un joven genio de ingeniería nacido en India que estudió en un campus? ¿Va a contratar en su lugar a un ingeniero norteamericano? Sería bueno que éste existiera; ahora bien, ese ingeniero norteamericano no existe necesariamente. Los estudiantes norteamericanos se muestran cada vez menos atraídos por los estudios de matemáticas o ciencias físicas, a los que consideran como demasiado difíciles o mejor hechos para los asiáticos; los norteamericanos prefieren las finanzas y el derecho, porque con ellos se enriquecen más pronto. El empleador norteamericano va a elegir entonces perseguir al joven ingeniero indio hasta la propia India; allí le creará un empleo, o tratará con la empresa que ese indio fundó en su país. Tanto mejor para la India; ¿es tan dramático para Estados Unidos?

El entusiasta por la globalización señalará que es de interés general —incluso para Estados Unidos— que India se desarrolle y se convierta en un probable cliente o proveedor. Por lo mismo, recordará que ayer las industrias textiles pasaron de los países del Norte hacia el hemisferio Sur, que las industrias pesadas continuaron trabajando, y que siempre se manifestaron las mismas inquietudes; ahora bien, a largo plazo, todo el mundo se encuentra más próspero, el Sur y el Norte, sólo que los empleos norteamericanos se han hecho más sofisticados. El detractor de la globalización responderá que la educación y los progresos técnicos le permitieron efectivamente al asalariado norteamericano pasar de la agricultura a la industria, y de la industria a la información; pero, ¿no hay que temer que se acabe todo más allá de estos oficios denominados "inteligentes"?

Los grandes empresarios de Silicon Valley comparten esta vacilación; para obtener un mayor beneficio en sus empresas, transfieren empleos a India y China, pero ellos son norteamericanos, y se preocupan. A principios del año 2004, estos dirigentes de la informática han alertado, por intermedio de una declaración conjunta, al gobierno de Estados Unidos sobre la falta de estudiantes norteamericanos en el sector de las ciencias: una deserción, dicen, que perjudicará el trabajo en Estados Unidos. En la economía de la información, la distribución de los talentos dicta en qué lugar se ubicará la empresa.

Hasta ahora, Estados Unidos y Occidente, globalmente, se han beneficiado con la globalización porque conservaron una vasta ventaja en cuanto a creatividad; es en Estados Unidos donde siempre se inventan los programas y se los patenta, mientras que Asia los explota, antes que inventarlos. Este anticipo intelectual, asociado al capitalismo, determinó los últimos progresos económicos y los actuales. Pero esto es algo que no puede darse por sentado: si se difunden en todas las naciones las conductas culturales del capitalismo, la globalización banaliza la ventaja creativa de Estados Unidos. En el largo plazo, Estados Unidos podría convertirse en paradójica víctima de su propio éxito, no porque se haya superado el modelo capitalista, sino precisamente a causa de sus imitaciones.

California en problemas: ¿una falla del Estado o del mercado?

En 2001, California se descompuso: la electricidad se hizo tan escasa que hubo que racionarla en las escuelas, apagar el aire acondicionado, e invitar a las empresas de Silicon Valley a trabajar de noche más que de día. En este Estado que consume energía en grande, donde se asiste a un derroche de luz y refrigeración, los desperfectos eléctricos logran el efecto de verdaderas tragedias. Una vez que la corriente fue restablecida, todo resultó aleatorio; hay una ansiedad constante; ¿volverá a descomponerse California? Visto esto desde Europa, donde la energía es abundante y costosa, esta crisis energética se interpreta a menudo como crisis del sistema capitalista tanto como de las centrales eléctricas. En California, la producción de electricidad no está, como en Europa, garantizada por un monopolio público; como en la mayoría de los estados de Estados Unidos, existe una multitud de empresas productoras, algunas públicas, otras privadas, que compiten entre sí. No se trata de una competencia anárquica: California es un estado regulado por múltiples burocracias que controlan las empresas, protegen el medio ambiente, se preocupan por el consumidor que es también un votante que elige autoridades. Esta superabundancia de reglas, que es un rostro poco conocido del capitalismo norteamericano, es cuestionada por los partidarios de la economía de mercado, quienes denuncian que aquellas reglas frenan la producción y, por consiguiente, el descenso de las tarifas. Esta crítica condujo a un gran movimiento de "desregulación" que se continuó en Europa. A fines de los años ochenta el gobierno de California se había comprometido a desregular la electricidad para que fuera más abundante.

¿La crisis fue un producto de la desregulación en curso o de la normativa previa? Todos, en Estados Unidos, responden en función de sus preferencias partidarias: es la culpa de la reglamentación, alegan los conservadores; de la desregulación, replican los liberales. La verdad está en el medio: la crisis energética fue la consecuencia, al parecer, de una desregulación mal hecha. El gobernador demócrata de California (a quien reemplazó el republicano Schwarzenegger) liberó la producción privada de energía para fomentar su desarrollo, al tiempo que limitó las tarifas de venta para agradar al consumidor. Bajo esta tenaza, bajo estos dos imperativos contradictorios, las empresas no aumentaron su producción, o, cuando lo hicieron, quebraron: el peor régimen económico, entre todos los existentes, es el que está a medio camino, una economía que se dice libre pero que está siendo administrada, cuando un gobierno pone el pie en el freno y en el acelerador a la vez.

Sin embargo la crisis californiana, que no fue del todo solucionada en 2004, hace subsistir una duda sobre toda la desregulación. ¿No conduce ésta a un capitalismo salvaje que sumerge de nuevo en la oscuridad a los californianos?

Más allá de las posturas sobre el tema, ¿es posible pronunciarse concretamente acerca de la desregulación a partir de hechos constatables? En Estados Unidos sí, puesto que debido a su propia diversidad, constituye un laboratorio de las ventajas y desventajas de la desregulación. Veinticinco años de experiencia permiten hacer un balance a favor de la ventaja relativa de la desregulación en los mercados en los que se impuso. Hay que citar los dos donde fue más audaz, hasta trastornar el mercado norteamericano y el del resto del mundo: los transportes aéreos y las telecomunicaciones.

Todo comenzó por el transporte aéreo, a iniciativa de un economista de la Universidad Cornell. En 1976, Alfred Kahn convenció al presidente de entonces, el demócrata Jimmy Carter, de que el transporte aéreo, hasta ese entonces privilegio de ricos, debía ser accesible para todos los norteamericanos; esta democratización implicaba la supresión de los monopolios privados, que eran demasiado costosos. El argumento a favor de la desregulación era más político que estrictamente económico; tanto más seductor. Los norteamericanos aman el capitalismo porque sus resultados son percibidos como democráticos. Los cielos fueron liberados. Irónicos, los europeos esperaban que los aviones norteamericanos se vinieran a pique; ¿no iban a sacrificar la seguridad, necesariamente, en el altar de los beneficios? Los aviones no cayeron, pero sí los precios, y las ofertas se multiplicaron. ¿Al precio de cuántas quiebras? Eastern, Pan Am y TWA desaparecieron. En Europa, el fin de estos gigantes emblemáticos del transporte aéreo hubiera suscitado una intensa emoción; seguramente los gobiernos habrían intervenido para un salvataje. En Estados Unidos no. Puesto que TWA, Pan Am o Eastern eran incapaces de resistir a la competencia, demostraron que ya no eran empresarios al servicio de los clientes, sino rentistas al servicio de sus gerentes. Su desaparición no fue entonces deplorada, sino vista como algo deseable, porque así le daban paso a los "entrantes", y la desregulación probaba que era una herramienta al servicio de la destrucción creativa. La aventura de las telecomunicaciones, a partir de los años ochenta también fue espectacular, y tan exitosa que uno apenas recuerda qué era un teléfono, tanto en Estados Unidos como en Europa, antes de 1980. Cuando, en aquella década, los europeos viajaban del otro lado del Atlántico descubrían con estupor que el teléfono no era necesariamente de un monopolio: la elección era posible, el servicio y las tarifas, variables. Sin la destrucción creativa de las telecomunicaciones, llevada a cabo en los ochenta, el mundo estaría esperando tener tono para hablar; merced a la desregulación, lo que hoy amenaza al consumidor es el exceso de opciones. La crítica a la desregulación resulta imposible. Les queda a los nostálgicos la posibilidad de protestar contra la sociedad de consumo, pero, en Estados Unidos, ese conflicto, que tuvo su hora de gloria, ya no mueve multitudes.

El affaire Enron: la Bolsa sube, la corrupción reina

Durante el verano de 2001, la cotización de las acciones de Enron, la séptima empresa en importancia de Estados Unidos por su capitalización bursátil, cayó a un décimo de su valor. Varios millones de accionistas se arruinaron; y entre ellos estaban los asalariados y los jubilados de esa empresa. Fue el mayor desastre financiero de toda la historia del capitalismo norteamericano; como coincidió en el tiempo con los atentados al World Trade Center, se lo denominó el "11 de septiembre financiero". La conjunción de estas dos catástrofes modificó el clima de las relaciones de negocios; en adelante, la confianza sería menos espontánea.

Enron, hasta ese entonces, estaba considerado como un nuevo modelo de capitalismo pujante, eficaz. Sus dirigentes, se decía, habían inventado un nuevo oficio: el *trading* sobre el mercado energético. Luego de la debacle, el interrogante sobre la quiebra de Enron como sobre el del capitalismo norteamericano fue el siguiente: ¿no son básicamente frágiles? Sus enemigos lo hiperbolizaron, mientras que sus partidarios minimizaron el incidente. Pero, ¿cómo ignorar desde entonces que el capitalismo norteamericano se cimienta sobre la confianza de los ahorristas —norteamericanos y no norteamericanos—, sin los cuales el endeudamiento de Estados Unidos se volvería insostenible?

Al comienzo, Enron administraba centrales eléctricas y gasoductos, hasta el arribo de su nuevo gerente, Jeff Skilling, en 1985. Por su iniciativa, la empresa se apartó de la producción para orientarse hacia la comercialización a largo plazo: Enron compraba a los productores energía a largo plazo para revenderla a los consumidores a los precios más altos posible. Enron ya no producía, ya no transportaba, sólo especulaba. Luego de lo que en la época pareció una avanzada genial del capitalismo, Skilling introdujo a Enron en el mercado del acceso a Internet. Todo, a continuación, fue o pasó a ser un mercado; ¿por qué preocuparse por la producción o por las redes cuando existen otros que se encargan de esos viejos oficios?

La desmaterialización de Enron fascinó a la prensa norteamericana: el paso de lo real (el gasoducto) a lo virtual (el mercado), ¿no era el símbolo de la "nueva economía"? Durante seis años seguidos, la revista *Fortune* eligió a Enron como la mejor empresa del año, tanto por su *management* como por los resultados. Después de la caída, se iba a descubrir que muchos periodistas famosos habían recibido dinero por sus "consejos".

En un mercado financiero en fuerte crecimiento, estimulado por las nuevas tecnologías de la información, las acciones de Enron ascendieron entre 1985 y 2001 tres veces más rápido que la media de las cotizaciones en Bolsa. Dieron cátedra sobre el modelo Enron en las universidades empresariales: se repetía que el mercado no debía ser la expresión de una necesidad sino una generación continuada por empresarios innovadores. Por año se despedía a un quince por ciento de los asalariados de Enron, considerados los menos eficaces. Una de las novedades más valoradas por las escuelas de *management* fue la apertura a la competencia en el interior de la propia empresa de equipos de trabajo que realizan la misma actividad pero que no se comunican entre ellas. En el verano de 2001, momentos antes de su caída, Skilling, empresario y benefactor, estaba a un paso de ser el nuevo Rockefeller, el nuevo Carnegie. Pero quienes en el siglo XIX eran llamados "barones ladrones" tenían una virtud que él ignoraba: producían bienes y servicios reales. Enron no producía otra cosa que cifras, y éstas además eran falsas; los gerentes lo sabían, así como sus contadores y auditores. Un *outsider* se dio cuenta: su nombre era James Chanos.

El combate de los toros y los osos

Solo o casi solo en Estados Unidos, James Chanos no creía en el éxito de Enron. Al igual que Skilling, pertenecía al *establishment* financiero, pero lo que lo motivaba era menos el afán de lucro que la inteligencia del mercado. La empresa de gestión de fondos que fundó en Nueva York se llama Kynikos; sin ilusiones acerca del capitalismo, Chanos jugó a la baja, es lo que se llama un "oso" en el mercado de "toros".

Al sur de Manhattan, frente a la Bolsa, un toro de bronce simboliza el sueño norteamericano de cotizaciones bursátiles que progresan infinitamente; en Wall Street, un "toro" es el que juega al alza. Pero los "osos", a los que no se les dedican estatuas, juegan a la baja. Cuando los "osos" dominan, llevan angustia a cientos de millones de familias norteamericanas que invierten en el mercado financiero grandes y pequeñas sumas, muchas veces su jubilación. La Bolsa norteamericana se ha vuelto democrática; en 1929, apenas un seis por ciento de los norteamericanos poseían acciones y fueron víctimas directas del crack; en 2000, el número de los accionistas pasó a un sesenta por ciento. La mayoría administra directamente los valores que eligieron: la Bolsa une a la sociedad. Ya no es más, como se enseñaba veinte años atrás, el reflejo de la economía, ahora es el motor: sus ascensos declamados y reales incitan a los empresarios a invertir, y a los hogares a consumir. Es necesario entonces que suba la Bolsa para que la economía siga su marcha, pronta a engañarse con estímulos de falsas esperanzas y falsos pronósticos.

En los años noventa, todos, empresarios y accionistas, quisieron creer en el progreso infinito de los valores tecnológicos y de Enron; la euforia se mantenía merced a los medios de comunicación y a ciertos expertos en relaciones públicas. Pero las cosas se dieron vuelta cuando se hizo evidente la discordancia entre las promesas financieras y la ausencia del beneficio. Es entonces cuando los "osos" entran en escena.

El "oso" no es popular; no puede serlo. Así es como un "oso" se enriquece a costa de los "toros": localiza una acción que le parece sobrevaluada, la adquiere a crédito, por debajo de su valor, y la revende en plazos. El beneficio del "oso" radica en la diferencia: es una apuesta a la baja. Esta apuesta es peligrosa; si la acción continúa subiendo, el "oso" puede quebrar sin que haya un límite en sus pérdidas. Los especuladores a la baja son pocos, y de pésimo augurio. Se los acusa de propagar rumores para hacer bajar las acciones de las que se valen. Cuando se supo en Wall Street que Chanos jugaba con Enron a la baja, Skilling lo acusó de provocar esa baja; es así como siempre el mercado de "toros" ha querido quitarse de encima a los "osos". Sucede que éstos se equivocan; Chanos se había equivocado a menudo, pero controla también el arte de descubrir los falsos valores: créanlo, un arte elemental.

En lo que se convirtió en el *affaire* Enron, que hizo la fortuna de Kynikos y arruinó a los "toros", Chanos no tuvo acceso a ninguna información en especial; se limitaba a leer los diarios y los documentos difundidos por Enron para constatar que los resultados eran incoherentes con respecto a los anuncios. Cualquiera hubiera podido adivinarlo; ¿por qué Chanos vio lo que los otros no veían? Los "toros", arrastrados colectivamente por una ceguera contagiosa, no querían ver; si alguna vez los resultados eran decepcionantes, se convencían unos a otros de que el modelo Enron era genial, y que el mercado terminaría por admitirlo. Pocos advertían que el establishment financiero norteamericano también podía ser corrupto; ¡y Chanos el cínico sabía que lo era enormemente!

El capitalismo norteamericano, nos asegura Chanos, está dominado por una oligarquía que abusa de la credulidad de los accionistas, dirige los medios de comunicación por medio de grandes sumas, compra complicidades políticas, concede contratos maravillosos y se enriquece mucho más de lo que enriquece a asalariados y accionistas. Esta nueva clase, a la que contadísimas veces se castiga, vela para que sus fracasos se vean moderados por "paracaídas" de oro: los auténticos estafadores rara vez van a la cárcel. De vez en cuando, algunos pagan para satisfacer al público. La inculpación tardía de los dirigentes de Enron, tres años después de ocurridos los hechos, constituye también una excepción que fue provocada por la amplitud política del escándalo.

¿Chanos concluye en su requisitoria condenando al capitalismo y al mercado? Al contrario, le parece que a los fracasos del mercado habría que responder con más mercado, con más información y más transparencia allí donde la ley y las sanciones son poco útiles. Los "osos", si fueran más numerosos y más libres, podrían, según él, supervisar mejor la salud de los "toros" y moderar sus arrebatos. Teniendo en cuenta el estado actual de la legislación, los "osos" no pueden; la especulación a la baja queda enmarcada de tal modo que sólo una modesta tribu de "osos" puede emprenderla...

¿Continuará habiendo un Chanos? Es dudoso. Después de haber hecho la limpieza en Enron, volverá a la soledad. Luego de este western financiero, Estados Unidos seguirá siendo el país de los "toros"; de ello depende la supervivencia de la economía norteamericana y la nuestra. El mercado financiero norteamericano, si bien no es moral, es eficaz; la Bolsa atrae a los charlatanes, provoca víctimas, pero hace avanzar la economía mundial. Es necesario que suba para que la destrucción creativa continúe.

En la Escuela de Chicago, las falsas
y las verdaderas desigualdades

Hubo un tiempo en que los norteamericanos envidiaban la cultura europea; y decidieron copiarla. La Universidad de Chicago data de esos tiempos; es un conjunto de palacios góticos que evocan a Oxford, la Sorbonne y Salamanca, y que fueron construidos hacia 1880 en las orillas del lago Michigan. Como la ciudad ganó terreno en torno a ella, hoy a universidad parece un enclave del mundo antiguo con un horizonte de rascacielos, y en un barrio sobre todo de negros. Pero, desde hace mucho, la cultura ya no proviene de Europa; más bien los estudiantes e investigadores europeos vienen a Chicago en búsqueda de conocimiento. Esto vale especialmente para ciencias económicas; en realidad, las ciencias económicas son del todo norteamericanas, como dan prueba todos los premios Nobel.

Durante mucho tiempo, hasta los años ochenta, la Escuela de Chicago, en Economía, era reputada como pro capitalista, e incluso ultracapitalista. Todavía lo es, pero, desde la desaparición de la economía socialista, la única que hoy detenta un estatuto universitario es la economía de mercado; no existe ninguna otra que sea reconocida como científica. Ningún economista de Chicago duda acerca de la eficacia del capitalismo comparada con la del socialismo, ni de las virtudes de la globalización frente al proteccionismo. Para todos ellos, estos enigmas ya han dejado de serlo, se conocen las respuestas, teóricas y experimentalmente. Como lo señala Robert Fogel, fundador de la historia económica científica y Premio Nobel, que reina sobre el departamento de economía, "se ha resuelto la cuestión del desarrollo"; en teoría se sabe cuál es la solución a la pobreza de las masas: basta con *laisser faire* (dejar hacer) a la economía de mercado. Que en muchos países no "se" deje hacer y que el capitalismo continúe siendo objeto de controversias tiene que ver con cuestiones partidistas, y esto ya no incumbe a los economistas. En Chicago, a ese tema ellos no le prestan la menor atención, como tampoco, creo, se lo hace en ninguna gran universidad norteamericana. Así es que, lo que se llama política económica, es decir la intervención de los gobier-

nos "para acelerar" el crecimiento, ya no es más un tema principal; se da por sentado que el crecimiento depende de las instituciones, favorables a la economía de mercado o no, y no de intervenciones coyunturales. En Estados Unidos, cualquiera sea la
política del gobierno, el índice de crecimiento casi no varía; fluc-
túa según ciclos en los que nada tienen que ver las políticas demócratas o republicanas. Más determinantes que las alternancias
partidistas son el buen funcionamiento de los mercados, la apertura de la frontera, la estabilidad de la moneda administrada por
una Reserva Federal independiente del gobierno.

Si le creemos a Fogel, la cuestión de la redistribución de los
bienes materiales está en teoría tan bien resuelta como el tema de
su producción: se lo sabe hacer. No corresponde al poder político
decidir sobre los valores que deben redistribuirse. Es verdad que
Estados Unidos es un país generalmente descrito como de desigualdades extremas, y que ellas son innegables, pero la miseria
ha desaparecido casi en su totalidad: todos los norteamericanos
pueden alimentarse, vestirse, alojarse, comprarse un coche, ir de
vacaciones, desplazarse, cuidar su salud, distraerse. Casi todos
los norteamericanos de hoy viven como vivían allá los ricos cincuenta años antes. Ciento por ciento de los norteamericanos viven en ambientes calefaccionados, y un ochenta por ciento en
ambientes climatizados; el confort se ha vuelto universal. Lo que
se denomina en Estados Unidos umbral de la pobreza sería, en
otras partes del mundo, el equivalente de los ingresos de las clases medias. Esa fracción de la población no deja de reducirse cada
vez más: era un veinte por ciento en los años sesenta, época a
menudo descrita como "de oro" de los norteamericanos. Hoy es
del doce por ciento. En esta población relativamente pobre se
incluye, anualmente, a un millón de inmigrantes, generalmente
llegados sin recursos, lo que hace ascender la estadística.

Fogel minimiza, del mismo modo, el debate sobre las jubilaciones y los seguros de salud: se trata sólo de un asunto de
cálculo. Él mismo demostró que un crecimiento anual del 1,5
por ciento en un país rico garantiza la protección social: una
exacción de veinticinco por ciento sobre la masa de las ganancias basta para financiar los crecientes costos de las jubilaciones

y de la atención médica, lo cual deja a los asalariados un plus de ingresos del orden de un treinta y ocho por ciento a treinta años.

Si todos los problemas económicos están resueltos, ¿qué le queda por hacer a un economista? Entre los trabajos en curso en la Universidad de Chicago, hay dos orientaciones innovadoras: una sobre los límites del mercado y la otra sobre la redistribución de los bienes espirituales.

De lo dicho arriba se podrá deducir que el capitalismo no sufre ningún conflicto; pero si el mercado capitalista es racional, es porque es criticable. Así es que, en la Universidad de Chicago, dos economistas, Pierre Chiappori y Robert Townsend, se interrogan sobre el concepto de mercado aplicado a los seguros. Observan que en un futuro cercano cada individuo estará dotado de un mapa genético que determinará sus riesgos sanitarios; por lo tanto, las aseguradoras privadas se negarán a asumir el costo de aquellos clientes que presenten un riesgo demasiado alto. El Estado deberá necesariamente intervenir para compensar este posible desperfecto del mercado.

La redistribución de los bienes espirituales es investigada por Robert Fogel: si se considera que la producción y la redistribución de los bienes materiales ya no exige investigación básica, a él le parece que la desigualdad perdura, en Estados Unidos como en todas las sociedades desarrolladas, más a nivel espiritual que a nivel material. Y llama "espiritual" todo lo que es parte de la educación y la cultura, que transmite la familia y la escuela. A su modo de ver, denunciar la desigualdad de los ingresos equivaldría a negar su igualación real, y de este modo nos olvidaríamos de las verdaderas desigualdades de la sociedad contemporánea. Estas desigualdades, de carácter espiritual, se perpetúan y se acentúan según avanza la vida. El Estado no puede hacer gran cosa; en cambio, en Estados Unidos existe una gran cantidad de organizaciones benéficas, laicas o religiosas, que movilizan un número creciente de ciudadanos jubilados y saludables; ochenta millones de norteamericanos participan regularmente en estas actividades "non profitables". Según Fogel, le correspondería a esta sociedad civil hacer circular los bienes espirituales. Este proyecto de sociedad, ético más que político, le parece el verdadero futuro de la economía. Un desplazamiento del ámbito y los objetivos de esta ciencia que, en Estados Unidos, tiene sentido, y que, en el exterior, parecerá incongruente.

10. LA DEMOCRACIA IMPERIAL

◆

El mayor Paxton no tiene la moral alta: preferiría estar combatiendo junto a sus camaradas en Afganistán o, mejor aún, en Irak. Todos los días, por Internet, recibe breves despachos sobre los héroes, los heridos, los muertos. Al término de su formación en la academia militar de Fort Benning, en Georgia, Paxton resultó destinado a Panmunjom, sobre el paralelo 38 que separa las dos Coreas; aquí mismo está peleando una guerra que terminó... en 1953. Antes de llegar, Paxton no sabía ubicar a Corea en el mapa, ni qué hacía allí el ejército norteamericano; un año más tarde, a punto de regresar, tampoco sabe mucho más. Desde Fabrizio en Waterloo, es algo común a todos los soldados no ver la gran historia en la que participan.

¿Cuál es entonces la misión de Paxton? Contestar el teléfono, dice. Como todos los soldados norteamericanos, se limita a un vocabulario profesional: sobre todo, nada de énfasis. Este teléfono, sin embargo, no es un teléfono común: el combinado de bakelita, tan antiguo como el armisticio, une la comandancia norcoreana, al norte de la zona desmilitarizada, con la de las Naciones Unidas, justo al sur, asumida por el ejército norteamericano. Actúa aquí en nombre de las Naciones Unidas: en los años cincuenta, la ONU todavía no era hostil a Estados Unidos. La frontera más peligrosa del mundo, dicen. Aquí parece calma, como amodorrada: el teléfono, desde que Paxton lo tiene a su cargo, no sonó ni una sola vez. Si de casualidad no funcionara, el mayor dispone también de un altavoz para interpelar al enemigo. ¿En qué lengua? Paxton no habla coreano, está en manos de su intérprete, un viejo soldado de frontera que conoce los métodos del adversario. Esos norcoreanos están a unos pocos metros; al menos, los que se dejan ver. Los que no vemos —medio millón de soldados— viven en subterráneos, listos para invadir Corea del Sur si ésta y el ejército norteamericano se descuidaran. Una gran parte de este ejército —unos 37.000 hombres— también vive bajo tierra, preparado para cualquier eventualidad.

Una guerra sin batallas, una frontera infranqueable pero pacificada: ¿no es éste, acaso, el mayor éxito que puede deseársele a toda intervención norteamericana? Paxton no tiene la edad ni la cultura histórica que le permitirían apreciar esta victoria muda: no entiende por qué su carrera militar lo llevó a este agujero. La zona desmilitarizada es ahora una gran reserva natural; a su alrededor reina un gran silencio escandido por el grito de las grullas. A veces, un ómnibus con turistas japoneses aporta alguna distracción: Paxton posa para la foto.

La paz americana

Las cuitas del joven militar tendrían pocas consecuencias si no fueran compartidas por la población coreana. A medida que las generaciones se renuevan, el recuerdo de la guerra se vuelve más lejano: los jóvenes apenas saben que, sin la intervención norteamericana, el Sur habría caído bajo una dictadura comunista tan miserable como la del Norte. Éste amenaza siempre, pero como no ataca nunca, cuesta tomarse en serio el peligro. Se ha llegado a reescribir la historia: hay surcoreanos que creen que los norteamericanos inventaron el peligro para justificar su presencia. A sus ojos, el estatus del mayor Paxton ha mudado de pacificador a colonizador. Con matices: en la lengua coreana, ocho términos distintos expresan la gama de sentimientos que despiertan los norteamericanos, desde *banmi* (antinorteamericano) hasta *chinmi* (pro norteamericano), pasando por *hyonmi* (desprecio por los norteamericanos) y *hangmi* (resistir a los norteamericanos).

Cuando en 2002 dos coreanas murieron en un accidente de auto provocado por las tropas norteamericanas, la juventud del país se sublevó y entonó los eslóganes previsibles: los treinta y tres mil soldados norteamericanos que murieron por Corea súbitamente pesaron menos que estas dos jóvenes. Desde entonces, el comando en jefe norteamericano ha restringido el contacto de sus tropas con la población. Los barrios socialmente agitados y la vecindad de las universidades se volvieron *off limits* para los soldados.

¿Podrían el mayor y los coreanos de su edad disipar el malentendido gracias a un diálogo más extendido? Lo que sucede es que no hay diálogo. Paxton no aprendió una sola palabra de coreano, y sus relaciones con la población se limitan a unos pocos choferes y ordenanzas. ¿Los coreanos? El toque de queda a medianoche limita las experiencias. Hay una vía que el mayor no se resolvió a explorar: asistir a los oficios de las iglesias bautistas y acercarse a las feligresas. A veces, esto termina en matrimonio. Paxton prefiere leer la Biblia solo en su habitación, una costumbre que adquirió en la academia militar. "Entre nosotros —dice, evocando el ejército—, Dios es un tipo muy popular".

Paxton tampoco asiste a las conferencias de iniciación a la civilización coreana que organiza el estado mayor; prefiere la televisión, el billar y la cerveza en el destacamento Bonifas, un fragmento de Estados Unidos reconstruido sobre el paralelo 38º. Entre soldados se evoca la patria; si uno les hiciera caso, debería admitir que ningún lugar del mundo es tan bueno como sus Dakotas y Carolinas. Corea se ha esfumado, Asia no existe. Estos militares sólo aman a Estados Unidos, no tienen ningún gusto por el exotismo ni por el vasto mundo; sólo cumplen con su deber como soldados, una profesión como cualquier otra, según dicen. Estados Unidos es, de hecho, una nación imperialista, pero nunca en la historia anterior se vio un imperio cuyos soldados alimentaran tan poco la voluntad de conquista: el primer deseo de los militares norteamericanos, bien distintos en esto de los imperialistas franceses o británicos de antaño, es volver a casa.

El mayor se aburre, el deseo de los surcoreanos de verlo partir crece: ¿por qué el ejército norteamericano no abandona Corea? El Norte no conquistó al Sur, y el Sur demostró hasta qué punto la democracia liberal podía fructificar en una civilización a priori poco dispuesta. Pero si los norteamericanos partieran, las dos Coreas se enfrentarían, China no se quedaría con los brazos cruzados, Japón, que teme el poderío militar de una Corea unificada, se uniría a la batalla. Entonces, Paxton debe seguir presente y bien a la vista detrás de su teléfono silencioso, para que todos, en la región, interioricen el compromiso de Estados Unidos. La paz y el mercado mundial dependen de ello: sin esta paz norteamericana, los intercambios comerciales con Asia se interrumpirían, todas las economías occidentales, tributarias de sus relaciones con Corea y China, entrarían en quiebra.

Sobre el paralelo 38º, frente al enemigo, se puede leer la divisa de la 2ª división de infantería, presente aquí desde la guerra de 1950: *In front of them all* (Frente a todos). Sobre el gran ajedrez de Asia, Paxton es un peón indispensable; si se lo quita, el orden mundial se derrumba.

El Gran Proyecto

Mientras que Paxton vigila su teléfono, en Seúl el jefe del estado mayor de su país "piensa" el imperio. El general Fisher se presenta: general, sí, pero graduado de la Universidad de Harvard. Algo más que un militar, Fisher es uno de los procónsules que administran el Imperio norteamericano; estos oficiales tienen un conocimiento del mundo que supera de lejos al de los políticos de Estados Unidos. La capitán a cargo de las relaciones públicas preparó respuestas estereotipadas que Fisher, ostensiblemente, arroja a la basura. Después anuncia que es miembro activo del Partido Demócrata; la capitán, una mujer joven, se ve destruida.

El general dice que lo dejan tan indiferente las cuitas del mayor Paxton como el mal humor de los surcoreanos. El destino de Estados Unidos es imponer la paz, la democracia y la globalización económica, pero también —¡estaba a punto de olvidarse!— la igualdad entre los sexos, algo que, en las civilizaciones tradicionales, suscita aun más rechazos que la democracia y el mercado. "Es bueno para Estados Unidos, pero es excelente para Corea", agrega Fisher, parafraseando a Charlie Wilson. Presidente de General Motors, acusado de abuso monopólico, quien declaraba en 1955 al Senado: "Lo que es bueno para General Motors es bueno para Estados Unidos". Mientras que los europeos intentan diferenciar en la actitud norteamericana qué se debe al idealismo y qué a intereses económicos bien entendidos, en Estados Unidos esta contradicción no existe. Que la presencia militar norteamericana proteja a Asia, que le permita desarrollarse, que la conduzca a la democracia y que, por añadidura, esto sirva a los intereses estratégicos de Estados Unidos y de las empresas norteamericanas: todo forma un conjunto coherente, a un tiempo sobre el plano moral y sobre el plano utilitario.

Los surcoreanos están menos persuadidos. Para el general Fisher, el antinorteamericanismo es un dato con el que hay que vivir. Ningún argumento racional —observa— disuadirá de incurrir en antinorteamericanismo a un político surcoreano a la caza de votos, ni a un intelectual en busca de público. Localmente, la postura confiere poder y prestigio, mientras que en su fuero interno los protestatarios saben que no serán escuchados y que los norteamericanos no partirán. La situación es idéntica en Japón, al que "protegen" 60.000 soldados norteamericanos. "La democracia —dice Fisher— es también el derecho de ser antinorteamericano". La fórmula debe figurar en un manual del perfecto soldado. De hecho, el antinorteamericanismo no se dirige contra lo que Estados Unidos hace, sino contra lo que Estados Unidos es. El general Paxton podría aprender coreano, alimentarse de kimchi en vez de hamburguesas, no espantar a las coreanas, pero el malestar que provoca variaría poco. Como los norteamericanos hicieron la fortuna de Corea, sería poco probable que los coreanos mostraran reconocimiento. El general no lo espera: "En Asia —dice— lo único importante es quedar bien". ¿Y los europeos? "Ellos le tienen afecto a las grandes declaraciones. Nosotros preferimos contabilizar resultados". Fischer llama a este imperialismo democrático "el Gran Proyecto" norteamericano.

¿Hasta dónde se remonta este deseo de imperio? Quizás al origen mismo de Estados Unidos. En 1801, cuando fue entronizado presidente, Thomas Jefferson describió a la nueva república como a un "imperio de la libertad". Este imperio conquistó en primer lugar América del Norte, después controló a la del Sur; en 1913, con Woodrow Wilson, su ambición se volvió mundial.

A punta de cañón, los derechos humanos

En 1913, el jefe del gobierno legal de México, Francisco Madero, fue asesinado; un cierto general Huerta se apoderó del gobierno. Pero Woodrow Wilson no aceptó este golpe de Estado; Estados Unidos —previno— no cooperaría más que con gobiernos legales en América latina. Este precedente dejó anonadadas a las cancillerías europeas.

En Londres, el embajador norteamericano Walter Page tuvo que explicarse con el ministro de Relaciones Exteriores británico Edward Grey:

GREY: ¿Piensan intervenir por la fuerza en México?

PAGE: Los obligaremos a votar y a respetar la decisión del sufragio universal.

GREY: Pero supongan que no aceptan.

PAGE: Volveremos, y los haremos votar de nuevo.

GREY: ¿Aunque esto dure dos siglos?

PAGE: Estados Unidos se quedará ahí dos siglos, hasta que aprendan a votar y a gobernarse a sí mismos.

Si era necesario, los norteamericanos estaban dispuestos a imponer la democracia con el auxilio del cañón. Después de la Primera Guerra Mundial, la nueva doctrina se extenderá al mundo entero.

El 8 de enero de 1918, ante el Congreso de Estados Unidos, Woodrow Wilson, después de haber justificado la guerra norteamericana por la "moral y la liberación de la humanidad", enunció los catorce puntos que siguen siendo la Carta Magna del Gran Proyecto. El primero exigía el libre intercambio económico entre las naciones, porque el presidente consideraba que el comercio es el fundamento de toda democracia —la globalización no es una idea nueva—. El segundo principio es el de la autodeterminación de las naciones, estén sometidas a un imperio (el austro-húngaro, el otomano) o a una potencia colonial (Gran Bretaña, Francia). Wilson planteó finalmente el principio de una Sociedad de las Naciones, proyección planetaria del federalismo norteamericano. El Senado rehusó después la adhesión de Estados Unidos; la palabra *unilateralismo* no existía aún, pero la cosa ya era bien conocida y practicada. Los otros puntos se referían a coyunturas del momento, como la liberación de Bélgica o la paz con los rusos.

Después de lo que pronto será un siglo, el Gran Proyecto wilsoniano ha variado poco; vistos desde esta larga duración, algunos gobiernos norteamericanos acompañan el destino democrático del mundo, otros fuerzan ese mismo destino, pero pocos dudan del sentido de la historia y de la vocación de Estados Unidos. La Unión Soviética consiguió que ese movimiento se volviera más lento; mientras duró la Guerra Fría, los norteamericanos, por un oportunismo táctico, sostuvieron a dictadores y guerrillas poco democráticas, con tal de que fueran anticomunistas. Una vez desaparecida la Unión Soviética, la larga marcha retomó su camino, guiada por los conservadores tanto como por los demócratas: Ronald Reagan en Nicaragua y en Grenada, Bill Clinton en Yugoslavia y en Haití, George W. Bush en Afganistán. Estas intervenciones legitimadas por los derechos humanos, conducidas a término sin la ONU, fueron guiadas por los principios del Gran Proyecto; todas procedían del imperialismo democrático. ¿También Irak? El liberal John Kerry sólo se distingue del conservador George W. Bush por su promesa de enviar tropas norteamericanas suplementarias —y la OTAN, si fuera posible—.

La opinión pública norteamericana comparte esta visión, con la condición de que el imperio no sea demasiado oneroso, ya que la contabilidad se efectúa a la vez en dólares y en soldados. Pero el precio está bajando: las fuerzas armadas norteamericanas, las primeras del mundo, dotadas de un presupuesto superior al de Europa y China juntas, cuestan dos veces menos que en tiempos de la Guerra Fría (cuatro por ciento de la riqueza nacional). Administradas como una empresa, se vuelven cada vez más productivas, con menos personal y con más tecnologías inteligentes.

A veces, la opinión pública se rebela: contra la guerra de Vietnam en 1970, mañana quizás contra la guerra de Irak; pero es menos el contribuyente que el telespectador norteamericano el que quiere dejar de jugar cuando las imágenes de los combates ya lo han alarmado demasiado. El Gran Proyecto sufre un retroceso, pero el repliegue es provisorio; para estudiar sus avances, es suficiente consultar un balance de las bases militares, de los flujos comerciales y de la implantación de los McDonald's.

Los verdaderos contestatarios están en los márgenes, a la izquierda en el movimiento antiimperialista, a la derecha en los aislacionistas. Estos pensadores antiimperialistas son apreciados fuera de Estados Unidos, pero en el interior del país pasan por provocadores sin demasiada influencia. Dos de ellos, emblemáticos, son Noam Chomsky y Gore Vidal.

Según Noam Chomsky, toda guerra norteamericana sirve a Wall Street: Estados Unidos sería un típico imperio capitalista y depredador. Gracias a Chomsky, puede verificarse que el marxismo trivial reina todavía en algunos campus universitarios; él prefiere definirse como "hereje". Gore Vidal es más creativo. Aristócrata sureño, estima que en 1862 la guerra civil destruyó una sociedad única que sólo buscaba la felicidad individual; esta caída llevó a una banalización de Estados Unidos, que se convirtió así en una nación como las otras, dirigida por un Estado militar. Estas críticas "izquierdistas" o "aislacionistas" apenas si afectan el consenso de una potencia que siente que tiene a su cargo una misión revolucionaria; el general Fisher lo deja bien en claro con su breve sonrisa: "Nosotros también somos fundamentalistas, pero fundamentalistas de la libertad".

El historiador británico Eric Hobsbawm calificó esta hegemonía norteamericana de "imperialismo de los derechos humanos"; la definición es justa, aunque admite precisiones. El imperialismo singular de Estados Unidos impone un modelo de sociedad a distancia sobre la base de valores compartidos, si es posible valiéndose de ninguna o de una muy limitada ocupación militar; buenos soldados pero colonialistas mediocres, ya vimos que los norteamericanos sólo quieren volver a casa. Todo político norteamericano que hace campaña para "que vuelvan los muchachos" es popular, y de todo presidente norteamericano se espera que tenga una *"exit strategy"*. Los norteamericanos, concluye con pesar otro historiador británico (los británicos son especialistas en imperialismo), Niall Ferguson, son "imperialistas incompetentes". Estamos delante, agrega, de una potencia sin rival, que conquista sin dificultad, que posee la ideología y los medios necesarios para hacer reinar un orden mundial, pero que está mal preparada para asumir las obligaciones que derivan de todo lo anterior. Esta incompetencia colonial de los norteamericanos, ¿será más temible que su imperialismo democrático?

¿Es posible exportar democracia?

En Yugoslavia, en Afganistán, en Irak, el ejército norteamericano sólo intervino para establecer la democracia. Como en Corea, en Alemania o en Japón, recuerdan los presidentes Clinton y Bush, y probablemente harán sus sucesores.

Corea, Alemania, Japón: ¿serían hoy democracias liberales estas tres naciones sin la conducción del ejército norteamericano? Haciendo abstracción de las circunstancias históricas y culturales, la pregunta es tan compleja que nadie la plantearía si los norteamericanos no nos obligaran. En general, los europeos no lo creen. ¿Será acaso porque nuestro tiempo ya pasó? Españoles, portugueses, franceses y británicos se consideraban también ellos portadores de un mensaje en nombre de Cristo o de la civilización, y rusos y chinos, en nombre del proletariado. Como esos tiempos ya pasaron para nosotros, ¿debemos concluir que también para los norteamericanos?

Si nosotros nos hemos vuelto cínicos, ¿cómo es posible que no les haya pasado lo mismo a los norteamericanos? En Europa se admite que se declare la guerra por el petróleo, o, en última instancia, para salvar a pueblos entrevistos en televisión. ¡Nada más! Pero, ¿por qué sabríamos nosotros mejor que los norteamericanos cuáles son las intenciones que los animan? La mirada europea sobre su imperialismo democrático se parece a nuestra incomprensión ante la religión norteamericana: ¿cómo es posible que ellos crean, si nosotros ya no creemos más en nada? Ellos no pueden hacer la guerra por sus ideales, ¡porque nosotros ya no la hacemos!

Más allá de las intenciones de los norteamericanos —puras, calculadoras, o una mezcla de las dos cosas—, ¿es posible evaluar objetivamente esta pretensión de imponer la democracia? Ni Alemania ni Japón aportan pruebas convincentes; la vida parlamentaria y económica se parece en esos países a lo que ya era en la década de 1920. Estas naciones recuperaron prácticas que habían sido puestas entre paréntesis por las dictaduras fascistas y la economía de guerra; las fuerzas de ocupación norteamericanas, por otra parte, reconocieron esa continuidad puesto que conservaron casi intacta la administración estatal preexistente. En Alemania, de 53.000 altos funcionarios, solamente mil fueron expulsados por nazismo; la proporción fue comparable en Japón, y al fin de cuentas podría resultar semejante en Irak.

La experiencia coreana corrobora mejor la tesis norteamericana. Corea desconocía toda práctica anterior de democracia o de economía de mercado; la cultura tradicional era autoritaria, y la violencia dirimía todos los conflictos. En 1950, ningún especialista en Corea preveía que iba a convertirse en una democracia liberal; todo parecía defender la tesis contraria, en particular el confucianismo coreano, una ideología reacia al individualismo. Pero en cincuenta años, los surcoreanos, guiados por asesores norteamericanos, avanzaron paso a paso desde su antiguo mundo a la sociedad abierta. En circunstancias similares, Taiwán ha seguido la misma trayectoria a partir de una civilización que tampoco era espontáneamente liberal.

¿No habrá sido el solo desarrollo económico el que condujo a Corea del Sur o a Taiwán a la democracia? Después de todo, éste sustituye las antiguas solidaridades clánicas y las reemplaza por individuos, hombres y mujeres, autónomos y responsables. Es un soporte de la democracia liberal, pero no conduce necesariamente a ella. Porque también existen sociedades democráticas y pobres, como la India; y otras se democratizan sin enriquecerse, como Marruecos o Senegal. De la relación compleja entre desarrollo y democracia no se puede inferir, entonces, que la libertad política vale solamente para los ricos: parece más bien que es un preludio al desarrollo.

¿Puede reproducirse la experiencia coreana en el mundo árabe-musulmán? Los que inmediatamente dirán que no son los mismos que en 1950 dijeron lo mismo a propósito de Corea o Taiwán. Por las mismas razones: sea por antinorteamericanismo (posición admisible si fuera confesa), sea por determinismo cultural.

¿No habrá culturas que son, de una manera irremediable, herméticas a la democracia? En realidad, toda cultura evoluciona: un coreano o un japonés demócrata no es menos coreano ni menos japonés; sigue siéndolo, aunque de otro modo. ¿El Islam será menos evolutivo que el confucianismo? Los islamistas más radicales excluyen la evolución, y se pueden apoyar para ello en los culturalistas norteamericanos, como Samuel Huntington, autor de *El choque de civilizaciones*, quien también sostiene la idea de un Islam fijo e irreductible. Pero se trate de musulmanes o de culturalistas, su Islam es una construcción ideológica que niega toda la historia del Islam. En catorce siglos, los musulmanes conocieron todos los islams posibles y todos los regímenes pensables, incluida la democracia parlamentaria. En Medio Oriente, entre 1920 y 1950, los egipcios, los libaneses, los iraquíes practicaron una democracia liberal antes de que los dictadores militares aniquilaran la vida política y todo debate intelectual, imponiendo en la economía el modelo soviético. No sería entonces más absurdo restaurar la democracia parlamentaria en Medio Oriente de lo que se hizo en Corea. El mundo árabe-musulmán cuenta, además, con la ventaja de recursos naturales que no poseía Corea; si fuera controlado por regímenes democráticos, el petróleo, que hasta ahora sólo fue aprovechado por las oligarquías, llevaría a un auténtico desarrollo y a la emergencia de una clase media ilustrada.

Todo esto, evidentemente, es un modelo teórico. Como lo explica Francis Fukuyama en *State Building*, obra publicada después de la intervención norteamericana en Irak, "no existe una ciencia exacta que permita transfundir de una civilización a otra instituciones administrativas y políticas, costumbres democráticas y el respeto espontáneo por la ley".

Admitamos que el mundo árabe musulmán pueda retornar a la democracia. Esto es posible, pero ¿es al mismo tiempo deseable? Los norteamericanos, liberales y conservadores reunidos, se oponen en bloque a los europeos sobre este punto. Para la mayoría de ellos, se trate de gobernantes (con las notables excepciones de Tony Blair y de José María Aznar) o de la opinión pública, la democracia árabe no es posible ni deseable. A menudo, en Europa preferimos un mal que conocemos bien, el despotismo oriental, antes que predicar la desconocida democracia, con el riesgo de una victoria electoral de los partidos islamistas. Los norteamericanos, muy por el contrario, estiman que ese riesgo es siempre más aceptable que el despotismo: por idealismo democrático, pero también porque consideran que el despotismo, al conservar la miseria económica y la frustración política, es la verdadera causa del fundamentalismo islámico.

Los gobiernos de Estados Unidos, ¿no prestaron durante demasiado tiempo su caución al despotismo oriental? El 6 de noviembre de 2003, George W. Bush, ante la Fundación Nacional por la Democracia, una organización no partidaria que apoya a todos los movimientos democráticos, pidió "perdón por varias décadas de apoyo a los dictadores en el mundo árabe". Esta contrición nos deja perplejos, si recordamos a todos los dictadores sostenidos por Estados Unidos desde hace un siglo. Sin embargo, ¿quién se imagina a un solo gobernante europeo que pida perdón por haber sostenido a un dictador árabe?

La democracia en Medio Oriente: ¿un complot sionista?

En Chevy Chase, elegante suburbio de Washington, Richard Perle transformó su hogar familiar en estudio de televisión; los periodistas del mundo entero vienen aquí a buscar declaraciones sin matices. Cabellos blancos y ojos negros, antiguo colaborador de Ronald Reagan, ensayista y líder de opinión, Perle es el más consecuente de los abogados a favor de la intervención militar en Irak.

Los europeos nunca entendieron la estrategia norteamericana, y los norteamericanos cada vez la entienden menos. ¿No es incoherente luchar contra un enemigo sin territorio ni nacionalidad a través de la conquista de territorios nacionales como Afganistán o Irak? Según Perle, los terroristas apátridas no existen, porque sólo un Estado dispone de recursos suficientes para preparar un atentado; es erróneo pensar que bastan unos kilos de dinamita, un auto alquilado, unos pasajes de avión y un puñado de individuos dispuestos al suicidio. Una operación como la del 11 de septiembre, según Perle, llevó años de preparación e inversiones tan considerables que sólo un Estado pudo financiarla. Igualmente, siempre según Perle, la insurrección permanente contra el Estado norteamericano en Irak sólo puede ser financiada por un Estado: Irán. En el porvenir, los terroristas buscarán golpear el territorio norteamericano de manera más espectacular que el 11 de septiembre, lo que exigirá aun más recursos: una bomba atómica o biológica contra Nueva York nunca podrá ser financiada por un solo grupo, aunque fuera el de Osama ben Laden, sino más bien por Corea del Norte, Irán o Pakistán, que podrían convertirse en las bases de este próximo atentado. Era necesario entonces, concluye Perle, liberar Afganistán e Irak, con la esperanza de que esta intervención disuadiría a otros gobiernos de sus intenciones de albergar a terroristas.

¿Era necesario prescindir de la ONU? Éste es un tema de disertación favorito de Perle, que dice sin concesiones lo que piensan sobre este tema la mayoría de los conservadores, y muchos liberales. Dado que muchos gobiernos cómplices del terrorismo ocupan bancas en la ONU, la legitimidad de esta asamblea para actuar en la región es nula; según Perle, la ONU no sirve más que para encontrarles un trabajo en Nueva York a las familias de los jefes de Estado. Aun por fuera de esta acusación de nepotismo, norteamericanos y europeos no pueden compartir una misma concepción de la ONU: en la visión "europea" dominante, la ONU es la depositaria de un interés general que supera las imperfecciones de la organización; representa una comunidad mundial que trasciende los particularismos nacionales. Perle refuta esta concepción: en la filosofía política norteamericana, no hay otra fuente de legitimidad posible que no sea la democracia. Dado que la mayoría de los Estados fracasados en cuanto tales (*failed States*) que componen la ONU no proceden del principio democrático, la organización carece de toda legitimidad.

En el escenario de Perle, una vez liberado Irak, el ejército norteamericano debería remodelar Medio Oriente sobre el principio democrático de manera tal de eliminar las causas profundas del fundamentalismo islámico; al término de este proceso, la región estaría compuesta por Estados de derecho que podrían tratar con Israel y llegar a una paz definitiva. El conflicto palestino-israelí no constituye, según Perle, la fuente del terrorismo; es la eliminación del terrorismo la que llevará al fin del conflicto.

Resulta notable que esta justificación ideológica de la "liberación" de Irak haya precedido los hechos por muchos años. Richard Perle preconizaba la guerra preventiva y la reconstrucción democrática mucho antes del 11 de septiembre. Lo hacía con un clan de intelectuales llamados neoconservadores, al que pertenece. ¿La guerra de Irak fue una maquinación de intelectuales judíos más preocupados por la seguridad de Israel que por la de Estados Unidos? En el Senado norteamericano y en las cancillerías europeas se pudo ver y oír esta tesis del complot sionista denunciado por la prensa liberal. La acusación engrandece a Perle: a él no le disgusta que crean que está en el origen de la invasión de Irak. Los adversarios de esta guerra también querrían imputársela, pero esta teoría del complot sionista no resiste el menor examen.

Hay que admitir, sin embargo, que los más ruidosos abogados de la exportación de la democracia al Cercano Oriente pertenecen a una *intelligentsia* de judíos neoyorquinos, muchas veces ex ultraizquierdistas, que se califican a sí mismos de neoconservadores. Inicialmente aliados a Ronald Reagan contra la Unión Soviética, hoy están junto a George W. Bush contra el fundamentalismo islámico. Los instigadores del movimiento, Irving Kristol y Norman Podhoretz, federaron esta *intelligentsia*, en la década de 1980, alrededor de dos revistas influyentes: *Commentary*, predominantemente cultural, y *The Public Interest*, dedicada a las relaciones internacionales; William Kristol, hijo de Irving, edita además una revista más partisana, *The Weekly Standard*. En su conjunto, ¿determinan estas revistas la política exterior de Estados Unidos? Para darle crédito a la tesis del complot neoconservador, sus adversarios sobreestiman la influencia de estas publicaciones cuya tirada es modesta: cien mil ejemplares si sumamos las tres. Pero el proyecto de democratización del mundo árabe es sostenido igualmente por medios destinados al gran público, como se hace desde las páginas de opinión del *Wall Street Journal* o desde la cadena de televisión Fox News, que no son de ningún modo de tonalidad neoconservadora.

La influencia de los neoconservadores se debe en realidad a los lazos que estos intelectuales judíos anudaron con las Iglesias evangélicas en nombre de valores morales e internacionalistas compartidos. Estas Iglesias —y no el grupúsculo conservador judío— disponen de tropas y de electores que son partidarios incondicionales de Israel y de la exportación de los derechos humanos. Estados Unidos bautista y pentecostal —el cuarenta por ciento de la nación— constituye el basamento popular del imperialismo democrático. Desde la época del presidente Wilson estas Iglesias determinan la expansión norteamericana, y la palabra de un pastor cualquiera puede importar más que el conocimiento experto de un diplomático o de un editorialista. Cuando Richard Perle explica que una paz entre Israel y sus vecinos sólo será posible después de la democratización de los Estados árabes, se apropia de una visión común tanto a los sionistas y a los evangelistas como a los idealistas wilsonianos. Woodrow Wilson no era judío ni neconservador; Condoleezza Rice tampoco. Pero, para los europeos a quienes este imperialismo democrático desorienta, puede resultarles tentador imputarlo a una conjura secreta de la *intelligentsia* antes que a un movimiento religioso prácticamente incomprensible.

La explicación por el complot también evita medir el abismo que separa a Europa de Estados Unidos. Entre la visión de los europeos realistas —la paz en el Cercano Oriente debería imponerse desde arriba por un directorio ilustrado— y la de los norteamericanos idealistas —la paz debe progresar desde abajo, gracias al juego de elecciones libres—, existen acomodamientos circunstanciales, pero la reconciliación de fondo está fuera de alcance.

¿Es el comienzo de la tercera guerra mundial?

El último sábado de mayo es la fecha en que los cadetes de West Point reciben su diploma de oficial en un decorado que no alteraron dos siglos de proximidad con Nueva York. Esta academia militar fundada en 1801 —una de las instituciones más antiguas de Estados Unidos— es la más respetada; el presidente Theodore Roosevelt había dicho que era "absolutamente norteamericana". La ceremonia se inicia con las palabras de un capellán, a las que sigue un discurso dirigido a los egresados, llamado "obertura"; fue en esta circunstancia que en 2002 George W. Bush anunció la nueva estrategia norteamericana de guerra preventiva contra el terrorismo. En 2004, el capellán en uniforme blanco y galones dorados pronunció una plegaria tan ecuménica que me resultó imposible adivinar a qué culto pertenecía. Si atendíamos a sus palabras, debíamos creer que Dios estaba a favor de los norteamericanos: esto sí era transparente. Terminó con un *Amén*, por lo que deduje que era cristiano o judío. Oficiales con el cráneo afeitado, de evidente origen chino o indio, no se incomodaron, ni rompieron filas. Este ejército nuevo está compuesto a imagen y semejanza de la nación: hay negros, hay orientales, hay indios, hay incluso mujeres. El orador del discurso de "obertura" vino del cielo: de un helicóptero que se posó sobre la cancha de hockey descendió el secretario de Defensa. Con dos guerras relámpago de final ominosamente abierto en su haber, Donald Rumsfeld es la personalidad más controvertida de Estados Unidos. Su voz enérgica, amplificada por los micrófonos, ordena a la promoción 2004 defender "la libertad y la civilización en todas partes del mundo". "Como no podemos interceptar a todos los terroristas en nuestra patria —precisa— debemos ir a buscarlos a las de ellos". También hace relamida alusión, un instante después, a algunas armas en miniatura y sofisticadas, a la altura de las amenazas del terrorismo.

Con Bush, en 2002, la guerra se había vuelto preventiva; con Rumsfeld, ya es mundial. El ministro recibió una ovación. Los cadetes prestaron juramento a la Constitución, porque es la Constitución lo que defiende el ejército norteamericano: un contrato social que tiene precedencia sobre el suelo y la sangre. Los nuevos oficiales lanzaron por los aires sus gorras blancas y Rumsfeld partió en helicóptero: dejaba detrás de sí a una generación que nadie puede anticipar si alcanzará la gloria, o si morirá sacrificada a una visión errónea.

Nadie se asombrará de que a los cadetes de West Point les guste la guerra: antes del vigorizante discurso de Rumsfeld, algunos confesaban sus miedos de que los acantonaran en algún oscuro rincón de África para proteger a quienes realizan tareas humanitarias. Pero, realmente, ¿están librando los norteamericanos una guerra mundial? ¿Se trata de una verdadera guerra? ¿O es una metáfora, como cuando se dice "guerra contra la droga"? Es cierto que, retrospectivamente, el 11 de septiembre parece una batalla más en un conflicto desencadenado veinte años antes. Si hubiera que fechar la declaración de guerra, 1983 sería un buen año: fue entonces que un comando lanzó un camión de explosivos contra un cuartel de marines en Beirut. No se entendió qué significaba el acontecimiento, Ronald Reagan repatrió las tropas, el Líbano fue abandonado, los fundamentalistas islámicos establecieron allí una base permanente. Otros atentados comparables siguieron a aquél: contra el World Trade Center en 1993, contra un cuartel de los marines en Arabia Saudita en 1996, después contra las embajadas norteamericanas en Kenya y en Tanzania en 1998, contra la nave de guerra *Cole* en Yemen en 2000.

¿Cómo fue que los norteamericanos dejaron pasar veinte

años sin reaccionar? La complacencia, hija de la desaparición del enemigo soviético, la creencia en un nuevo orden mundial dominado por Estados Unidos, la desmesura de las reivindicaciones de los fundamentalistas islámicos, todo esto había anestesiado la percepción del peligro. La euforia de la administración Clinton contribuyó a esta ceguera: las respuestas ridículas contra los atentados de Al-Qaeda en 1998 —un misil contra una fábrica en Sudán, otro contra un campo de entrenamiento en Afganistán—fueron pruebas de la poca importancia que el gigante norteamericano acordaba al enano islamista.

Después del 11 de septiembre, ¿los norteamericanos no se pasaron de un extremo al otro? ¿Es legítimo comparar el 11 de septiembre a Pearl Harbor, como lo hacen todos los comentaristas norteamericanos? ¿No proporciona un mejor término de comparación el anarquismo decimonónico, que sembró el terror en Rusia, en Francia, y hasta en Estados Unidos? Estos anarquistas, es verdad, estaban aislados, mientras que los fundamentalistas islámicos están en su elemento como peces en el agua. Contrariamente a los anarquistas, persiguen un objetivo político preciso: instaurar regímenes islámicos en los países musulmanes. Estados Unidos es un blanco indirecto de sus ataques, indestructible, pero que puede ser humillado. Tan simbólica como sanguinaria, la guerra islamista se dirige contra la cultura norteamericana "decadente", contra las "afeminadas" monarquías del golfo Pérsico, contra la emancipación de las mujeres. La destrucción del World Trade Center debe entenderse como una especie de emasculación emblemática para abrir el camino a la reconquista que se extiende de Marruecos a Indonesia, y que incluye a Israel: una ambición que nadie, en Occidente, puede aceptar. Los europeos no están en mejor situación que los norteamericanos para aceptarla. Frente a esta sofisticada estrategia islamista, el gobierno de George W. Bush ha adoptado una respuesta monumental, inscrita en una larga duración. En apariencia, es coherente, pero, ¿es la respuesta idónea frente al terrorismo? Sin duda, es demasiado pronto para juzgar. Pero, entretanto, ¿quién propone una alternativa "realista"?

¿Habrá que considerar, como hace la diplomacia francesa, el regreso al *statu quo*, la restitución de Oriente Medio al despotismo? Pero Ben Laden nació de ese *statu quo*; fue durante la "somnolencia de la diplomacia" occidental —la expresión es de Colin Powell—, entre 1990 y 2000, que se organizaron las redes terroristas. Los partidarios del *statu quo* no proponen ninguna solución de fondo a la amenaza terrorista, que sin embargo no puede ser más real; sin duda, los europeos se sienten menos expuestos que los norteamericanos, y, como observa Henry Kissinger, la cultura diplomática europea predispone a administrar las crisis, mientras que la norteamericana incita a resolverlas.

¿La opción policial es preferible a la guerra? En Estados Unidos, los partidarios de esta opción, de tendencia pacifista, como Ralph Nader o George Soros, estiman poco realista, e incluso delirante, el Gran Proyecto de reconstrucción democrática de Medio Oriente. Es posible. Pero para vencer el terrorismo con la policía se requiere la cooperación de los gobiernos de Medio Oriente. ¿Cómo persuadirlos? El académico liberal Joseph Nye, reconocido autor de la distinción entre *hard power* (poder militar) y *soft power* (poder de atracción) de Estados Unidos, estima que conviene seducir a las naciones para incitarlas a la cooperación; según este profesor, George W. Bush habría abusado de su *hard power* y dilapidado el *soft power*. Esta teoría complace a los liberales norteamericanos y a los europeos; pero la mayor parte de los gobiernos a los que hay que seducir mantiene relaciones tan ambivalentes con los terroristas como las que hace un siglo sostenía la policía del zar con los anarquistas rusos. No se podía saber muy bien quién infiltraba a quién...

Parece más verosímil que la teoría del *soft power*, como la de la concertación internacional, que también data de la Guerra Fría, ya haya perimido. Era relativamente posible seducir a rusos y polacos alabando los méritos de la civilización occidental; era racional librarse a maniobras sutiles con los soviéticos, quienes, a su manera, eran adversarios previsibles. Pero con los terroristas, ni la seducción ni las maniobras resultan ya realistas; teniendo en cuenta la naturaleza sin precedentes del conflicto, ¿no es la vía más realista el idealismo conservador, sostenido por el *hard power*?

También parece necesario enfrentar, aunque sea con espanto, que esta guerra será perpetua, como sin dudas lo es el conflicto palestino-israelí: una y otro se asemejan. La guerra entre Al-Qaeda y Estados Unidos es como una proyección mundial del enfrentamiento local entre los judíos y Hamas. Como los judíos, los norteamericanos se encuentran apresados por una lógica de situación en la cual las necesidades de la guerra hacen olvidar sus objetivos. Las crueldades infligidas a los prisioneros, los males causados a la población civil, socavan las pretensiones morales de los "libertadores"; esta desmoralización es anhelada por los fundamentalistas islámicos, así como los atentados suicidas son las armas de los más débiles y de los más locos.

Por último, hay que considerar, en esta guerra sin fin, sobre todo si los terroristas golpean de nuevo en territorio estadounidense, la posibilidad de que los norteamericanos lleguen a modificar los principios de su sociedad, hasta el punto de abandonar todo liberalismo.

Hacia una sociedad de la vigilancia

En 2054, gracias a Agatha, ya no habrá más delitos violentos en Washington; ex toxicómana, con alteraciones cerebrales, Agatha tendrá la facultad de "ver" por anticipado todos los crímenes, cuando éstos son apenas un proyecto naciente en la mente de los criminales. Esta "precognición" permitirá a la policía —la Precrim— intervenir un instante antes del pasaje al acto del criminal y modificar así el porvenir; no habrá más criminales, porque los crímenes ya no serán perpetrados. Sin embargo, ¿será legítimo arrestar a un criminal que no cometió el crimen que soñaba cometer? Steven Spielberg, autor de *Minority Report*, ficción filmada en 2002, se abstiene de pronunciar un juicio definitivo; después del 11 de septiembre, la mayoría de los norteamericanos tampoco consigue optar entre el anhelo de seguridad y los derechos civiles. Porque el mundo anticipado por Spielberg existe, aunque sólo en estado embrionario: el fichaje de la nación según el iris de los ojos, tal como se muestra en el film, ya ha comenzado. Así como ya está en curso la constitución de ficheros personales a escala nacional, que incluyen a todo el país y a los visitantes, e incluso a escala mundial. *Minority Report* no es más que un fantasma terminado y llevado a término por los inspectores del FBI y de la CIA: una sociedad totalmente vigilada, en la que están registrados hasta los delitos por venir.

Esta voluntad de vigilancia conocía manifestaciones anteriores al 11 de septiembre, pero el atentado generalizó el fichaje a partir de un argumento menos "precognitivo" que retrospectivo: si los terroristas hubieran sido "preconocidos", habrían sido inutilizados en la fecha fatídica. Este razonamiento, aunque compartido por una opinión pública y un Congreso encolerizados por los fracasos de la CIA, es absurdo. El recurso del método terrorista es la sorpresa: no van a repetir de manera idéntica la fechoría que la CIA y el FBI intentan prevenir. Parece verosímil que el dispositivo de seguridad que funciona actualmente en Estados Unidos no servirá para nada contra el terrorismo; de momento, su única utilidad, marginal, es interceptar delincuentes menores e inmigrantes clandestinos en los aeropuertos, mientras que miles ingresan diariamente por la frontera con México.

¿Por qué el gobierno de Estados Unidos se prepara para la última guerra antes que para la próxima? La paradoja se aclara si se tiene en cuenta la naturaleza del Estado norteamericano. Desde Europa, este Estado parece débil, porque interviene poco en la vida económica y social; pero las competencias que no ejerce en tanto Estado Benefactor las compensa en sus funciones represivas: la policía y el ejército. Cuando se trata de reprimir en el interior y de intervenir en el exterior, el Estado norteamericano es brutal; esta violencia legal es muy poco cuestionada, excepto por algunos intelectuales libertarios, que son minoritarios. Por otra parte, la fascinación que ejerce la técnica sobre el espíritu norteamericano incita a las autoridades a adoptar todas las innovaciones; en esta sociedad prometeica donde el progreso científico no suscita ninguna desconfianza, importa poco cuál innovación es realmente útil. Hay que agregar el indudable efecto del complejo industrial militar: el gobierno es el primer cliente de toda nueva técnica, lo cual es una ventaja económica decisiva para las empresas de seguridad, de informática y de armamentos. Así es que el proyecto de "frontera virtual" que permitirá seguirle el rastro a todo aquel que visite Estados Unidos representa un contrato de quince mil millones de dólares reservado para las empresas norteamericanas; la lucha contra el terrorismo es un gran negocio para los comerciantes.

Pero la razón última del fichaje generalizado es, por cierto, el igualitarismo democrático: si un individuo es fichado, tarde o temprano todos deberán estarlo en una sociedad donde existen pocos salvoconductos. En los controles de seguridad de los aeropuertos, no se verá nunca, en Estados Unidos, una línea reservada a los potentados o a los funcionarios. En Israel, la policía ubica a los sospechosos, jóvenes y de aspecto árabe, los aísla y los interroga; aunque demostrara su eficacia, este método llamado *profiling* sería inconcebible en Estados Unidos, al menos públicamente. Todo lo que se asemeja a una discriminación se denuncia inmediatamente por los partidarios de los derechos humanos, y sería condenado por los magistrados. Por esta razón, en los lugares peligrosos, los agentes de seguridad vigilan a las personas mayores, quienes no presentan ningún peligro evidente, de un modo tan atento a como lo hacen con otros que por edad o aspecto parecieran más sospechosos. Esto conduce a una ineficacia absurda, ¡la democracia exige vigilar mal a todo el mundo más que bien a algunos pocos! Una paradoja que llevó al general Tommy Franks, vencedor en Bagdad, a argumentar con candor que la lucha contra el terrorismo exigiría, en el largo plazo, un estado de sitio y una dictadura en la misma Norteamérica: como ningún medio de comunicación importante quiso reproducir una observación tan excesiva y provocativa, una revista de aficionados a los puros, *Cigar afficionados*, publicó en 2004 la entrevista de Franks.

¿Qué queda de libertad personal en esta sociedad del control? Si por libertad se entiende intimidad, ésta se angosta en todas las sociedades informatizadas, tanto en Europa como en Estados Unidos. La libertad subsidiaria se infiltra en los desperfectos de los sistemas, en la competencia entre agencias de información que se neutralizan unas a otras, o en los excesos de datos que ellas mismas generan; si los terroristas el 11 de septiembre no fueron detectados, no fue porque la máquina los obvió, sino debido a la sobreabundancia de información que termina por obstaculizar su eficacia. Pero, al final, los sistemas mejorarán y las agencias se fusionarán, cada vez menos individuos escaparán a la vigilancia total.

Los europeos que se inquietan por esta situación exigen más leyes; también en Estados Unidos se espera de la ley y de los jueces la protección de la intimidad contra la indiscreción de las administraciones. Pero la ley no refleja sino las concepciones sociales de quienes la hacen y la autoridad de quienes la aplican; desde el "9.11", el Congreso y los magistrados norteamericanos parecen dispuestos a cederle al gobierno mucha libertad a cambio de un poco de seguridad.

¿Existiría una alternativa que reconcilie vigilancia y libertad personal? Se publica mucho acerca de este tema con rituales exhortaciones que no tienen en cuenta ni la naturaleza de la amenaza terrorista ni la sofisticación de los instrumentos de control. Existe una excepción a este repertorio de buenos sentimientos: el proyecto de David Brin, con forma de paradoja, pero revelador de un pensamiento ciento por ciento estadounidense.

Famoso escritor de ciencia ficción, en sí mismo un género literario norteamericano, David Brin sugiere que se debe abolir todo monopolio en relación con el control; puesto que no se puede volver atrás para restablecer la intimidad perdida, y que es indispensable supervisar a las organizaciones peligrosas, mafiosas o terroristas, se debe procurar que ¡todo el mundo controle a todo el mundo! Si todos tienen derecho a instalar cámaras por todas partes, ¿no se produciría un restablecimiento, se pregunta, de la sociedad campesina donde cada uno espía al otro y donde reina la seguridad? También sugiere que todo ciudadano tenga acceso a toda la información recogida; a uno le gustaría, en efecto, al llegar al aeropuerto de Nueva York, saber qué observa sobre su pantalla el funcionario de inmigración, qué lee sobre nosotros, por qué nos permite o nos niega el acceso al territorio.

David Brin considera que no es ya posible proteger a la vez la intimidad y la libertad, y que entonces convendría, para proteger la libertad, renunciar a la intimidad. El propio concepto de secreto de Estado o secreto privado debería suprimirse, y todos, cada una de las personas privadas o toda institución pública, deberían saber todo sobre todos, la libertad surgiría de esto que se llamaría una "sociedad transparente". Cada uno renunciaría a su intimidad, pero todos ganarían en seguridad, ya que ninguna transgresión pasaría inadvertida, porque todo el mundo observaría a todo el mundo, como en un pueblo de antes, pero electrónico y global. Periodista y fundador de *Wired*, la revista emblemática de la cibercultura, Kevin Kelly formula más o menos la misma idea: "Puesto que nadie puede impedir que se me espíe, exijo espiar a los que me espían".

La "sociedad transparente" de Brin y Kelly podrá ser calificada de democrática sin ser liberal; ella rehusaría a que en nombre del control se constituya una nomenklatura dueña y señora de la información y, por lo tanto, del destino de cada uno. Siguiendo con este razonamiento, en vez de sufrir de un Estado Big Brother, todo norteamericano se convertiría en un pequeño Big Brother él mismo, al vigilar a sus vecinos.

¿No es mejor un solo y único Big Brother público que cientos de millones de espías privados? Uno no preferiría ningún Big Brother, pero parece demasiado tarde como para retornar a los tiempos de la intimidad secreta: ¡donde sea que estés, Tío Sam sabrá en qué andas! La civilización norteamericana se orienta a lograr que cada uno se convierta en un Tío Sam antes que ser observado por una única autoridad que nadie podría controlar.

EPÍLOGO

¿En busca de la felicidad?

¿Quién escribió: "Los norteamericanos son un pueblo de almaceneros ignorantes y de industriales cortos de miras que no tienen sobre toda la superficie de su vasto continente una sola obra de arte que no les haya sido legada por alguna tribu de la civilización anterior al cristianismo, que no tienen en sus bibliotecas públicas una sola obra de ciencia que no haya sido escrita por un extranjero"? ¿Cómo fechar este texto intemporal?

Y estas palabras: "Que allá lejos Estados Unidos se derrumbe con sus edificios blancos", ¿no fueron escritas después de la desaparición de las Torres Gemelas?

Debemos el primer texto a Philippe Buchez, ensayista católico y socialista, quien, en el bien titulado diario *La Nación*, órgano de moral y de filosofía, condenaba, en 1835, a un beato Tocqueville tan admirativo en *La democracia en América*. ¿Será que el antinorteamericanismo es católico?

La segunda cita está tomada de una conferencia pronunciada en Madrid por Louis Aragon y publicada por *La Révolution Surréaliste* en 1925. ¿Será que el antinorteamericanismo es entonces comunista?

A la derecha, a la izquierda, en 1835, en 1925, hoy, el antinorteamericanismo parece tan antiguo como Estados Unidos mismo.

El discurso crítico sobre Estados Unidos se impuso desde un comienzo, en 1835 y quizás incluso desde antes, como una construcción totalmente indiferente a los cambios históricos y a lo que hacen los norteamericanos. Es que —ya lo hemos visto— el antinorteamericanismo es una reacción a lo que Estados Unidos es, y no a lo que hace. Sea cual fuere su comportamiento en el interior o fuera de sus fronteras, Estados Unidos está equivocado, como lo ha ilustrado tan bien Jean-François Revel en L'*Obsession antiaméricaine*. El antinorteamericanismo no es una forma del espíritu crítico —que Revel aprobaría— sino una singular disposición del espíritu, cerrado a la realidad. Y como a su vez lo ha probado el historiador Philippe Roger en L'*ennemi américain*, el discurso antinorteamericano, particularmente en Francia, permanece inmutable desde fines del siglo XIX; para que un acontecimiento sea registrado, debe enriquecer ese discurso hostil, nunca modificarlo —y si no, no existe—. El antinorteamericanismo funciona como una religión, o al menos como una ideología; se parece al antisemitismo, por esa autonomía que permite prescindir de los judíos reales para dedicarse sólo a unos judíos imaginados.

"Todo el mundo nos odia", dice el novelista Kurt Vonnegut, con una mezcla de melancolía y de orgullo. "¿Qué podríamos hacer —preguntan a menudo los políticos norteamericanos a sus colegas europeos— para que nos odien menos?" La única respuesta honesta es "nada, salvo dejar de existir".

Si es cierto que "todo el mundo odia a Estados Unidos", también lo es que puede reconocer con facilidad quiénes son los que se sienten perturbados por la existencia de Estados Unidos. Los católicos, que fueron los primeros críticos de esta nación protestante, individualista y reacia a toda jerarquía, siguen siendo estructuralmente antinorteamericanos. Los diplomáticos y los militares europeos, cínicos de profesión, no hallan paz con una nación que los domina, y que, además, justifica esta dominación por un proyecto moral. Recordemos que Talleyrand, quien dio forma a la política exterior francesa, es antinorteamericano desde 1794. ¿Los hombres de Estado europeos? Toleran con dificultad la comparación con una sociedad que no estima a los políticos, ni los recluta entre las élites, y en la cual el Estado vale menos que las empresas. ¿Los universitarios europeos? No pueden estimar a una nación donde el intelectual no dispone de un derecho divino para opinar sobre todo, sino que por el contrario está bien pertrechado en su disciplina; una nación donde los intelectuales ocupan en la jerarquía social una posición inferior a la de los empresarios. ¿Los sindicalistas europeos? Están en guerra contra un país donde el socialismo no es ni siquiera una hipótesis. Los ecologistas, tanto europeos como norteamericanos, detestan el capitalismo, los alimentos genéticamente modificados *made in USA* y la energía barata. ¿Los antisionistas? Dado que Israel no existiría sin Estados Unidos, le desean tanto mal a uno como al otro... Es larga la lista de todos los que piensan que Estados Unidos es una distopía nada deseable; por otra parte, los términos "filoamericano" o "americanófilo" prácticamente no existen. En rigor, se viaja a Estados Unidos por turismo, por negocios o para inmigrar. ¡La única categoría en el mundo más numerosa que la de los antinorteamericanos es la de los que quieren emigrar a Estados Unidos!

Más allá de los rechazos de cada uno de estos grupos de interés, ¿es posible aislar una razón inmaterial que explique tanta animadversión? ¿Se deberá a la hegemonía norteamericana, al capitalismo norteamericano, al imperialismo de hecho, a la globalización forzosa, al culto del mercado y del éxito económico, a la trivialidad de la cultura popular? Pero ninguna de estas causas objetivas existía en 1835, cuando Buchez condenaba a ese "pueblo de almaceneros". La hegemonía económica, militar, cultural es posterior al antinorteamericanismo originario; naturalmente, lo consolida, pero sin haberlo engendrado. En la génesis misma de Estados Unidos, anterior a su despliegue mundial, existe entonces un principio que resulta insoportable al espíritu europeo. ¿Cuál es? La respuesta está en Buchez. "Estados Unidos —escribe en ese mismo texto de *La Nación*— es el egoísmo organizado socialmente y el mal regularizado y sistematizado. Es, en una palabra, la materialización del destino del hombre". He aquí, según Buchez, una sociedad nueva que se funda sobre la libertad individual, que estima que puede prescindir de las jerarquías y de élites iluminadas, y para cuyos habitantes gozar de la vida (el "mal sistemático") es más importante que todas las prohibiciones: el espíritu del Siglo de las Luces, pero sin frenos. Hay aquí material de sobra para volvernos antinorteamericanos, cuando en Europa, por tradición, estamos sometidos al Estado, las aristocracias, las Iglesias o las clericaturas que la reemplazaron.

Peor pecado todavía: la sociedad norteamericana fue inventada *ex nihilo*, no a partir del suelo o de la sangre, sino en espíritu y como un proyecto. Basta mirar la Constitución, si confiamos en ella: "El hombre ha recibido del Creador el derecho inalienable a la libertad y a la búsqueda de la felicidad". ¿Dónde se ha visto algo semejante?

"El hombre [norteamericano] —escribe Buchez— nació para la felicidad, para gozar de los bienes de la tierra en la medida que Dios se los asigna, y, después de la muerte, para gozar de los bienes celestiales: tal es su fin." El paraíso sobre la tierra y el paraíso en el más allá, gozar acá y gozar mañana: la loca ambición norteamericana, ¿no es una doble herejía teológica y política? Esta herejía de la felicidad personal, real o afectada, inmanente y trascendente, es por cierto la matriz de la civilización norteamericana, como lo es de su repudio. Para todos aquellos que, fuera de Estados Unidos, no encuentran su felicidad, resulta evidentemente deseable que Estados Unidos sea culpable, quien se la prohíbe. Los norteamericanos nos oprimen, ¿no será por eso que hemos perdido nuestra identidad, nuestro empleo, nuestro prestigio? Es ciertamente más expeditivo elegir una causa exterior que examinar en nosotros mismos la razón de nuestra inadecuación a la época o de nuestra decadencia. También en muchos norteamericanos el antinorteamericanismo interno responde a la incoherencia de una sociedad que promete la felicidad y no la garantiza. Si está escrito en la Constitución, se pregunta el infeliz norteamericano, ¿no es un derecho ser feliz? Es cierto, el texto fundador sólo evoca "la *búsqueda* de la felicidad", pero esta promesa está grávida de decepciones, porque Estados Unidos está organizado no para que seamos felices, sino para que en su territorio gocemos del derecho de serlo. Todos a los que esa promesa exaspera tienen el deber de ser antinorteamericanos. Todos los que la estiman razonable, los que consideran que Estados Unidos está auténticamente comprometido en esa búsqueda de la felicidad, son filoamericanos honorarios. En nuestro tiempo, el filoamericanismo no exige amar a Estados Unidos: con no odiarlo basta.

Nueva York, Boulogne-Billancourt, julio de 2004

ÍNDICE